严建伟 等 ◎ 著

新媒体时代
城市地铁站域文化传播研究

化学工业出版社
·北京·

内容简介

本书以当前社会发展所带来的媒体环境变迁及城市地铁站域文化传播需求提升为背景，首次系统地将"地铁站域空间"与"新媒体传播"紧密关联，研究城市特定公共空间的文化传播规律。本书结合新媒体技术，建立了具有普适性的地铁站域文化传播平台模型，并提出了传播效果优化策略，以促使城市地铁站域空间成为承载文化传播的重要阵地。研究成果为拓展地铁站域"附合"功能、塑造城市文化活力、提升城市庞大受众主流价值观提供借鉴，更为城市文化资源的可持续发展、社会相关部门践行公益事业、城市特定公共空间彰显城市文化传承提供新的思路与启发。

图书在版编目（CIP）数据

新媒体时代城市地铁站域文化传播研究／严建伟等著．－－北京：化学工业出版社，2022.12
ISBN 978-7-122-42615-4

Ⅰ.①新… Ⅱ.①严… Ⅲ.①地下铁道车站—城市文化—文化传播—研究—中国 Ⅳ.①U231.4②C912.81

中国版本图书馆CIP数据核字（2022）第230648号

责任编辑：刘晓婷　林　俐　　　　　　　装帧设计：对白设计
责任校对：王鹏飞

出版发行：化学工业出版社（北京市东城区青年湖南街13号　邮政编码100011）
印　　装：北京宝隆世纪印刷有限公司
787mm×1092mm　1/16　印张16¼　字数380千字　2022年12月北京第1版第1次印刷

购书咨询：010-64518888　　　　　　　售后服务：010-64518899
网　　址：http://www.cip.com.cn
凡购买本书，如有缺损质量问题，本社销售中心负责调换。

定　价：138.00元　　　　　　　　　　　　　　　　版权所有　违者必究

著者名单

严建伟　赵　艳　张　茜　刘韦伟　滕夙宏　李伟佳

序言 1
FOREWORD 1

用新媒体点燃和绽放地铁站域文化

在严建伟教授带领下，经过团队全员四年多的不懈努力，国家社会科学基金项目《新媒体时代城市地铁站域文化传播研究》成功结项。据我所知，在历次评审中，应用型、多学科交叉的社科基金项目并不多见。这次，作为一名社会科学工作者能够有幸先睹，实在是一件惬意和荣幸的事情。

所谓的新媒体，不过是相对于传统报刊、广播、电视等媒体形式来说，后发的一种媒体形态。可是随着社会的发展、科技的进步，新媒体的内容一天天宽泛，所含概念也一天天增多，时至今日，已经成为一种以互动传播为特点的数字化全新媒体形态。所以有人戏称，新媒体不过是"所有人对所有人的传播"。

地铁作为城市地下轨道交通，在我国已有半个多世纪的历史，如今，我国地铁正处在快速增长期，特别是上海，已成为当前世界上地铁通车里程最长的城市。

伴随着地铁在中国及世界各大城市的普及，如何构建"地铁站域空间"文化传播早已成为一个历史性的命题，国内外许多站域已取得了可资借鉴的成绩。但是，自从新媒体潮水般涌入社会后，如何紧密关联"新媒体传播"与"地铁站域空间",深入探讨城市特定公共空间载体的文化传播规律等一系列问题,便被纳入具有前沿性和多学科交叉的应用型社会科学研究中来。

一次艰难的学术之旅往往就是一次不断发现的过程,也是一次不间断的意识提升。严建伟教授领导的研究团队在承担了这一课题之后,始终保持求知若渴的定力,并在此基础上,齐心协力、朝气蓬勃地翱翔在学术使命的清晨与暮霭,这种担当精神,在当前可以说是非常的难能可贵。

该项研究的最大特点是,多方位涉及建筑空间以及城市文化资源的视觉传达,涉及传播学规律的探讨等相关联机制的调研和归整。由于团队成员普遍具有扎实的建筑学专业背景,能够严格遵循科研程序,通过文献查阅、实地考察、问卷调研、案例分析、模型推导,以及实证研究等,全面、深入考察并剖析国内外地铁站域文化的传播现状、资源和路径。面对轨道交通日臻完善,当下媒体环境变迁等时代背景,团队多向度地剖析了国内外足具代表性的地铁站域的典型案例,既沟通了中外,又把既往之路延伸到了今天。同时,还以跨学科的综合研究视角,科学、认真地研究和探讨了地铁站域空间在新媒体时代对文化传播的重大作用和意义,用以点燃学科生命,并成为开发这一学科领域的拓荒者。

21世纪是人类文明史上一个崭新时代的起始,团队站在时代前沿,广泛运用多学科、多维度的创新视角,既对城市地铁站域进行了深入的"触摸式"调研,又放眼整座城市进行了"鸟瞰式"的观察,总结出新媒体时代城市地铁站域文化的传播规律,构建出地铁站域文化传播的平台模型。德国著名哲学家亚瑟·叔本华说过:"没有人生活在过去,也没有人生活在未来,现实是生命确实占有的唯一形态。"通过这种立足现实的规律解析和总结,扩展了团队对于新时代文化传播规律的认知。

在不断地深化探索中,团队特别注重理论框架与实操方法并行的系统化研究。他们综合现有的相关研究,仔细进行研判,建构出地铁站域文化传播的可行性理论框架。与此同时,立足于新媒体技术的变革,对城市特定公共空间的新媒体媒介与文化传播规律进行了全方位的研究,为今后系统化构建理论框架和实操方法提供了实践基础。引领,就是在专业引导与大众需求之间反复考量、磨合与融合。所以,该项研究成果在当前具有重要的理论意义和学术价值。

新媒体时代城市地铁站域文化传播研究之所以能够取得如此良好的成果,与团队在研究过程中的高站位密不可分。团队从地域文化的角度来观察和理解中华文化,高瞻远瞩,首次系统地将地铁站域的空间文化传播需求提升为背景,将地铁站域空间文化传播的意义与价值提升到对城市文化传播的意义和作用来认识，提升到对城市历史文化传承以及对新时代文化价值观广义引领的高度来认识。并明确提出，地铁站域在城市文化传播方面应有效搭载新媒体技术手段，以拓宽和提升地铁站域这一城市特殊公共空间的文化传承功能。当前，我们正在经历一场前所未有的社会重构，现代化的触角正在伸向远方。倘若没有对于现实意义的深思熟虑，被研究的任何空间性事物，充其量不过是一堆绚丽的荒芜。

质言之，该项研究成果不仅为城市地铁站域文化传播等相关内容提供了新数据，探索了新方法，同时建构出新媒体时代城市地铁站域文化传播的新路径和新模型。文明的步履、生活的画卷、精神的写意，全都囊括其中。

通过这些让人们感受到一座城市的生活追求与精神向往，感受到一座城市的性格重量，既表达出今日的真实，又勾画出不久的未来。学术成果往往拥有比我们想象更长远的生命价值。所以，该项成果能以跨越时空的优雅，让人们品尝到时光沉淀的味道，既形成了对城市公共交通空间相关研究领域的有力拓展，也构建出对城市文化传播空间载体不可或缺的补充，一旦实现，会让我们在地铁站域文化中体验到感动岁月的最美邂逅。

生活，总是厚待努力的人。在很多情况下，时间就像一张网，你撒在了哪里，你的收获就在哪里。古人认为，"积力之所举，则无不胜也；众智之所为，则无不成也。"意思是说，积聚众人的力量，就能无往不胜；集思广益去做事，就能无所不成。该课题的完美收官正是某种长途跋涉后返璞归真的体现。干事创业，只要心往一处想，劲往一处使，每个参与者的身边都会蕴藏着改变的力量。

衷心期盼我们的社会科学战线能够继续涌现出更多的应用型优秀研究成果，建功新时代，奋进新征程。

天津市社会科学院研究员
天津市文史研究馆馆员

2022年9月

序言 2
FOREWORD 2

    提到地铁站的文化与传播，使人不禁联想到巴黎新艺术风格的地铁入口、纽约地铁的涂鸦艺术、莫斯科地铁的富丽堂皇，以及国内各城市地铁通道和大厅内随处可见的公益宣传和商业广告。这些都是人们对于地铁站文化的传统直观印象。《新媒体时代城市地铁站域文化传播研究》一书中所呈现给读者的研究成果则另辟蹊径，紧扣时代脉搏，以当前社会发展所带来的媒体环境变迁与城市地铁站域文化传播需求提升为背景，首次系统地将"地铁站域空间"与"新媒体传播"联系在一起，提出了地铁站域文化传播效果优化策略，进一步促使城市地铁站域空间成为承载文化传播更重要、更有效的宣传阵地。

    众所周知，地铁站域文化资源的挖掘与传播平台的建立会为市民、游客体验城市文化提供便利有效的渠道，有助于公众人文素养、社会综合文化环境、社会主流价值观的整体提升。与此同时，新媒体的发展也改变了人与人、人与物的关联方式。新媒体对于城市文化的传播起着越来越大的作用。城市地铁站域作为文化聚集地，加之新媒体技术的传播助力，必将成为城市靓丽的名片，为城市带来持久的社会效益和经济效益。

    本书展开研究的地铁站域文化传播以及地铁站域文化传播平台模型的构建是建立在大量实地调研和交叉学科成果的基础之上，理论与实践紧密结合，具有一定的普适性和可操作性，可以为城市文化管理机构或地铁运营单位提供新的参考，为城市相关管理部门塑造城市文化活力、传播城市文化等综合性社会价值提供新的借鉴，更为城市文化资源的可持续发展、社会相关部门践行公益事业、城市特定公共空间彰显城市文化传承给予新的思路与启发。

  本书领衔作者严建伟教授1979年进入天津大学建筑系求学，研究生师从我国著名的建筑教育家聂兰生教授，开启了她的科学研究生涯。毕业后一直在天津大学建筑学院任教近40年，主要从事交通建筑领域的研究工作。近年来随着我国各大城市地铁的建设发展，她的研究重心主要集中在地铁领域，如地铁站的选址、地铁上盖的建设、地铁站空间设计等问题，并持续关注媒体环境变迁下的地铁媒介空间。严建伟教授在此领域学术积累丰硕，学术成就突出，培养了多名硕士、博士研究生，是天大建筑学院在此领域的学术带头人。本书就是严建伟教授及其科研团队近期科研成果的阶段性总结。借《新媒体时代城市地铁站域文化传播研究》一书付梓之时，也衷心祝愿严建伟教授及其团队在此领域继续深耕不辍，为社会贡献出更多的科研成果和学术专著。

天津大学建筑学院党委书记、院长、教授

2022年9月

前言

PREFACE

    本书以当前社会发展所带来的媒体环境变迁及城市地铁站域文化传播需求提升为背景，首次系统地将"地铁站域空间"与"新媒体传播"紧密关联，研究城市特定公共空间的文化传播规律。结合新媒体技术，建立了具有普适性的地铁站域文化传播平台模型，并提出了传播效果优化策略，以促使城市地铁站域空间成为承载文化传播的重要阵地。为拓展地铁站域"附合"功能、塑造城市文化活力、提升城市庞大受众主流价值观提供借鉴，更为城市文化资源的可持续发展、社会相关部门践行公益事业、城市特定公共空间彰显城市文化传承提供新的思路与启发。本书主要从以下五方面进行了研究。

    1. 明晰新媒体时代城市地铁站域文化传播的理论基础，对国内外典型城市地铁站域的文化传播现状进行调查评析。 采用参与性观察、自由访问、照片分析等方法进行基础数据的采集，并对北京、天津地铁开展问卷调查，其中北京采集有效调查问卷863份，天津采集有效调查问卷1663份。基于实地调查数据，通过案例分析、网络调查、综合分析法深度评析新媒体时代地铁站域文化传播的途径与效果，提出现存困境，为新媒体时代地铁站域文化传播的资源保障、传播路径构建与平台模型建立提供坚实的理论基础和可参考的案例调查。

    2. 阐明新媒体介入地铁站域文化传播资源的保障作用与适用原则。 一方面，在地铁站域文化传播资源的类型、内涵和语境分析基础上，细分为文化传播资源的类型划分、构成、分布特征与传播语境，提出新媒体介入下的地铁站域文化资源传播结构呈现网络化、去中心化和信息流动性增强的特点。另一方面，从塑造城市地铁文化特质、引领公众文化价值导向和提升地铁站域文化影响力三个方面归纳地铁站域文化传播资源的支撑作用，提出适宜性、公众性、协同性与创新性的适用原则。

3. 以新媒体技术的发展为切入点，从系统科学的角度分析城市地铁站域文化传播的动力机制，解析其传播路径与具体呈现。 首先，通过新媒体介入地铁站域文化传播的内部动力因素与外在影响因素分析，探究新媒体时代城市地铁站域文化传播的内在规律与外部联系，地铁传统媒介与各类新兴媒介的边界将被打破，文化传播模式也逐渐呈现去中心化、多层次化的传播特性。其次，提出城市地铁站域文化传播路径分为一级传播路径、二级传播路径与多级传播路径。一级传播路径以传统单向化的传播结构、大众普适性的现实媒介与主题多样化的传播讯息为主要特征；二级传播路径具有社交网络化的传播结构、即时互动性的虚拟媒介与沉浸体验式的传播讯息的特点；多级传播路径在一级与二级路径基础上创新多元场景化的传播结构，呈现个性精准化的虚拟现实媒介和泛内容化的传播讯息的特性。最后，从现实媒介环境、虚拟媒介环境与虚拟现实媒介环境三方面详细阐释地铁站域文化传播路径的具体呈现。

4. 构建城市地铁站域文化传播平台模型，深入探究其运行机制。 一方面，面对新媒体介入下城市地铁站域文化传播的时代背景，从时代特征、国情现状、目标模型三个层面探讨模型构建的基础与思路。以经典传播模型为蓝本，深度"刻画"地铁站域文化传播的模型要素，提出城市地铁站域文化传播平台的"多维动态循环传播模型"，并分析其特性与功能。另一方面，对传播平台的管理提出在顶层把关人、重塑新样态、智能管理三个方面，统筹把控传播平台管理的理念与架构，并针对平台的组织、协同、共享、反馈四大方面提出传播平台的运行机制。

5. 提出新媒体时代城市地铁站域文化传播效果优化策略。 从优化顶层管理结构，强化传播主体决策；保障资金来源稳定，确保文化项目有效开展；加强文化资源整合，促进平台融合；策划多元传播主题，精准对位受众需求；适应传播技术更新迭代，发挥技术潜能；拓展传播媒介实体空间，提升空间利用与感知；打造受传者多维体验，提升参与和认知深度七大方面提出针对性优化策略。

目 录
CONTENTS

第一章　新媒体时代城市地铁站域文化传播的研究基础……001

　　第一节　研究背景……**002**
　　　　一、背景概述……002
　　　　二、研究目的与意义……002

　　第二节　国内外研究综述……**005**
　　　　一、新媒体与文化传播的相关研究……005
　　　　二、地铁站域与文化传播的相关研究……007
　　　　三、对现有研究动态的评析……008

　　第三节　研究内容与方法……**009**
　　　　一、研究内容……009
　　　　二、研究方法……010
　　　　三、研究框架……011

第二章　新媒体时代城市地铁站域文化传播的理论基础……012

　　第一节　概念界定……**013**
　　　　一、新媒体时代……013

二、城市地铁站域 ·· 015

三、地铁站域文化传播 ·· 017

第二节 理论基础 ·· **018**

一、文化传播学 ·· 018

二、媒介环境学 ·· 022

三、场景理论 ··· 023

第三节 新媒体时代城市地铁站域文化传播构成与理念 ········ **024**

一、城市地铁站域媒介空间类型 ································ 024

二、城市地铁站域文化传播媒介 ································ 028

三、城市地铁站域文化传播理念 ································ 030

本章小结 ·· 032

第三章 新媒体时代城市地铁站域文化传播现状的调查评析 034

第一节 调查评析研究设计 ··· **035**

一、调查目标及流程 ·· 036

二、探索性研究 ·· 036

第二节 国外案例调查评析 ··· **037**

一、案例城市及地铁规模 ·· 037

二、典型空间案例分析 ··· 038

三、文化传播模式评析 ··· 044

第三节 国内案例调查评析 ··· **048**

一、调研城市地铁层级 ··· 048

二、典型站点空间案例调研 ····································· 055

三、文化传播现状问卷反馈 ····································· 090

四、现存问题评析 …………………………………………… 096
　　本章小结 ………………………………………………………… 099

第四章　新媒体介入城市地铁站域文化传播的资源保障 …… 101

第一节　地铁站域文化传播资源的内涵和语境 …………… 102
　　一、地铁站域文化传播资源的类型划分 ………………… 102
　　二、地铁站域文化传播资源的构成和分布 ……………… 105
　　三、地铁站域文化传播资源的传播语境 ………………… 107

第二节　地铁站域文化传播资源的支撑作用 ……………… 110
　　一、塑造城市地域文化特质 ………………………………… 110
　　二、引领公众文化价值导向 ………………………………… 113
　　三、提升地铁站域文化影响力 ……………………………… 114

第三节　新媒体介入下地铁站域文化传播资源的适用原则 …… 117
　　一、适宜性原则 ……………………………………………… 117
　　二、公众性原则 ……………………………………………… 118
　　三、协同性原则 ……………………………………………… 119
　　四、创新性原则 ……………………………………………… 121
　　本章小结 ………………………………………………………… 124

第五章　新媒体介入城市地铁站域文化传播的路径构建 …… 125

第一节　新媒体介入城市地铁站域文化传播的动力机制 …… 126
　　一、内部动力因素 …………………………………………… 126
　　二、外部影响因素 …………………………………………… 130

第二节　城市地铁站域文化传播的路径解析 ……………… 133
　　一、一级传播路径解析 ……………………………………… 133

二、二级传播路径解析 ········· 138
　　三、多级传播路径解析 ········· 141

第三节　城市地铁站域文化传播的路径呈现 ········· 144
　　一、现实媒介环境 ········· 145
　　二、虚拟媒介环境 ········· 150
　　三、虚拟现实媒介环境 ········· 154
　　本章小结 ········· 157

第六章　新媒体时代城市地铁站域文化传播平台的模型构建与运行机制 ········· 159

第一节　地铁站域文化传播平台建模的基础与思路 ········· 160
　　一、模型构建的必要性 ········· 160
　　二、模型构建的基础 ········· 162
　　三、模型构建的思路 ········· 167

第二节　地铁站域文化传播平台的模型构建 ········· 170
　　一、模型要素分析 ········· 170
　　二、平台模型构建 ········· 176
　　三、传播平台管理 ········· 181

第三节　地铁站域文化传播平台的运行机制 ········· 184
　　一、组织机制 ········· 185
　　二、协同机制 ········· 186
　　三、共享机制 ········· 187
　　四、反馈机制 ········· 188
　　本章小结 ········· 189

第七章　新媒体时代城市地铁站域文化传播效果优化策略 … 191

第一节　优化顶层管理结构，强化传播主体决策 …………… 192
一、突出顶层决策主导角色 …………………………… 192
二、引导社会化组织多方参与 ………………………… 194

第二节　保障资金来源稳定，确保文化项目有效开展 ………… 195
一、保证政府公益文化事业投入 ……………………… 196
二、打通多元文化建设资金渠道 ……………………… 197

第三节　加强文化资源整合，促进平台融合 ………………… 199
一、融合公共文化资源平台 …………………………… 199
二、衔接社会文化资源平台 …………………………… 202

第四节　策划多元传播主题，精准对位受众需求 …………… 205
一、主流文化的亲民化传播 …………………………… 206
二、精英文化的分众化传播 …………………………… 209

第五节　适应传播技术更新迭代，发挥技术潜能 …………… 210
一、创新运用常规技术 ………………………………… 211
二、探索应用前沿技术 ………………………………… 213

第六节　拓展传播媒介实体空间，提升空间利用与感知 ……… 215
一、提升常规空间传播效能 …………………………… 215
二、挖掘遗余空间传播潜力 …………………………… 218

第七节　打造受传者多维体验，提升参与和认知深度 ………… 221
一、升级感知体验 ……………………………………… 221
二、促进互动体验 ……………………………………… 223
本章小结 ………………………………………………… 225

结论与展望……………………………………………………227

参考文献……………………………………………………231

附录A 北京地铁站域文化传播研究调查问卷……………239

附录B 天津地铁站域文化传播研究调查问卷……………241

后记…………………………………………………………244

第一章 新媒体时代城市地铁站域文化传播的研究基础

第一节　研究背景

一、背景概述

中国拥有全球运营里程最长、客运总量最大的地铁系统。截至2021年底，我国内地已有50个城市开通了城市轨道交通，运营线路283条，运营总里程9206.8公里，年客运总量236.9亿人次。我国有67个城市的城轨交通线网规划获批（含地方政府批复的23个城市），其中在实施的城市共计56个。以地铁为主导的城市轨道交通将在我国城市综合交通运输体系中持续发挥重要作用[1]。"十四五"规划明确加快交通强国建设工程，在城市群和都市圈轨道交通方面，提出基本建成京津冀、长三角、粤港澳大湾区轨道交通网的目标，加快推进80个左右全国性交通枢纽城市建设[2]。

地铁站域作为城市重要的公共空间，是城市文化传播的重要空间载体。然而在我国，地铁站域的文化传播多以粗放的方式发展，在城市文化的保持和传承中的发挥受限。一方面，是因为其长期以来未受到足够的关注和重视；另一方面，以互联网媒体为主导的新媒体环境，逐渐重塑了城市人群的感知习惯、生活方式和社会价值取向。互联网的快速普及推动了"互联网+"成为媒体深化融合的新引擎，为城市文化的保持、传承和发展带来了全新契机。因而，新媒体时代的地铁站域文化传播需要充分重视和利用这一新的媒介环境。

综上，本书立足于当前社会发展所带来的媒体环境变迁与城市地下基础设施的日臻完善的双重时代背景，通过剖析地铁站域的文化传播现状，挖掘新媒体介入城市地铁站域的文化传播资源，解析新媒体介入地铁站域的文化传播路径，最终构建出一套完善的地铁站域文化传播平台模型、运行机制及优化策略，使之对城市文化建设和地铁站域文化传播发挥指导作用，实现现实意义和社会价值。

二、研究目的与意义

1. 研究目的

基于社会现实语境与媒体变迁的双重时代背景，从学科融合的视角出发，以地铁站域为空间载体，以城市文化的保持、传承和发展为目的，以解决地铁站域文化传播的现状问题为导向开展研究。以新媒体介入城市地铁站域文化传播的理论基础为依据，以城市地铁站域各类文化资源和新媒体的应用趋势为事实论据，在保障地铁站域文化传播资源的基础上，建立具有可行性、可操作性的地铁站域文化传播路径和平台模型，为其传播效果的优化提出针对性的策略。以期为城市文化宣传的可持续发展、城市文化规划在新媒体时代制定管理决策、社会相关部门践行社会公益事业给予全新的思路与启发。

2.研究意义

（1）时代意义

我国正处于城市地铁的快速发展时期，京、沪、深、港等超大城市已基本建成完善的城市地铁网络系统，其他诸多人口规模较大的大中城市建成网络式的地下交通系统也指日可待。现阶段，我国大中型城市积极投入地铁建设，为城市文化的传播提供了广阔的平台和全新的契机。新媒体技术的更新迭代，丰富了地铁站域文化传播的媒介和方式，扩展了地铁站域文化传播的潜能。同时，数字化移动端、社交平台等新媒体正在全方位地走入人们的日常生活，深刻地改变着人们的生活方式与理念。在此双重时代背景下，本书以地铁站域为场所依托，以新媒体作为技术支撑，对新媒体介入地铁站域文化传播进行系统研究，符合时代发展需求，以期为新媒体时代地铁站域文化传播提供方向引领。

（2）理论意义

本研究拓展了地铁交通职能以外的文化传播功能，以较新的视角研究地铁站域空间与城市文化传播的相互关联及相互作用规律。以媒体环境变迁及城市地铁站域文化传播所需的效能提升为背景，捕捉新媒体对人们生活方式和思维理念的深刻影响，并以此为切入点，重点研究新媒体时代下地铁站域文化传播现实与虚拟的复合生成路径。不仅为城市地铁站域研究传播相关内容提供了新数据，探索了新方法，而且提出了新媒体时代城市地铁站域文化传播的新路径、新模型。既是对城市公共交通空间相关领域的有力拓展，也是对文化传播学领域的有益补充，具有重要学术价值和理论意义。为传播学、城市文化学、城市规划、建筑学、管理学等领域学者或从业者提供理论参考与应用借鉴。

（3）实践意义

本研究建立的地铁站域文化传播平台模型可以为城市文化管理机构或地铁运营单位提供参考，该平台具有一定的普适性和可操作性，能够为相关部门提供管理思路和应用借鉴。城市地铁站域作为文化聚集地，加之新媒体技术的传播助力，将成为城市名片，带来持久的社会效益和经济效益。依托研究成果，研究团队与国内地铁运营策划机构合作，参与天津地铁线网文化总体策划工作，为地铁4#、7#、8#、10#、11#、12#、13#线网的高效传播城市文化提供文化定位策划，产生实际应用价值。

（4）社会影响和效益

通过构建新媒体介入地铁站域文化传播平台模型，深入剖析传播平台的运行机制，提出新媒体时代地铁站域文化传播效果优化策略。研究成果为城市相关管理部门塑造城市文化活力、传播城市文化等综合性社会价值提供新思路、新借鉴。

地铁站域文化资源的挖掘与传播平台的建立将为市民、游客体验城市文化提供便利有效的渠道，有助于社会主流价值观的形成，同时有助于公众人文素养与社会综合文化环境的整体提升。

新媒体的发展改变了人与人、人与物的关联方式，而地铁站域文化传播平台正是利用了新媒体作为技术支持，共同为城市文化艺术传播扩展了相互支撑、协同发展的局面，为相关部门践行社会公益事业给予全新的启发。

3. 研究特色及主要贡献

（1）"多学科＋多维度"跨学科视角创新。著者与研究组成员多年致力于地铁站域相关研究，学术积累丰硕，并持续对媒体环境变迁下地铁媒介空间保持关注，依托扎实的建筑学专业背景，以跨学科视角聚焦于新媒体时代城市地铁站域文化传播的规律研究。

（2）"理论框架＋实操方法"系统化构建。基于新媒体技术变革视野，对城市特定公共空间的物理空间特性、新媒体媒介与文化传播规律进行专题性研究。综合多学科现有研究基础，进行系统研判，建构地铁站域文化传播的可行性理论框架与实操方法。

（3）"触摸式＋鸟瞰式"全局性规律解析。研究内容既有深入地铁站域每个站点的"触摸式"调查，也有放眼城市视角的"鸟瞰式"布局策划与顶层设计站位；不仅是对轨道交通物理空间"附合"功能的拓宽，也是对新时代文化传播特性的诊脉和引导。

（4）"文化视野+整体站位"广义价值引领。研究成果将地铁文化传播的意义与价值提升到城市历史文化传承、新时代文化价值观引导的整体文化站位视野，拓宽地铁这一城市特殊公共空间的功能，并有效搭载新媒体技术手段，发挥文化承载的主流宣传效能。

第二节　国内外研究综述

一、新媒体与文化传播的相关研究

1. 国外关于新媒体与文化传播的相关研究

20世纪60年代，随着移动互联网技术的兴起与发展，"新媒体"一词逐渐进入人们的视野。最初关于新媒体的研究，发端于国外的研究学者。50多年前，NTSC（美国国家电视标准委员会）电视制式的发明者美国哥伦比亚广播电视网技术研究所所长P·戈尔德马克（Peter Carl Goldmark）在一篇关于开发电子录像的商品计划中将"电子录像"称为"New Media"（新媒体），由此，新媒体概念诞生了。随后，美国传播政策总统特别委员会主席E·罗斯托向尼克松总统提交的报告书中多次提到新媒体"New Media"这一概念。自此，新媒体一词开始成为全世界的热门话题。此时，新媒体一词更多指向电子媒体中的创新性应用。

国外早期关于新媒体的研究主要侧重新媒体技术的开发与运用，新媒体技术基于互联网技术，既具有先天技术优势又具有作为媒体的信息服务功能。新媒体技术的广泛使用改变了原有的文化传播气候，打破了传统的文化传播格局，重塑了新型的文化传播环境。在新媒体技术日益更新的大背景下，学者们相继开始了关于新媒体与文化传播的研究，研究主要集中于新媒体与社会意识形态方面的研究。学术论文集《新媒体手册》的编者认为新媒体的投入与使用包含深刻的社会性含义，新媒体研究领域应当至少包含新技术及其对社会影响力两个方面[3]；英国的约翰·B.汤普森在《意识形态与现代文化》一书中认为当今社会的媒体产业已经渐渐走向成熟，新媒体会对国家的政治、经济、文化、信仰、哲学等产生深远的影响，新媒体对于社会文化的传播，对社会意识形态的改变可谓翻天覆地[4];《第二媒介时代》中,美国学者马克·波斯特提出因特网和虚拟现实等电子媒介的新发展将改变我们的交流习惯,人们的身份也将进行深层的重新定位[5];美国学者约翰·基恩在《媒体与民主》中分析大众传媒的新变化,并在其基础上探寻政治、经济、文化价值观问题[6];巴雷特在《赛伯族状态:因特网的文化、政治和经济》一书中探讨了因特网对政治、经济和文化的冲击;曼纽尔·卡斯特则在《认同的力量》中分析了互联网对民族认同、地区认同等的消极影响[7];《千年终结》中指出封闭保守的意识形态导致了一些国家在信息技术革命中的落伍[8]。关于新媒体的社会影响,国外学者重点分析了网络发展对政治、价值观及意识形态产生的影响,深层次探讨了新媒体作为信息传播的媒介对于文化传播的作用,这些研究成果为本文的研究提供了重要的理论参考。

2. 国内关于新媒体文化传播的相关研究

随着计算机技术传入中国,20世纪80年代,"新媒体"一词开始在国内广泛普及。很多中国研究者对新媒体的最初了解主要来自日本。从知网检索到的以"新媒体"为关键词的数据看,国内学术期刊发表的与新媒体相关的论文中,较早出现的是在1986年,由中国社会科学院日本研究所的冯昭奎所撰写的《新技术革命对日本经济的影响》,或许是国内对新媒体最早的界定之一。文中谈道[9]:"新媒体就是新的传播信息的媒体、工具,包括卫星通信、光纤图像通信、传真、计算机网络、双方向有线电视、文字广播等等,这些传播信息的新工具具有十分灵活而多样的功能,其中有些功能是跨越'传统媒体'的分类的'多重功能'。"

自2013年起,国家新闻出版广电总局开始重视传统媒体向新媒体的转型。就研究现状来看,对于文化的传播路径,我国学者对新媒体的研究成果多于传统媒体,足以体现新媒体的影响力。在所搜集的国内关于新媒体与文化传播的相关研究中,关于地域性文化、特色文化的传播的文章数量较多,如王艺在《岭南文化的新媒体传播策略》一文中从互联网的角度探讨了传播本体文化的方式,如何借助媒介的力量扩大岭南文化的影响[10];马宏武在《新媒体传播对民族文化传播与融合的作用——评民族文化传播研究》一文中肯定了新媒体传播在改变社会环境、融合文化氛围、丰富表现形式等方面的价值[11];论文《论中国茶文化海外传播》则主要针对文化的海外传播展开论述,景庆虹认为新媒体突破了文化传播的时间、空间和地域限制,表明合理使用网络虚拟技术对于传播文化的必要性[12]。

利用新媒体途径进行营销传播也是主要的研究方向，如南开大学李曦的《旅游目的地新媒体整合营销传播研究——以天津为例》[13]；在新媒体时代，传播模式与受众关系的改变、共享性文化的发展，构建起一套全新的参与式文化体系[14]。新媒体技术一方面迅速刷新人们的传统认知结构，另一方面也在塑造一种崭新的文化形态[15]。新媒体对社会的影响归因于它增强了传播力、公开性、透明性和创造性，拓展和延伸了人际交往和社会互动。适应新传播环境的公共文化转型传播不仅需要实现物理文化空间与网络文化空间的有效融合，还需要在传播策略与传播理念上进行革新，将技术手段、受众需求、服务创新纳入公共文化服务中才能真正实现公共文化的有效传播[16]。在传播方式层面，新媒体的普及使传统垂直式的"点对面"的大众传播模式转向"多点对多点"的网络扩散型受众模式；在传播媒介层面，新媒体将文化传播渠道从传统物理空间拓展至数字模式的虚拟空间；在时代契机层面，新媒体的交互性、即时性与创新性改变了人们的文化感知方式，为文化的对接与交流、建立新的文化秩序创造了全新的机遇。

二、地铁站域与文化传播的相关研究

1. 国外关于地铁站域与文化传播的相关研究

城市地铁是以地下运行为主的城市轨道交通，主要服务于城市内部交通。国外关于地铁站域与文化传播的研究相对较早，城市地铁不仅作为交通工具，更以一个为公众提供活动平台的形象出现，这种定位强化了其公共空间的属性，也为我们在国内为地铁空间赋予同样角色和社会角色提供了有益参考[17]；地铁站的数字标牌和公共屏幕是地铁文化传播的重要平台，地铁站中数字标牌的使用对公共活动和获取信息方式等方面具有影响[18]；"地铁广告由于其受众人流量巨大而产生的辐射效应是非常巨大的，这种作用体现在其对受众观念的潜移默化的影响上"[19]。众多研究表明地铁站域在文化传播过程中发挥着积极的促进作用。

2. 国内关于地铁站域与文化传播的相关研究

由于我国地铁的建设相较于西方发达国家起步较晚，关于地铁站域的相关理论研究相对滞后。对以往地铁站域研究的相关文献进行归纳总结，学者们偏向于对地铁站域圈层概念下的站域综合开发与土地溢价等问题进行深入的理论研究，对地铁站域的文化传播研究缺少系统的理论构建。地铁站域不仅有交通功能，还具有驻留功能和城市功能，是推动地区发展的媒介，是地区文化的载体[20]。轨道沿线的各个站点构成了城市空间扩展的发展轴，形成了沿轨道交通走廊各个主要交通枢纽为中心的"珠链式"发展格局[21]。城市地铁系统的"点—轴—网"串联着庞大的人流、物流和信息流，将不同区域的历史文脉汇融于地下网络，亦面向社会公众践行社会公益事业。

尽管目前对新媒体介入地铁站域空间文化传播的研究尚未形成系统性的学术成果，但是一些文献对地铁站域空间的媒介属性与文化传播等相关问题进行了探讨与思考。在《沉浸媒介：地铁站域文化传播的新路径》一文中，从沉浸媒介的发展现状与特征入手，梳理沉浸媒介与地铁媒介空间、受众属性的关联性，指出沉浸媒介对地铁站域文化传播的重要影响[22]；地铁文化的普适性特征和规律在此前的一些学者的论著中已有体现，但如何把地铁和地域文化特色进行结合，把单纯技术层面的交通工具作为输出文化内涵的载体，确实也值得研究[23]；地铁的传播形象、文化形象和经济形象等多个方面在日常生活中潜移默化地影响着人们的观念，有必要在对地铁各方面功能性内容进行研究的同时，对其在乘客人群中的影响力及影响作用发挥机制进行研究[24]。

三、对现有研究动态的评析

通过对国内外相关文献的梳理、分类、研究发现，新媒体在文化传播与丰富文化内涵方面产生深远影响，国内外研究学者们充分意识到新媒体在文化传播中的重要性，尤其是在城市文化传播领域，并对其进行了深入的探讨，学者们提出的研究成果为本研究的开展奠定了坚实的理论基础。但是，目前关于新媒体与地铁站域相结合的研究成果较少，如何在新媒体时代下推动城市地铁站域文化传播，是一个值得研究的重要课题。就新媒体介入下的城市文化研究现状而言，大多是基于传播学视角展开，基于城市规划或建筑学视角的研究数量相对较少。当前地铁站域文化传播的研究以公共艺术的子域研究为焦点，主要侧重于传统媒体作用下的文化传播形式。尽管很多国内城市在地铁公共艺术领域已制定相应的管理计划，如北京市关于北京地铁线网公共艺术品出台相关政策，持续对地铁公共艺术进行相关的管理工作，但关于地铁公共艺术研究多聚焦于地铁站内部艺术作品形式和设计方法层面的分析讨论。综上，以新媒体变迁为时代视角，聚焦城市地铁站域文化传播的相关理论与方法尚待系统梳理与充实，未形成系统性的传播平台模型，有待进一步挖掘新媒体时代地铁站域文化传播在城市文化建构中发挥作用。

第三节　研究内容与方法

一、研究内容

人类社交需求的不断更新，科学技术的不断进步，促使人们渴望更高效快捷的传播媒介，新媒体技术应运而生。本书以新媒体技术的发展为切入点，在调查研究的基础上，分析了地铁站域空间中文化传播现状和新媒体技术在地铁站域空间中的应用，并对地铁站域空间中新媒体的适用条件、设计原则、技术类别等多方面进行了研究。以对城市地铁站域各类文化资源的统计和新媒体的应用趋势为事实论据，以新媒体介入地铁站域媒介空间的文化传播路径研究为理论研究基础，探寻新媒体介入城市地铁文化传播的内在规律与外部联系，建立具有可行性、可操作性的地铁站域文化传播平台模型，为城市文化资源的可持续发展、城市规划发展在新媒体时期制定管理决策以及社会相关部门践行社会公益事业提供全新的思路与启发。

研究内容是针对城市地铁站域的文化传播展开，具体内容包括：①在前期研究部分，主要侧重背景和理论研究，通过对国内外相关参考文献进行深入解读，同时结合国内现有的研究现状，对研究动态进行评析。通过研读大量文献、借鉴前人学者的研究成果，从文化学、传播学、建筑学等多学科、多方位视角解析该研究所涉及的基本概念、理论和方法。②在宏观层面进行平行分析，一方面对国内、国外城市的新媒体技术应用情况进行现状分析，另一方面对地铁站域文化传播资源的内涵和语境进行分析，并深入探讨城市文化资源对地铁站域空间的支撑作用及新媒体介入下地铁站域文化资源的适用原则。本书将对新媒体环境变迁下的地铁站域媒介空间的内在特征进行分析，对新媒体介入地铁站域文化传播的动力机制进行深入研究，系统解析新媒体介入地铁站域文化传播的路径与具体呈现。③最后将从模型构建和优化策略层面上，建构地铁站域文化传播平台模型，并以经典传播模型为蓝本，深度"刻画"地铁站域文化传播的模型要素，进而搭建平台模型与管理架构，针对平台的组织、协同、共享、反馈等方面提出传播平台的运行机制。基于地铁站域文化传播平台运行链条中的关键环节，从顶层决策管理、项目资金筹措、平台整合应用、传播主题策划、潜能技术挖掘、媒介空间拓展和受传者体验深化几个层面进一步提出提升地铁站域文化传播效果的优化策略。

二、研究方法

本研究试图突破交叉学科的屏障，涉及建筑学、传播学、社会学多学科，以多维度的研究方法探索轨道交通领域的空间媒介与文化传播问题，并以优化城市文化环境协同发展的社会效益为根本导向。研究方法具体涉及文献综述法、实地调研考察法、问卷调查法、案例分析法、模型推导法、实证研究法等。

文献综述法：通过对地铁站域文化传播的多学科理论进行文献综述，从多学科、多维度视角梳理城市地铁站域的媒介空间类型、传播媒介和文化传播理念。

实地调研考察法：课题组选择相关城市作为调研对象，通过实地观察、走访、深度访谈和网络调查形式获得第一手资料，对国内外12个城市、748个地铁站点进行深度调研评析，形成地铁站域文化传播现状的经验总结。

问卷调查法：针对北京地铁、天津地铁分别发放问卷，进行定量分析，完成基础调查统计分析。

案例分析法：根据实地调查与网络调研结果，选取代表站点案例进行总结归纳，对比不同级别站点的文化传播现状特征，厘清新媒体时代城市地铁站域文化传播现存问题。

模型推导法：根据地铁站域的文化资源统计结果，结合新媒体技术和相关的实践经验，推导构建地铁站域文化传播平台模型。

实证研究法：选择城市实证研究，探讨地铁站域文化传播平台模型的构建和可行性，提出相应的优化策略。

三、研究框架

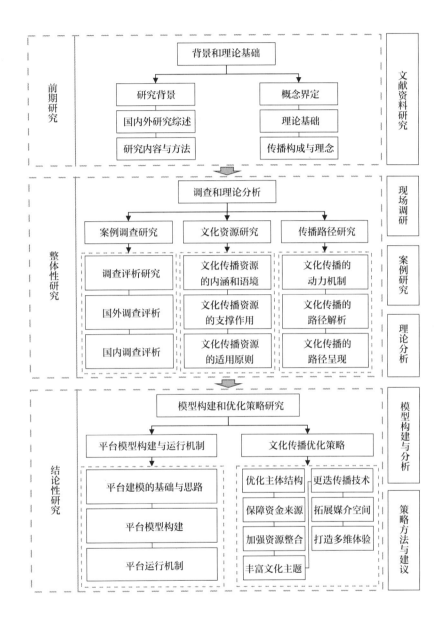

第二章　新媒体时代城市地铁站域文化传播的理论基础

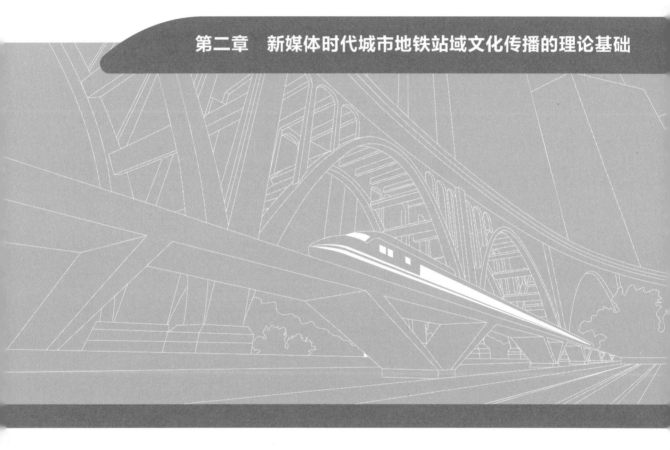

新媒体的应用颠覆了传统媒体单一、线性的传播方式和传播形态，并日益加深对人们生活的影响，城市主流人群的信息感知途径、生活方式和文化价值取向均发生不同程度的变化。地铁站域是现代城市公共交通的重要组成部分，也是现代城市发展和形象展示的窗口。在城市传播学的视野下，地铁站域是现代城市重要的时时发生传播和互动的媒介空间，已融入人们的日常生活。在新媒体时代，地铁站域通过新媒体技术可以被塑造成一个多元个性的文化传播平台和开放平等的文化交流空间，让人们在地铁空间中感受文化的基因和活力。本章的主要研究内容是界定与论述新媒体时代城市地铁站域文化传播的基本概念和基础理论，总结与剖析现阶段地铁站域文化传播的空间、媒介类型以及传播理念，为后续研究提供理论基础。

第一节　概念界定

一、新媒体时代

1. 新媒体

"新媒体"在今天已成为一个广泛使用的词，随着移动互联网技术的不断发展，新媒体技术也处于不断发展与变化的动态系统中。要深入研究新媒体时代城市地铁站域的文化传播，首先需要明晰新媒体的概念与特征。

对于新媒体概念的起源，业内人士普遍认为是出自加拿大传播学家马歇尔·麦克卢汉于1959年3月3日在芝加哥发表的题为《电子革命：新媒体的革命影响》的演讲中。麦克卢汉指出："从长远的观点来看问题，媒介即是讯息。所以社会靠集体行动开发出一种新媒介（比如印刷术、电报、照片和广播）时，它就赢得了表达新讯息的权利……"可见，麦克卢汉所表述的新媒介（New Media，中文也译作新媒体）并不是一个具有特定含义的概念。其中的"新"，只是相对"旧"而言。直到1967年，P·戈尔德马克在一份关于电子录像商品的计划书中提出的新媒体概念，与我们现在新媒体的概念较为相似。

伴随着计算机技术的发展，到20世纪80年代，"新媒体"一词被引入中国，并开始广泛普及。学者冯昭奎在《新技术革命对日本经济的影响》中发表了关于新媒体的论述，作者认为新媒体是具有灵活而多样的、跨越传统媒体功能的，并且具有多重功能的新的传播信息的媒体工具，指出了新媒体与计算机技术、通信技术、信息化之间的关联。由此来看，该文对新媒体的界定与今天我们普遍使用的"新媒体"已经很贴近了。

20世纪90年代随着互联网的接入，新媒体与互联网有了越来越多的关联，Web1.0（第一代互联网）时代，很多人认为新媒体就是网络媒体。Web2.0（第二代互联网）兴起后，微博、微信与客户端这种新的传播形式成为"新媒体"，新闻网站或门户网站则被打入了"传统媒体"阵营。Web3.0（第三代互联网）是一个全新的、更具个性化体验的网络时代，实现了网络高度虚拟化，从内容到形式都比Web1.0和Web2.0更丰富。

综上所述，新媒体概念经历了一定的演变过程，在不同阶段指向不同技术。在现阶段，新媒体主要包括网络媒体、手机媒体及其两者融合形成的移动互联网，以及其他具有互动性的数字媒体形式。

2. 新媒体技术

新媒体是一种新的传播信息媒介，新媒体技术的发展也伴随着科学技术的进步，与计算机技术、通信技术、互联网、信息化之间的关联密不可分。Web1.0时代新媒体技术以网络媒体为标志，如门户网站、网络论坛和搜索引擎等互联网技术；Web2.0时代新媒体技术以社会化媒体为特征，如微信、微博、视频网站、智能语音问答等媒介技术形式；Web3.0时代新媒体技术随着物联网的普及与应用，以"人人皆媒"的泛媒体网络空间呈现，如基于VR（虚拟现实）、AR（增强现实）技术的沉浸式媒体。简言之，新媒体技术是基于互联网技术下的，既具有先天技术优势又具有作为媒体的信息服务功能的技术，包含了数字化技术、网络技术、数据库技术、多媒体技术以及光纤通信及卫星通信等技术。新媒体技术的广泛使用改变了原有的文化传播气候，打破了传统的文化传播格局，重塑了新的文化传播环境。

3. 新媒体时代

媒体的发展经历了三个阶段：精英媒体、大众媒体和个人媒体[24]。在互联网高速发展的今天，以个人为中心的新媒体已经从边缘走向主流，标志着新媒体时代的到来。新媒体时代是以互联网为依托的各种新型媒体形式相互融合构建起的一套全新的参与式体系，就文化传播情况而言，新媒体时代较以往的媒体时代有着显著的特点。

首先，新媒体时代是传媒生态的一场变革。新媒体时代传媒的改变不是单纯形式的更新和融合，而是全新的变革。它将公共话语权、表达权，甚至一部分决定权赋予网络中的任何一个"草根"，这种社会变革让传播焕发新的活力和生机。

其次，新媒体时代促进了前所未有的文化共享。一直以来，一些区别于主流文化的更通俗的、更贴近普通人日常生活的亚文化往往受到一定的压制。文化应该是丰富多彩的，小众文化中也有精华值得传承和发扬。新媒体时代为文化的聚合和共享提供了足够广阔的平台，由此促进了共享性文化的发展。

再次，新媒体时代塑造了平等参与的传受空间。新媒体时代强化了受众的主体性，打破了传统媒体以媒体机构为主导的自上而下的单向度传播模式。在平等参与的传受空间中，权利被分散到每位受众手中，受众只要积极参与、广泛互动，就能成为传播链条中的核心和传播领袖，获得传播优势，而主流媒体的主宰权利和地位被削弱，由过去传播由少数人主导转变为一个可供受众平等参与的公共空间。

最后，新媒体时代增强了虚拟世界和现实社会的关系链。新媒体时代让现代人的互动变得更加便捷和频繁，新媒体技术的应用打破了时间和地域的限制，但又不同于虚拟网络的匿名和不确定，它能够将虚拟社区和真实人际进行互联，形成真实的关系链，弥补了传统网络造成的人际信任感危机，大大提升了交往效率和真实性，增强了个体在虚拟和现实双重世界的交往与互动。

二、城市地铁站域

城市地铁（Metro、MRT、MTR、Overground、Subway、Tube、Underground）是地下运行为主的城市轨道交通，主要服务于城市内部交通。历史上城市地铁曾经承担过货运、人防及避寒等功能，目前城市地铁的主要功能是市内通勤交通的客运功能。随着城市建设的发展，交通压力日益凸显，城市地铁因节省土地、节约能源、减少污染、降低噪音等优点，成为缓解城市交通压力的主要途径之一。地铁站域既包含地铁车站内部的范围，也包含地铁车站和周边一定区域的整体空间。

1.地铁站域的界定

1993年，美国新城市主义代表人物之一彼得·卡尔索尔普（Peter

Calthorpe）提出了以公共交通为导向的城市发展模式，即TOD（Transit-Oriented Development，以公共交通为导向的开发）理论，强调土地的混合使用，以公共交通站点为核心，将居住、零售、办公和公共空间组织在一个600米（2000英尺）的社区步行可达区域内[25]。TOD模式也成为城市轨道交通规划和开发的重要理论依据，并衍生出地铁站域概念。

通过对以往相关文献的整理、归纳、总结发现，关于地铁站域的范围划分有两个相关概念，分别是车站"影响区"和"合理区"。所谓"影响区"指的是地铁车站所能影响到的区域范围，该范围的界定受多种因素影响而存在不确定性。"合理区"是通过乘客步行或使用交通工具去车站的耗时来确定的，而人们的耗时意愿是基于体力、出行时耗、舒适度、安全性等因素的考虑。

综合国内外学者的研究，地铁站点"合理区"范围为：以轨道交通站点为圆心，以8~10分钟步行距离为半径所形成的圆形区域。按照正常人步行1~1.2米/秒的步行速度来算，8~10分钟的行走距离是480~720米。北美学者罗伯特·瑟夫洛（Robert Crevero）和卡罗尔·阿特金森·帕隆波（Carol Atkinson-Palombo）在相关研究中将轨道交通站点研究区均设定为约800米步行距离[26, 27]，成贤军（Hyungun Sung）等韩国学者在研究首尔TOD本土化发展的文献中将研究范围设定为半径500米[28]，中国台湾学者林桢家和同济大学潘海啸等相关研究设定为站点半径500米范围[29, 30]。卡尔加尼、圣地亚哥的研究范围在距轨道站点600米范围内，而波特兰和西雅图的在400米范围内，另外，国内外各城市对空间范围有不同界定，但大多在400~800米范围之内（见表2.1）。

综上，以地铁站点为圆心，以半径500米或步行10分钟的距离形成的区域作为地铁站域的研究范围较为合理[31]。但在实际研究中，对地铁站点研究

表2.1
部分城市轨道交通站点研究范围

城市	轨道交通站点研究范围	代表性研究学者
华盛顿特区	半径400~800米	R-B走廊（2005）
旧金山湾区	半径800米	Robert Cervero（1997）
萨克拉曼多市	半径400米	Peter Calthorp（1989）
首尔	半径500米	Hyungun Sung（2011）
台北	半径500米	林桢家（2006）
上海	半径500米	潘海啸、任春洋（2007）

范围大小、形态的确定还要考虑更多具体影响因素，其中，经济、社会条件、土地用地结构、街道路网、开发强度、交通模式与特征、交通设施及服务水平、用地布局、城市设计等因素都会对其产生影响[32]。

2. 地铁站域特性

作为城市交通的主动脉，城市轨道交通串联着城市重要的社会、经济、文化节点，与人们生活休戚相关，成为城市新的公共空间。地铁站域作为城市中的一个地域概念，具备节点和场所的双重特质。

作为城市轨道交通网络及城市交通网络的一个节点，地铁站域是人流、车流、信息流高度集聚的场所，起着聚散、转换、流通的交通功能和社会功能。该节点功能复合、开发强度高、设施集中，会因人流聚集效应产生较多的发展契机，还因其重要的地理位置而形成对周边空间的影响控制力，并且能够促进地区发展，是一个有社会价值的活力空间。

作为设施集中、拥有多样化建筑和开放空间的场所，地铁站域以站点为核心，将周边地区自然而然形成城市的场所。所谓"场所"，指具有特定意义如情趣、气氛等的环境部分，它有一个显著的范围或界限，可被体验成与四周之"外部"相对的"内部"，并自然伴随了中心化的形式[33]。这些场所受不同因素的影响，其功能和形态具有多元性，足以承载城市深厚的文化底蕴[20]。

节点的特性反映了站域的指引功能和标志性功能，场所的特性反映了站域的驻留功能和超强的容纳力[34]，因而地铁站域是一个活跃度高、可塑性强的城市空间。

三、地铁站域文化传播

地铁站域作为城市现代交通体系的重要组成部分，是人流车流的交通集散地。地铁站域既是城市发展的助推器，刺激并带动了沿线商圈活力；也是城市的标志性节点，串联起了城市功能，有效地利用了城市空间，构筑起城市立体化的生活方式。更重要的是，在这个过程中，它作为城市信息的媒介枢纽的作用凸显，地铁所承载的文化内涵、经济内涵等都日渐丰富，越来越多的国家都将地铁站域作为传播、塑造城市形象的主要载体[20]。

地铁站域文化本质上是依附于地铁交通系统而存在的大众文化现象，但文化是一种无形的力量，这种文化力是人类文明在历史长河中逐渐积淀形成的，对民族文化和民族精神具有重要的影响。现代文化是植根于现代工业社会和商业经济的土壤而成长起来的一种都市市民文化[35]。在今天全球化的浪潮中，任何区域的文化都不是封闭聚合的，而是相互渗透的，必须以开放的胸怀迎接外来文化，不断地改变自我、更新自我[36]。

地铁站域空间作为城市文化传播的载体具有显著优势：地铁系统的"点—轴—网"串联着庞大的人流、物流和信息流，文化内容涵盖广、传播速度快，固定受众多，是一般媒介不能比拟的；地铁地下环境相对封闭，受众在这样的情况下不易被干扰，注意力集中，有利于加强传播效果。目前，地铁站域文化的体现和传播形式较为单一，多应用于地铁站点的命名、室内装修、内部空间设施应用（灯箱、视频音频、壁画、雕塑、装置等）、文化服务活动展演等方面，其文化传播的潜力有待充分挖掘。

新媒体技术和创意性文化传播理念的引入，突破了城市地铁站域文化传播的形式和手段，强化了地铁媒介空间的作用和效果。城市文化传播的内容深刻影响着受众文化信息的认知、价值观的维护和社会行为方式的形成，因此，城市地铁站域文化的有效传播对城市发展和稳定有着不可估量的价值和作用。

第二节　理论基础

一、文化传播学

1. 文化

关于"文化"，很难形成统一的严格而又精准的定义。在中国汉语中，"文化"最早指对人施以文治教化，用伦理道德教导世人，出自刘向《说苑·指武》。《辞海》中对文化的解释为："人类在社会实践过程中所获得的物质、精神的生产能力和创造物质、精神财富的总和。"《中国大百科全书·哲学卷》中指出[36]："文化主要是指人类在社会实践过程中所获得的能力以及长期积淀而成的特定生活方式的复杂整体，包括人的行为、思想、习惯等与此相关联的一切社会活动。"

在西方思想史上，"文化"是拉丁语动词"colere"的派生词。1871年泰勒在《原始文化》中对文化的涵盖范围做了诠释，他认为文化包括知识、信仰、艺术、道德、法律、习俗以及作为一个社会成员的人所习得的其他一切能力和习惯。之后人类学家艾尔弗雷德·克洛依伯认为文化和人的行为有深刻的关系，提出文化是由外层和内隐的行为模式构成，文化代表了人类群体的显著成就。文化体系一方面强调了文化是人类行为的产物，另一方面也是人类进一步行为的决定因素[37]。1986年，庞朴将文化视为一个立体的系统，对其从外而内三个层次进行剖析：外层是物的部分；中层是心物结合的部分，包括人的意志、知识和思想情感；最内核心则是心的部分，即文化心理状态，包括价值观念、思维方式、审美趣味、道德情操、宗教情绪、民族性格等[38]。尽管不同背景的人对文化的定义不完全相同，但人们对文化的理解是基本一致的。总的来说，文化由表及里可概括为三个层次，依次为：通过人类劳动而创造出来的物质财富和物化了的精神财富即物质文化、人类风俗习惯等行为模式、意识形态[38]。

2. 传播

英语中的"传播"源于拉丁语，有"通信""会话""交流""交通""参与"等含义，指人类传递或交流消息、观点、感情等相关的交往活动。

从物理角度讲，传播是信息源经过程序进行编码后，通过语言、文字、数字、电信等介质传给接受者，接受者接受并解码信息，而后进行反馈的过程。从社会角度讲，传播是在同一空间的社会关系中发生的一种双向互动的行为。1909年，美国社会学家库利定义传播为："人与人关系赖以成立和发展的机制"（《社会组织》）。1911年，符号学创始人皮尔斯强调传播载体是"icon"（像），他认为：任何观念、意义都是通过像或符号来传播的，传播的直接且唯一手段是像。一切观点都是像的集合或包含像，都是由有意义的符号构成的（《思想的法则》）。总之，传播是个人或团体通过符号或象征手段向其他个人或团体传递信息、观念、态度和情感，共享意义，进行互动的过程[38]。

总而言之，传播是传播者与受传者之间形成的一种动态的有结构的信息传递过程，其中的信息是通过形式转换得以传播的。传播有如下特点。

第一，动态信息的共享。传播是将单个人或少数人掌握的信息，通过获取、交流、交换、扩散等方式传递给多个人，再由多个人传递至更多人的过程，该过程没有界限，是一个动态共享的活动。

第二，结构关系的变化。传播是在一定的社会结构中进行的，差别特点表现为结构特点，要把其中相关的多元关系作为分析的基本单位。传播的结构就是各种关系的相互变化。

第三，社会行为的互动。传播关系是社会关系的体现，传播行为是社会行为的互动，处于主动地位的传播者与接受信息的受传者之间，通过信息的发送和反馈，产生一系列双向的互动社会行为。互动体现了行为的双向性，双向行为有强有弱，此消彼长地持续着传播过程。

第四，意义空间的共通。传播是通过传播中介的媒体将信息进行符号化和符号化解读，这就要求传受双方对符号的解码拥有共通的理解和意义空间，否则传而不通，导致误传甚至使传播失败。所谓意义空间的共通就是传受双方具有大体一致或接近的文化背景、生活经验、情感诉求、兴趣爱好等。

综上，信息的形成、传递、反馈都是传播的重要属性和环节。传播是一个动态过程，强调传播的动态互动和运行机制，关注从传播者（信源）到受传者（信宿）之间一系列传播因素和环节的相互作用和相互影响的关系，是一种互动行为同时也是一种社会系统。

3. 文化传播

文化传播是发生在现实社会或虚拟社群中的人与人之间保持一定社会交往关系的文化互动活动。文化传播是人对文化的共享和分配，是一种社交活动[39]。任何人的活动都是在一定的驱动下进行的，文化传播的目的性就在于它也是一项在一定意识支配下进行的有目的、有指向的活动。

从传播过程来看，文化信息的收集、选择、加工、编辑和传播，处处包含了人类的智慧，彰显着文化的创新，这是文化传播延绵不断的前提。文化传播生生不息，存在于人类社会发展的每个阶段，超越了时空和种族，这是每个时代的人们对自己的民族文化的传承和不放弃的精神，取其精华、去其糟粕，以一种开放、融合的态度，大力发展和弘扬优秀文化基因，为多元化的世界文化市场提供丰富的可选择的因子[40]。美国人类学家林顿认为文化在历史长河中的融合发展传播经历三个阶段：接触阶段、选择阶段和采纳融合阶段。不同地域的文化随着人的流动而被带到四面八方，能够融入当地的文化并扩大传播范围取决于文化之间接触的持续时间和密切程度；在相互接触、双向选择、碰撞和融合的过程中，外来文化或被接受或被拒绝；被采纳的文化也不是简单的"输入"，而是与本民族文化融合，生长成一个全新的混合的文化形态。文化的传播在时间和空间维度上不断生成新的价值和意义，为文化增值并形成新的文化结构与文化模式。

从传播方式来看，随着技术手段的发展和进步，依次经历了：语言传播—文字传播—印刷传播—电子传播—网络传播的过程。新媒介的出现，改变了过去一对一或一对多的传播方式，转而形成多点辐射、互相影响的多对多的传播方式。

文化传播对社会的进步和城市的发展具有重要的作用：首先，文化传播可以创造一种尊重知识、传承文化的社会环境，提升大众的文化自信；其次，文化传播具有强烈的意识形态，可形成一定的政治倾向；最后，文化传播是城市经济发展的关键要素，是城市经济变革的助推器，为人们思想观念的更新、科学技术的提高和经济信息的传播提供坚实的文化支持[38]。

4. 文化传播学

文化传播学指的是研究人类文化传播现象及其规律的科学。它包含了人类学、社会学、文学、文化学和传播学等学科的经典理论。它的任务是以传播学为入口，洞察人的文化行为，包括如何进行传播和分享这些文化。

学者周鸿泽从文化与传播的关系角度入手，认为文化传播学是研究文化与传播之间的相互关系的学问，从广义上来讲，传播信息的方式和行为都可以认为是文化传播；从狭义上来说，文化传播学指的是对文化信息的传播，重点研究文化在传播过程中发生的变化，即传播过程中人类文化行为、文化特质、文化习俗等的传承和变异，以及这些变化对传播的影响，研究关心受众是如何通过语言、文字、态度、习惯、行为模式分享和互相传播知识的，以及传播的效果如何。

学者吴格言从社会运行系统的角度入手，认为文化传播学就是通过对社会信息系统整体运行及各部分结构、功能、过程等互动关系的探索发现，研究社会信息系统的运行规律的学科。研究的目的是为了克服传播中的障碍，制定合理的社会信息系统运行机制，从而推动社会健全发展[41]。

综上，文化传播学研究的核心焦点始终是作为传播主体的人的行为活动。信息技术的发展，新媒体新技术的出现和普及，打破了文化传播的格局，改变了人们的生活方式，对社会的政治、经济和文化具有推动作用。文化传播学的研究发现为社会传播问题提供合理的解决方法，对社会实践和社会发展有重要价值和意义。

二、媒介环境学

媒介环境学的概念第一次出现是在麦克卢汉的私人信件中，他写道："为了促进媒介环境的平衡，每一种文化都有必要限制使用某些媒介。"他首创了媒介环境学的概念，但止步于私人信件。真正使用并推广这一术语的是尼尔·波兹曼（Neil Postman）。20世纪60年代，在麦克卢汉的建议下，波兹曼在纽约大学创建了Media Ecology（媒介环境学）专业，这标志着媒介环境学的形成和问世。1968年，波兹曼首次把媒介环境学定义为"将媒介作为环境的研究"，并进行了说明："媒介是复杂的信息系统，媒介环境学试图揭示其隐含的、固有的结构，揭示它们对人的感知、理解和感情的影响。"此后，波兹曼在研究过程中不断地完善媒介环境学的定义和意义，在《媒介环境学学会章程》中界定[42]："媒介环境学是研究符号、媒介和文化彼此之间那一套复杂的关系。"1976年，波兹曼在《纽约大学年鉴》中定义[42]："媒介环境学是研究人的交往、人交往的讯息及讯息系统的学科。"1979年，他在巅峰之作《作为保存活动的教学》中界定[43]："媒介环境学研究信息环境，它致力于理解传播技术如何控制信息的形式、数量、速度、分布和流动方向。"

媒介环境学自1968年确立为一种学术研究范式以来，其学术思想源远流长，媒介环境学派的诸位学者都以强烈的人文关怀，共同关注以下议题：第一，强调媒介是一种环境。媒介不单纯是环境之间传递信息的渠道，更是一种环境[44]，即媒介即环境；第二，媒介环境是由媒介矩阵塑造的，"媒介即隐喻"[45]，除了现实环境外，我们还生存在一个由语言、技术和其他符号组成的媒介环境，无论媒介如何演变，它囊括了由主导传媒组成的媒介矩阵；第三，媒介变革对社会的影响是研究的最终归宿。从某种程度上来说，媒介是社会发展的基本动力，是区分社会形态的标志。

综上，媒介环境学对搭载地铁站域文化传播功能的媒介空间环境呈现提供了理论依据，带来了全新的符号环境、感知环境与社会环境。一方面，城市地铁站域文化传播载体由单一的实体环境扩展至实体与媒介环境的多维度空间；另一方面，媒介技术的跃迁为地铁站域文化传播的媒介环境提供更多样的呈现途径。

三、场景理论

场景是指人与周围景物的关系的总和,其最为核心的要素是场所与景物等硬要素,以及与此密切相关的空间与氛围等软要素[46]。在互联网思维主导的社会,场景这一概念成为引导移动互联网无限发展前景的关键。

"场景"这一概念最早本指影视戏剧、文学艺术作品中的场面。20世纪50年代,"场景"进入了社会学和传播学的范畴[47]。到了20世纪80年代,传播学者约书亚·梅罗维茨提出了"媒介场景理论",他提出[44]:"对人们交往的性质起决定作用的并不是物质场地本身,而是信息流动的模式。即信息流动模式的改变是地域逐渐变化甚至消失的核心原因。"

2014年罗伯特·斯考伯和谢尔·伊斯雷尔两位学者出版了《即将到来的场景时代:移动、传感、数据和未来隐私》一书,预见性地断言未来的25年里互联网将迈入场景时代,并提出了场景时代的五个前提要素:可穿戴设备、社交媒体、传感器、大数据和定位系统。①可穿戴设备。可穿戴设备通过蓝牙装置、移动设备实现人机智能对接,这些可移动终端的物质载体不仅包含了大量的受众信息,还能够增强受众体验感和营造场景氛围,是未来实现场景沉浸的便携物质基础。②社交媒体。社交媒体在移动互联网时代的传播中显得越发重要,社交媒体是获取受众行为特征和生活习惯的重要途径。传播主体通过社交媒体连接目标场景的受众,并以受众为中心连接有共同行为和特征的人群,通过一系列的连接将信息、文化理念、文化内涵、文化价值等传播出去。社交网络中的海量数据将成为未来信息开发极富个性化的内容源泉。③传感器。通过传感器数据被实时捕捉、传递、存储然后被集中处理。传感器可以获知受众的位置、运动、温度、距离、身体状况等,传感器弥补了人们感觉器官的局限性,通过传感器所获取的数据,为构建场景提供了一定的基础。④大数据。大数据是20世纪80年代提出来的,具有海量的数据规模、快速的数据流转、多样的数据类型和价值密度低四大特征。大数据的战略意义在于能够针对所掌握的庞大数据信息进行专业处理,成为有价值的人类助手,预测个人的需求并提供私人定制个性服务,实现数据的增值。场景时代,人们的所说、所看、所思、所想都可以变成数据,从而计算出一个人的行为偏好、兴趣倾向和行为导向。⑤定位系统。定位技术在传播场景的构建中起着举足轻重的作用,通过获取定位信息,推送一些有针对性的信息,从而建立强联系。这些被称为"场景五力"的要素能够营造出一种"在场感",改变人们的体验[48]。2015年起,国内学者也陆续对"场景"展开研究。胡正荣将当下称为"场景细分的时代",认为围绕个人存在的一切就是场景。人民大学彭兰教授指出,"场景"成了继移动互联网包含的内容、社交、服务三大领域之后媒体的另一个新的核心要素,移动传播的本质是基于场景的服务[49]。郜书锴教授也认为"场景五力"的技术应用已经不是愿景。暨南大学谭天教授认为场景是"移动媒体的新入口"[50]。

空间和时间是人类感知场景的基本条件,而技术条件决定了人类感知场景的方式。随着5G(第五代移动通信技术)时代的到来,移动互联网无限的连接力改变了场景构成的要素条件,数字技术变革颠覆了人类感知场景的方式。从空间上来看,在真实物质世界的场景外,通过移动互联网、AR、VR等技术构造出虚拟仿真场景,使人们实现虚拟和现实之间的自由穿梭,与无限丰富的场景形成互动。从时间上来看,智能手机、移动终端、智能应用程序(APP)等通过移动互联网构造出时空一体化场景,让人们能够"身体缺场"而"感官在场",实现了一种既流动又共享的场景体验。

地铁场景设置包含三方面:现实场景和虚拟场景,以及两者相融合的虚拟现实场景。人们进入地铁,最先感受并沉浸在地铁空间的现实场景中。新媒体技术的加入能够弥补现实场景的局限性,而且展示的内容和效果都强于真实效果。"场景五力"则基于大数据需求设计场景、呈现场景,实现现实场景与虚拟场景的完美对接,快速调动受众的多方感官身临其境地感受文化场景的魅力。当然,其目的并不止步于此,现实场景与虚拟场景的加持和相互转化让受众在线上继续智能连接,移动应用技术驱动用户的行为,让其产生的信息流成为连接日常生活与文化的纽带,并融合成一种全新的应用场景。

第三节　新媒体时代城市地铁站域文化传播构成与理念

一、城市地铁站域媒介空间类型

在城市传播的视阈下,城市本身就是由各式各样小的媒介构成的大媒介体。按照麦克卢汉的观点,城市里的道路、节点、标志物等各种地理要素,能够形成城市景观、构筑城市空间的都可以视为广义的媒介。地铁作为城市空间的一部分和城市传播的符号，本身也具备媒介属性，并且随着城市信息手段的更新，其作为"媒介"的作用和意义将会越来越受到重视。

1.媒介空间内涵

关于媒介空间，浙江大学传播学博士方玲玲在《媒介空间论：媒介的空间想象力与城市景观》一书中写道[51]："媒介空间是指由各种传播媒介所构筑的，包含物质的、精神的，真实的和想象的空间。"媒介空间是包含各种具有媒介作用的关系网络空间，在这个空间中媒介个体连接成动态稳定的关系网。媒介技术的进步会使媒介个体之间的关系网络发生变化，新的关系会打破原来相对稳定的网络关系，使媒介空间发生动态变化与偏移。

地铁站域媒介空间内也包含了很多媒介个体分支，它们长期以来共同维持着媒介空间的平衡和稳定，新媒体时代的到来，给地铁站域媒介空间赋予了更多的作用和意义。

首先，拓展了原有媒介空间的范围。伊尼斯在《传播的偏向》中提道[52]："媒介的作用仅限于'加速''促进'或'推动'复杂的社会进程。"地铁站域媒介空间借助新媒体技术的力量，引入了多种媒体形式，丰富了媒体空间的内容，增强了个体彼此的相互联系，实体个体与虚拟个体无缝衔接，强化了媒体的传播力。这些使得媒介空间越来越复杂和庞大，正如电商系统通过将现实产品和网络商品在媒介平台上进行销售，实现商品流通的同时，搭建了互联网关系。

其次，形成新的媒介空间秩序。地铁站域媒介空间原来只属于搭乘交通的乘客，虽然媒介空间拥有庞大的人流和受众注意力集中的优势，但单一的媒介行为并不能将媒介空间的优势发挥到极致。互联网的开发，新媒体技术的引入，让地铁站域的信息传播可以通过乘客的微博、微信与朋友圈引发更深更广层次的传播，突破了广而告之的个人动态空间形式，将信息通过个体的人际关系在彼此的圈层中扩散。

最后，重塑个体空间认知。媒介空间的内容影响着个体对空间的认知，个体在空间中活动必然会被呈现的媒介所影响，在空间或活动的体验过程中，必不可少地会使用到媒介所提供的现实或虚拟的工具，这样，个体就受到了媒介的作用，它影响着人们的空间构建与认知。如在互动体验场景中，个体必须按照一定的程序和规则进行互动，这种体验和互动的过程必然会加强个体对信息的认知。

2. 媒介空间类型

根据所处站域的环境位置，可分为站内媒介空间和站外媒介空间。站内媒介空间按照使用功能来分类，可分为乘客使用空间、运营管理空间、技术设备空间、辅助空间、轨道空间，乘客使用空间是地铁站内最重要的媒介空间。站内媒介空间依据空间使用性质又可划分为通道式空间、驻留式空间以及功能性空间。站外媒介空间按空间使用性质分类，可分为标识导引空间、衔接空间、景观广场。

（1）城市地铁站内媒介空间（见表2.2）

① 通道式空间

城市地铁站域的通道式空间按照行进路线包括地铁出入口大厅、站内通道、竖向交通（扶梯、电梯、楼梯）、地铁隧道等。在此类空间中乘客的行为模式为位移式行动，或快或慢地按照一定流线顺序完成空间的转换。因为媒介空间的到达和转换有一定的次序性，所以观赏内容可以在这类空间中按照时空顺序有规律地进行串联布置，乘客更容易完成从被吸引到接受再到情感共鸣的空间感受。这类空间一般比较狭长，相对封闭和单一，乘客观赏的时间相对充裕，可以利用数字影像、交互艺术、电子机械、数据可视化等表现形式，让文化信息更加具体化、图像化展现。

表2.2
城市地铁站内媒介空间

空间类型	位置	特点	实体界面	媒介技术	表现形式
通道式空间	出入口大厅 站内通道 竖向交通（扶梯、电梯、楼梯） 地铁隧道	快速位移 流动观看 通行 引导 运输	地面铺装 灯饰 顶面悬体 墙面 灯箱	数字影像 交互艺术 电子机械 数据可视化	浮雕 壁画 新媒体艺术 公共艺术
驻留式空间	站厅层 站台层	停留时间长 位置固定 视觉焦点固定	地面铺装 灯饰 顶面悬体 墙面 立柱 屏蔽门 灯箱	数字影像 交互艺术 电子机械 数据可视化 人机互动 电子网络	浮雕 壁画 新媒体艺术 公共艺术 人机交互
功能性空间	出入口 通风口 风亭	标识性 引导性 识别性	墙面 顶棚 灯箱	LED屏 电子设备	标识类

② 驻留式空间

城市地铁站域的驻留式空间主要指的是站内的站厅层和站台层,是乘客进站和候车时的使用空间。这类空间一般较宽敞,是乘客上下车或进出站的等待区域,因此是人流量较大的集散区,乘客在这里的位置相对比较固定,视觉焦点也不会发生频繁的位移,并多聚焦于空间内的柱体、墙体、地面上或圈定的小范围的固定空间里。人机互动、电子网络可以在此时发挥作用,有效的互动和趣味性的游戏可以使乘客枯燥的等待过程变得短暂而有趣。

③ 功能性空间

城市地铁站域的功能性空间主要指地铁出入口、通风口、风亭。这类空间往往是独立存在的,除了出入口,其他空间鲜有人注意,但对城市文化的传播也能起到一定的作用和意义,尤其是地铁出入口空间,不仅有空间引导和标识的功能,还是城市的展示窗口。新媒体的介入让出入口空间更具文化性和艺术性,可以使其更好地起到标志指引的作用,形成具有地域代表性的视觉地标节点。

(2)城市地铁站外媒介空间(见表2.3)

① 标识导引空间

导引标识牌、雕像、小品等标志物。

② 衔接空间

地铁中庭、大厅、商业街等。

③ 景观广场

下沉广场、站点周边环境等。

城市地铁站外媒介空间不仅属于地铁媒介空间,也与地铁站点周边共同构成了城市媒介的一部分,站外景观、小品、公共服务指引牌,以及建筑设计等,通过独特的造型、特殊的材质营造出具有标志性的环境效果,城市景

表2.3
城市地铁站外媒介空间

空间类型	位置	特点	传播媒介
标识导引空间	街道空间	位移式	导引标识牌、公交站牌、城市地标建筑或标志物
衔接空间	地下和地上衔接部位	以娱乐休闲为主的综合体验式	中庭、大厅、商业街或广场等室内空间
景观广场	地铁站出入口	审美通过式	城市广场、周边环境、休闲座椅等

观、建筑交通与文化传媒等功能融于一体。

综上所述，地铁站域媒介空间由站内媒介空间与站外媒介空间构成。地铁媒介空间是城市文化体验与实践的物质中介，产生了城市文化的物质形态，是城市文化情感与自信的催生载体。地铁站域媒介空间通过多种媒介形式传播城市文化，提升地铁受众的归属感、认同感和文化自信。

二、城市地铁站域文化传播媒介

由城市轨道交通资源经营协作委员会推出的《中国城市轨道交通传媒经营发展报告》（以下简称《发展报告》）行业蓝皮书，将城市轨道交通传媒划分为六类（表2.4）。

表2.4
城市轨道交通传媒划分类型

传媒类型	具体内容
传统媒体	灯箱、海报、看板、贴纸、车体、拉手、实物展示类媒体等
报刊、直邮类媒体	地铁报纸、地铁杂志、地铁直邮杂志、宣传单页等
电子媒体	电子显示屏媒体、隧道媒体、投影媒体等
移动电视媒体	PIS（乘客信息系统）视频、移动电视媒体等
广播类媒体	站内广播、到站播报
新媒体	地铁官网、手机移动应用以及文化衍生品等

本研究根据以上地铁站域传媒类型的划分和性质，结合已有的对地铁站域文化传播媒介相关研究文献的研析，将城市地铁站域文化传播媒介分为现实媒介、虚拟媒介和虚拟现实媒介三种。

1.现实媒介

城市地铁站域文化传播的现实媒介包括（表2.5）：站域内的灯箱、海报、宣传贴、地铁报纸、直邮杂志等实物展示类传统媒体；浮雕、壁画、艺术品、艺术装置等实体媒介；标识导向、标牌、信息图形、文化符号等标识设施；隧道媒体、站厅站台电子屏、投影等电子媒体；移动电视、PIS视频等移动视频媒体；站内广播、到站播报等广播类媒体；以展示和参与为主的线下活动。这种传播形式通过醒目的标题和引人入胜的内容迅速抓住行进中的乘客的眼球。地铁公司可以通过出售广告和出租媒介的形式获得一部分收益充实地铁的运维工作。但从传播角度来说，由于宣传形式比较单一、创意水平较低、内容千篇一律、位置固定、布局存在一定的不合理性，在一定程度上影响了地铁站域的空间景观效果以及乘客对信息的接受和传播效果。

2. 虚拟媒介

随着新媒体时代的到来，新媒体技术突飞猛进，其交互性、共享性、超文本超链接特性等为传播效果大大助力，受到了人们的青睐。计算机技术、网络技术、远程通信技术等数字技术的应用，使信息从发布到接收再到反馈，都呈现出新的面貌，体现出传统媒介无法比拟的优势。城市地铁站域文化传播的虚拟媒介是以移动媒体、网络媒体为主（表2.6）。

3. 虚拟现实媒介

虚拟现实媒介是以现实媒介为空间载体、新媒体技术为传播手段，通过对人视觉、听觉、触觉、嗅觉等感官体验的多重刺激，带来神秘感、时代感甚至是超现实感。地铁站域使用的虚拟现实媒介形式包括（表2.7）：附有二维码、小程序等符号的实体媒介，乘客通过"扫一扫"即可进入并参与虚拟活动；文化数字平台、互动数字媒体等新媒介；AR、VR、MR（混合现实）、人工智能、智慧5G等新兴媒介。

表2.5
城市地铁站域文化传播现实媒介

媒介类型	具体位置	媒介形式
现实媒介	站口、站内（通道、站厅、站台）、扶梯、车厢内等实体空间	灯箱、海报、拉手、电子梯牌、包柱贴、报纸、杂志等实物展示类传统媒体
		浮雕、壁画、艺术品、艺术装置等实体媒介
		标识导向、标牌、信息图形、文化符号等标识设施
		隧道媒体、站厅站台电子屏、投影等电子媒体
		站内广播、到站播报、移动电视、PIS视频等视频广播类媒体
		文化活动、公益活动、艺术展览、公共表演、商业活动等线下活动

表2.6
城市地铁站域文化传播虚拟媒介

媒介类型	具体位置	媒介形式
虚拟媒介	网络、移动网络	地铁官方网站、公众号、微博、地铁官方APP
		出行服务、网络营销类APP等地铁移动网络传播媒介

表2.7
城市地铁站域文化传播虚拟现实媒介

媒介类型	具体位置	媒介形式
虚拟现实媒介	现实+"泛在"网络	附有二维码、小程序等符号的实体媒介
		文化数字平台、互动数字媒体等新媒介
		AR、VR、MR、人工智能、智慧5G等新兴媒介

虚拟现实媒介提供了信息的无限性和信息传递的交互性，在传统的现实媒介基础上加入了更多的技术成分。当虚拟和现实媒介与受众体验融合在一起，连通线上"泛在"网络时空，共同构建"融合媒介"的格局，文化传播才能向着更为多元化和多样化的趋势发展。

三、城市地铁站域文化传播理念

1. 细分传播主体，精准有效传播

在新媒体时代，城市地铁站域文化传播主体应是多元的，包括政府部门、地铁职能部门、文化艺术机构、媒体广告服务商及地铁受众。借助和依靠多元主体的作用，共同发力，完成从内容制作、场景搭建到文化传播及效果反馈全过程，实现文化的高效传播。

政府在城市文化传播中担任着重要的角色，具有关键性作用。政府可以通过制定相关文化法规，有效引导、推动、跟进城市地铁站域文化传播。地铁职能部门对地铁站域的环境、受众更加熟悉，文化艺术机构对文化传播的内容和组织方式更有发言权，媒体广告服务商拥有新媒体强大的技术实力，地铁职能部门组织文化机构和媒体行业共同开展传播活动，使文化以全新的形式呈现于地铁站域。地铁受众的市民是城市的主人，既是城市文化的创造者、文化成果的享有者、文化活动的参与者[53]，也是城市文化建设与传承的基础力量。市民受众对文化传播的参与是推动城市文化传播的根本力量，要有效引导、鼓励市民积极参与。

2. 搭载数字技术，创新传播形式

新媒体技术对于增强传统文化传播力具有十分积极的作用：首先，新媒体技术以数字技术为基础，搭载互联网技术，优化了传播途径，增强了受众

的参与性。其次，媒介的融合使得传播从时间和空间两个维度突破了原有界限，改变了传播模式。播放技术、装置设计、体感交互技术、互联网技术等新媒体技术与传统媒体技术融合，延伸出动态类和交互类文化，使得文化资源的流通、开放与利用变得更为高效，文化能够以更有效的方式到达目标人群[54]，且更具感召力和现场感。最后，新媒体技术在传播文化的同时也不断创造出各种新的文化艺术形式，重塑新的格局。运用VR技术、虚拟影像、3D技术等高科技手段的文化体验类活动，具有生动且富有交互性的表现形式，让文化传播更富有包容性和参与性。这些新技术通过提升受众参与度和沉浸感为地铁空间增添新的动态活力。

3. 营建多元场景，丰富媒介环境

地铁站域，作为一个具有交通性质的物质空间，主要功能包括：定位功能和识别功能。同时，作为一个承载文化传播的媒介空间，主要功能包括：叙事功能、演进功能、传播功能等。场景与场所、场地不同，如果让地铁站域具备以上的功能，应将场景融合个体感知以及社会、历史、文化等多方面的内容。

在场景的构建中，除了利用技术使空间场景更加丰富多样外，还需要遵循几个重要原则：其一，情感原则。使空间更具"人情味"，更能够"吸引人"。其二，环境认同原则。通过多种手段塑造人们的"空间印象"。其三，文化认同原则。保护和发扬城市文化特性和历史传承，提升场景空间的"归属感"，提升文化自信，创造出合理、有序、个性化的地铁站场景空间。

4. 立足地域特色，挖掘时代特征

伴随着世界经济一体化的进程，全球范围内出现了文化趋同的现象。许多学者认为城市在自身长期发展的过程中形成的独特的、有差异性的城市文化是支撑城市社会经济发展的基础和无形力量。随着城市地域文化传播价值的凸显，越来越多的人意识到地域文化资源在打造城市品牌、宣传城市精神、增强社会正能量、提升城市经济实力等方面的支点作用。城市地铁站域文化资源应通过对当地传统文化进行发掘、选取和价值再造，形成具有较高社会价值和传播价值的文化资源[55]。

地域性是在漫长的历史长河中由区域演变而成的一种稳定表现的独特形式。在营建地铁站域文化传播环境时，需考虑地铁所在区域的文化背景，体

现车站区域性的独特内涵，获得观众的精神共鸣，从精神文化和物理两个方面丰富城市地铁站域文化传播的理念。

本章小结

伴随着新媒体技术的发展变革和人文社会科学研究的深入，传播学研究也更加重视空间作为传播行为发生的场域所具有的媒介意义。本章是研究的理论基础部分，通过研读大量文献、借鉴前人学者的研究成果，从文化传播学、媒介环境学、建筑学等多学科、多方位视角解析新媒体背景下地铁站域文化传播的基本概念、理论和方法。

首先，从基本概念入手解析新媒体和地铁站域。"新媒体"一词从1959年被麦克卢汉提出到现在的广泛应用历经了半个多世纪。在互联网高速发展的今天，"人人皆媒"的泛媒体网络空间呈现，以个人为中心的新媒体时代已经到来。新媒体时代从传播主体、传播媒介、传播内容、传播形式到传播效果都发生了变革，打破了传统的文化传播格局，消解了公共话语权，塑造了平等参与的文化空间。重塑后的文化传播环境突破时间和地域的限制，增强虚拟世界和现实世界的关系链。地铁站域的界定来源于1993年卡尔索尔普关于地铁站域圈层研究的TOD理论，结合我国的实际国情和街区特点，本章将地铁站域范围界定为：以地铁站点为圆心，以半径500米或步行10分钟的距离形成的区域。

其次，从基础理论入手深耕文化、传播、媒介和场景的关系。从文化传播学的学科角度观察文化传播的现象和规律。媒介环境学这一学术研究范式确立于1968年，麦克卢汉著名的"媒介即讯息"阐明了媒介环境学是研究媒介形式及其意义、功能的理论。各个时期的媒介都嵌入了有所偏向的意识形态，新媒介的出现改变并影响着人们的社会生活方式、行为方式和思维方式，因此，从某种程度上来说，媒介是社会发展的基本动力，是区分社会形态的标志。在互联网思维主导的社会，"场景"这一概念成为引导移动互联网无限发展前景的关键。"场景五力"的提出为媒体融合转型提供了新的路径与思路。地铁场景的设置正是在场景五力的基础上设计场景、呈现场景，从而实现现实场景与虚拟场景的有效对接，让受众调动多方感官，身临其境，实现由"大众信息传播场景"到"受众即刻体验场景"的转变，感受文化场景的魅力所在。

最后，从文献回顾和资料整理中总结城市地铁站域的空间类型和传播媒介，探讨新媒体时代城市地铁站域文化传播理念。城市即媒介，新媒体时代的到来，赋予了地铁站域媒介空间更多的作用和意义。地铁站域媒介可细分为现实媒介、虚拟媒介和虚拟现实媒介，并搭载站内、站外媒介空间相互融合，共同传播城市文化。

综上所述，从四个方面总结城市地铁站域文化传播的理念：传播主体多元化，扩大文化传播参与度，巩固城市文化建设的基础力量；新媒体技术现代化，加深文化感知度，扩宽城市文化建设空间；地铁场景多样化，增强文化感染力，开拓城市文化建设新视野；传播内容本土化，提升文化归属感，打造城市文化品牌价值。

第三章 新媒体时代城市地铁站域文化传播现状的调查评析

地铁系统服务于城市主流的社会群体，地铁站域的文化传播将辐射城市庞大受众人群的主流价值观。新媒体时代城市地铁站域文化传播的理论基础研究，从文化传播学、媒介环境学、建筑学等多学科、多方位视角解析研究所涉及的基本理论方法，提出新媒体时代城市地铁站域文化传播的构成与理念。通过对国内外12个城市、748个地铁站点进行基础调研，选取其中9个典型城市，34个不同层级地铁站点进行深度调研评析。采用参与性观察、自由访问、照片分析、网络调查等方法进行基础数据的采集，深度评析地铁站域媒介空间与文化传播效果，提出现存问题，为新媒体地铁站域文化传播的资源保障、传播路径构建与平台模型建立提供基础案例参考。

第一节 调查评析研究设计

新媒体时代城市地铁站域文化传播的调查评析研究在确定调查目标及流程的基础上，通过探索性研究，采用参与性观察、自由访问、案例分析、问卷调查及综合分析展开进一步具体研究（图3.1）。

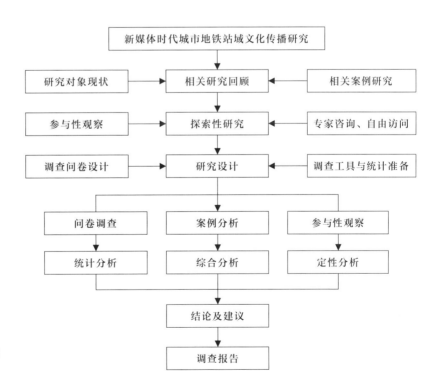

图3.1
新媒体时代城市地铁站域文化传播调研流程设计

一、调查目标及流程

本研究对12个国内外城市的地铁站域进行了文化传播现状调查，并选取9个代表城市完成调查评析。国外案例对案例城市、地铁规模、典型空间以及文化传播模式进行梳理总结。国内案例对地铁层级、典型空间、地铁传媒机构以及文化传播现状进行深入评析。通过对新媒体介入地铁站域文化传播案例进行重点研究，深度评析地铁站域文化传播的途径与效果，梳理国内地铁站域文化传播的现状与困境。调研流程如图3.1所示，依据"明确研究目标—相关研究回顾—探索性研究—研究设计—结论及建议"的步骤开展具体调查与评析工作。

二、探索性研究

1. 研究要点

（1）国外地铁站域典型空间的案例分析（场景营造、媒介空间、传播案例）

（2）国外地铁站域文化传播的模式评析（文化政策、管理结构、受众参与）

（3）国内地铁站域文化传播的典型空间（地铁层级、媒介空间、媒介形式、传播效果）

（4）国内地铁站域文化传播的传媒机构调查（常规线路、特许经营线路）

（5）国内地铁站域文化传播的现存问题（传播受众、媒介空间、媒介形式、传播讯息、传播路径、管理体系、政策保障）

2. 研究思路

在确定国内外城市地铁站域调查评析目标和内容之后，通过文献回顾与实地调查进行探索性研究。首先，通过对相关案例城市进行文献收集与资料整理，对调查对象建立基本认知。其次，利用参与性观察和访问法进行实地调查，初步了解研究对象基本情况。再次，使用案例调查、问卷调查法对研究对象进行深入调查与总结。最后，通过综合分析法对城市地铁站域文化传播现状问题进行评述。

此研究过程中涉及的调查方法主要有：参与性观察、自由访问、案例分析、问卷调查与综合分析法。①参与性观察源于人类学，它不提出假设，也不从测量工作开始，而是让调查者作为环境使用主体去真实体验环境。参与性观察常常采用经验主义的方法，带着问题进入现场，在收集资料的过程中概括形成经验假设或理论。调查者既要以地铁站域文化传播受传者的立场，又要用专家的视角去体验环境并完成调查研究。调查者需要对地铁站域文化传播的典型空间，从媒介空间、媒介形式、传播效果进行综合感知，并作出评述。②自由访问法，指不事先设计问卷，以地铁站域文化传播为访谈主题，在调查现场自由地与被访者交谈，全面了解被试者对地铁站域环境文化传播的主观认识。被访者的谈话不是被全部记下，而是调查者进行过滤，扬弃掉与调查目标关系不大的内容，并以调查者的理解来总结被访的谈话要点。③案例分析法，又称个案分析法，选取国内外不同城市地铁站域的典型空间案例，完成国内外城市地铁站域文化传播的宏观调查。④问卷调查法，通过对北京、天津两座城市地铁站域的文化传播现状进行问卷收集与统计分析，对研究要点从定量分析角度进行归纳总结。调查采用纸质问卷现场收集与线上发放问卷结合的方式，调查结果更加详细、完整。⑤综合分析法，在城市地铁站域文化传播调查案例分析基础上，从传播机构、传播受众、传播媒介与传播方式多个层面入手，综合分析新媒体时代背景下我国城市地铁文化传播现状主要困境。

第二节　国外案例调查评析

国外案例调查评析选择伦敦、巴黎，二者均为世界级文化中心城市，地铁历史悠久且线网基础设施完善，在地铁文化建设方面具有丰富的管理经验。

一、案例城市及地铁规模

1863年伦敦地铁大都会线的正式开通，使伦敦成为世界上最早开通地铁的城市。如今，伦敦地铁覆盖了整个大伦敦辖区，已经建成线网总长402公里，共有11条线路、270个运作中的车站，平均每日载客量高达304万人。以运营中的线路长度计算，伦敦地铁是世界上第四大的地铁网络，仅次于上海地铁、北京地铁和广州地铁。伦敦地铁自开通以来，一直是城市当代艺术传播的先锋阵地，时至今日，伦敦地铁网络已然收获并承载了丰硕的艺术成果，成为伦敦都市文化遗产的重要组成部分。伦敦地铁网络文化艺术的蓬勃发展受益于英国先进的文化管理政策、伦敦繁荣的创意产业以及伦敦交通署专业化的文化策划团队，这种城市自上而下密集渗透的政策支援造就了强大的文化发展动力。

巴黎是欧洲较早开通地铁的城市之一，第一条地铁线在1900年世界博览会的开幕前建造完成。巴黎地铁现覆盖巴黎大都会地区，由巴黎大众运输公司（RATP）负责营运。作为世界上最密集最便捷的城市轨道交通系统之一，巴黎市区现有16条地铁线，全长215公里，载客量为600万，占大巴黎地区人口的40%，市区内302个车站的高密度覆盖使几乎所有地区的乘客徒步5分钟内均可到达最近的地铁站，密集高效的地铁线网保证了巴黎这个世界大都会在快速运转中井然有序。1949年巴黎大众运输公司接管巴黎地铁线路的运营工作，在其管理巴黎地铁的70多年间，巴黎地铁的历史文化价值被进一步挖掘。巴黎大众运输公司也与法国文化署等城市文化机构密切合作，协同宣传地铁站域内的历史建筑、艺术展讯、影剧信息，并协助组织城市自上而下式的公众文化活动，为巴黎城市文化传播作出了独特贡献。伦敦和巴黎同属于世界城市，轨道交通线网发达且在城市文化领域表现卓越。二者在地铁文化建设中积累了不同的成果与经验，值得我国城市学习借鉴。

二、典型空间案例分析

1. 伦敦

（1）地铁站域场景营造

伦敦地铁距今已有150多年历史，城市丰厚的历史文化底蕴为地铁站点的空间场景营造提供了诸多创意素材。贝克街站（Baker Street）是1863年伦敦第一条地铁线路中的一部分，它因古老历史与经典小说人物福尔摩斯侦探而闻名，地铁海报描绘了1863年该站台启用时的历史情景，同时地铁墙壁装饰有很多叼着烟斗的福尔摩斯头像。福尔摩斯在贝克街221号的公寓如今被改造为福尔摩斯博物馆，与贝克街地铁站构成一体化的文化空间，成为伦敦最著名的城市景点（图3.2）。

国王十字（King's Cross）地铁站和威斯敏斯特（Westminster）地铁站因英国魔幻文学《哈利·波特》而闻名。二者作为电影《哈利·波特》拍

图3.2
伦敦地铁贝克街站

摄取景地已经成为粉丝们探访哈利·波特足迹的重要景点之一。在国王十字地铁站，小说中虚构了通往霍格沃兹魔法学校的火车从站台出发的经典桥段，现实中管理方因《哈利·波特》文化持续升温而在第九和第十站台之间加设迎合粉丝文化的"魔法站台"。威斯敏斯特地铁站是《哈利·波特与凤凰社》电影的主要取景地之一，该站使用现代建筑设计语言，混凝土制的大型桁梁、圆柱与金属制电梯、楼梯纵横交错，构成极具未来感的视觉效果，构成了超现实的电影场景。

（2）车站媒介空间衍化

伦敦地铁站公共空间是城市多元文化元素的熔炉，作为城市形象展示的重要载体，地铁空间媒介价值逐渐凸显。一批"地铁艺术家"始终活跃在伦敦地铁舞台上，地铁媒介空间为创意从业者提供了自由、开放的文化艺术孵化平台。在视觉传达领域，获得管理当局允许的平面艺术家以地铁站厅、站台等公共空间为场所媒介，设计并张贴公益广告、博物馆、艺术展、影视剧海报或进行涂鸦性质的绘画，这些平面视觉作品包含对城市文化机构或艺术家个人的文化宣传，而地铁受众在相对开放的媒介空间中能够自由、自主地捕捉信息。在音乐表演领域，根据统计，目前伦敦地铁网络共有25个车站为街头艺术家提供表演场地，管理当局有组织地遴选街头艺术家进入地铁站内部进行演出，只有通过试演考核的艺术家才能够支付20英镑获得表演许可证，这种方式一方面有效保证了地铁公共空间的演绎水平，另一方面为自由的新晋艺术家提供了谋生渠道，同时也为往来之间的地铁乘客营造了轻松活跃、趣味性的艺术氛围。

（3）车站文化空间改造

由于线路调整等历史原因，伦敦地铁曾有许多废弃地铁站埋藏于地下。早在2011年，曾有人向伦敦市政府提出申请，计划将伦敦市中心的一部分废弃地铁站进行功能置换，改建成会议中心或旅游景点。在创意都市城市文化发展目标之下，伦敦在城市改造过程中逐步对地理位置较好的废弃地铁站进行改造，使其成为博物馆、剧场、画廊、酒吧等文化休闲中心，为以建筑为场所载体的创意产业贡献经济价值。

伦敦西区是英国戏剧界的代名词，也是与纽约百老汇齐名的世界两大戏剧中心之一。由于各大剧院的演出总是座无虚席，剧院经营者们试图在地价高昂的城市中心寻找搭建新剧院的土地，而像道恩街站等一些废旧地铁站恰好处于市中心且内部空间开阔，成为改造小型剧院的理想场所。根据当地政府初步估算，地下幽灵车站的整改出租能够给城市带来上亿英镑新增年收入。在伦敦交通局废旧地铁站点改造实践中，曾经废弃二十几年的艾德维奇地铁站被改作二战纪念场所并向公众开放。在二战期间，地铁站成为保护伦敦市民躲避德军轰炸的防空洞，如今公众可以在此体验历史场景。同时，该站点距离城市历史旅游景点唐宁街10号和英国国会大楼仅几步之遥，该站"顺势而为"的改造成功融入该地区的文化生态气候。

（4）地铁线路文化更新

2010年出台的伦敦市长文化战略草案中，重点提出加强培育城市文化活力的基础性工作。伦敦地铁网络作为城市文化传播的前沿阵地，其文化活力优势体现为与地铁站域文化机构、地铁受众的双向交流与互动。作为管理方的伦敦交通局以时间为轴线，通过周期性的地铁文化更新计划实现文化传播的持续活力。2009年，为庆祝伦敦地铁银禧线三十周年，伦敦交通局特别策划银禧线系列文化项目——万物相连，多名来自不同领域的艺术工作者被委任参与该项目，这些艺术家被邀请走访银禧线站域的重要历史场所，并各自从经济、文化、自然等不同视角观察思考银禧线三十年的更迭变化，完成相关的子项目。其中，艺术家马特·斯托克斯（Matt Stokes）以银禧线斯特拉特福（Stratford）地铁站在东区的历史文化背景为灵感进行创作，该区在19世纪维多利亚时代因"一分钱的娱乐（Penny Gaffs）"而闻名，即用一分钱随时随地参与享受即兴的戏剧表演活动，包括舞蹈、杂技、短剧等娱乐项目，"一分钱的娱乐"在社会下层群体中非常流行，但随着后期电影业出现，现场表演逐

图3.3
艺术项目地铁斯特拉特福区"一分钱的娱乐"

渐萧条。马特试图复活该区域历史上"一分钱的娱乐"的独特风采,他在车站创造了一个即兴电影表演装置,并请来了一群当地的表演者,而地铁乘客也可以作为玩家在装置屏幕上进行持续几分钟的即兴演出。马特将该项目命名为斯特拉特福:连环-漫画-夸张-歌剧插曲(图3.3),既囊括了"一分钱的娱乐"的精髓,也传递了该艺术实践的初衷,该项目以交互参与的形式,将斯特拉特福区有关戏剧和电影史的丰富历史与参与者奇妙地连接在一起。

2. 巴黎

(1)作为城市文化遗产的吉马德式地铁入口

巴黎地铁诞生于1900年的世纪交迭之际,同一年巴黎世界博览会的举办加速了巴黎地铁的问世,也宣告着新技术、新材料、新思潮的时代革新。当时欧洲大陆正处于新艺术运动巅峰时期,第一条地铁线路的入口设计被委托给当时法国最具影响力的新艺术风格代表建筑师赫克托·吉马德(Hector Guimard),吉马德共设计了三种类型的地铁车站入口建筑:只有栏杆的户外阶梯式车站入口、有围合带屋顶的阶梯式车站入口，以及封闭亭式建筑物车站入口。三者均采用铸铁结构加绿色涂漆，风格统一，结构轻盈且优雅。吉马德从自然景观中汲取灵感，模仿植物纹样凸显"新艺术"运动风格特点，铸铁合金制造的扭曲藤蔓缠绕枝干形式被运用到栏杆和支撑结构中，顶棚采用大块玻璃拼装塑造波浪状的边缘形式（图3.4）。此外，吉马德考虑到批量生产需要使艺术与技术有机结合，因此大量使用铸铁材料，一方面铸铁的流动性可以满足对构件细节的生动雕琢，另一方面模型浇筑能够实现多个地铁站入口的标准化复制与建造。

当这些造型奇异的绿色小亭子首度出现在巴黎街头，它们对日常审美的挑战曾掀起巴黎人乃至媒体的热议，然而随着历史更迭，吉马德风格地铁入口赢得了广大巴黎市民的喜爱，其历史文化价值也得到肯定，重要的车站入口被集体纳入巴黎历史古迹保护建筑名录。从1976年起，巴黎大众运输公司对其作品开展完善维护和恢复政策，迄今为止，在吉马德设计的141座地铁站入口中，仍有70多座地铁站被当作文物保留并使用。这些丛生于巴黎街头的古老地铁入口以强大的生命力持续履行着公共建筑的功能使命，已然成为新艺术风格的现实教科书，抒写法国"美好年代"的时代记忆；它们作为城市建筑文化遗产，是构成城市文化身份象征的记忆符号，活跃在巴黎人的日常生活与观念认知之中，也成为巴黎地铁彰显独特文化魅力的关键词。

图3.4
巴黎街头经典的吉马德风格地铁入口

（2）地铁站域的场景塑造

1968年，法国文化部长安德烈·马尔罗（André Malraux）提出对1号线卢浮宫站进行艺术改造的想法。直到2014年3月，后者被巴黎大众运输公司改造成为与卢浮宫博物馆内部风格相契合的地下前厅，该站采用勃艮第石墙与古代雕塑构件进行空间装饰，整体场景包裹在柔和的灯光下。该站在改造完成之际即取得了巨大成功，赢得了公众的好感。此后，巴黎大众运输公司的车站翻修计划将车站改造实践与地铁站域相关的历史环境或地理文化事实联系起来。

艺术与工艺（Arts et Métiers）地铁站的名字取自与车站毗邻的工艺美术博物馆（Musée des Arts et Métiers）（图3.5）。1994年，为了纪念这座博物馆成立200周年，巴黎大众运输公司委托卡通艺术家弗朗索瓦·舒腾（François Schuiten）对地铁站台进行整体化设计，舒腾以经典建筑图画小说《朦胧城市》作为设计的灵感来源。站台的穹顶和墙壁都由铜板覆盖，墙体舷窗内展示着工艺美术博物馆的微缩版藏品：浑天仪、卫星以及水轮，站台仿佛复制了儒勒·凡尔纳的小说《海底两万里》中的平行世界，利用工业化的空间装饰吸引游客对技术和工业领域的思考与探索，同时与站域重要地标建筑相呼应。

克吕尼－索邦（Cluny-La Sorbonne）地铁站位于巴黎最著名的学府区——拉丁区的中心，以欧洲最古老的大学之一索邦大学和附近的博物馆（Musée de Cluny）命名。该站作为索邦大学学生最常出没的地铁站，充满

图3.5
艺术与工艺地铁站

人文学术气息。1988年法国画家约翰·巴赞（Jean Bazaine）使用彩色马赛克为主题装饰了整个站台，白色穹顶上用马赛克拼贴出索邦大学知名校友的签名，包括居里夫人（Marie Curie）、诗人魏尔伦（Paul Verlaine）、法国大革命的风云人物罗伯斯庇尔（Maximilien de Robespierre）等，实现了地铁站内空间场景对站域文化特质的应和。

（3）地铁站域文化资源的协同推广

巴黎作为世界文化之都，文化与旅游产业十分发达，每年吸引着数以万计的国际游客。搭乘地铁往往是旅行者在巴黎的首选交通方式，其作为受众的身份与属性区别于城市居民。地铁网络成为巴黎政府面向游客宣传大巴黎地区旅游文化资源的重要媒介场所，宣传借助于传统地铁空间媒介与新媒体介入的多级传播路径。

在现实媒介层面，地铁车厢、站台、通道空间的海报、广告等传统媒体时期的信息传播路径仍在发挥重要作用。以到达凡尔赛宫的旅游文化专列为例：在巴黎至凡尔赛宫路段，快线列车内部因凡尔赛宫式的华丽装潢而蓬荜生辉，镜厅、皇家花园等经典场景通过高科技贴膜得以复制，地铁乘客搭乘该线提前感受到凡尔赛宫恢宏的历史情景。在虚拟媒介层面，巴黎大众运输公司利用官方网站及其在主流社交媒体开设的公众账号，在线上空间协同宣传地铁网络辐射范围内的城市旅游文化资源，巴黎大众运输公司官网中的"开始旅行"页面以旅行景点推荐的方式，将地铁网络辐射区域内的历史建筑、景观遗产、文化场所等景点与地铁地图合并绘制，并设置各景点网站及扩展介绍的附属链接，地铁乘客通过该页面能够宏观认知巴黎地铁网络覆盖区域内城市文化资源，亦可详细了解重要地铁站点周边的旅行景点，如杜乐丽地铁站的附属链接中呈现杜乐丽花园、橘园美术馆的介绍与链接，二者是地铁站域范围内的重要文化设施。此外，在社交媒体高度普及化的现实语境中，巴黎大众运输公司在脸书、微信等主流社交媒体的公众页面中定期推送、更新地铁站域重要展览、演艺场所的表演等资讯，协助城市各文化机构俘获受众，实现乘客从交通路线到城市景点的靶向对接。

三、文化传播模式评析

伦敦和巴黎的地铁网络为城市文化遗产延续与更新作出卓越贡献，呈现出繁荣与活力并存的文化艺术发展图景，这与二者背后相对成熟的管理机制密切相关。

1. 文化政策保障

英国是世界上首个提出"创意产业""创意经济"概念的国家，伦敦作为首都已成为由制造业向文化产业成功转型的代表性城市。伦敦城市文化发展的宏观目标是建设卓越的世界级文化创意都市，作为重要支柱产业的文化创意产业，始终保持着高速的发展。在"创意之都"这一明确的文化发展策略之下，伦敦地铁利用其作为城市基础设施的交通动脉优势，将伦敦城市多样化的创意区域与节点紧密地编织成网，成为创意城市文化的独特名片。时尚艺术、影视文化、壁画涂鸦、小说音乐等多元化文化题材都成为伦敦地铁文化营造的创意起点，地铁站域的空间营造与站域文化资源处处相连，共同营造伦敦创意之都的文化氛围。同时，地铁文化建设政策也嵌入城市自上而下的管理框架之内。

在英国文化政策体系内，"分权化"的管理体制划定了三个管理层级：一是中央一级管理机构，负责统管全国文化事务、制定文化政策以及划拨文化经费；二是中间一级的非政府公共文化执行机构，负责承上启下执行监督文化政策落实以及具体分配文化经费；三是基层及地方级艺术董事会、各行业文化联合组织，包括电影协会等38个机构。这三级管理层级间奉行"一臂之距"原则，各自保持独立运行，避免直接管辖的关系。这种文化政策直接影响了伦敦地铁艺术的管理机制。伦敦地铁艺术计划组（Art on the Underg Round）是直接负责管理地铁公共艺术的机构，它隶属于伦敦交通局，但是具有独立策划与执行艺术项目及相关事务的权利。英格兰艺术委员会是其上一级非政府文化机构，负责相关的艺术审议评估与资金划拨，但无权干预计划组的艺术管理工作。此外，英格兰艺术委员会对计划组实行部分财政补贴，补贴资金部分是通过英国推行的"使用彩票公益金资助艺术项目"的政策获得的。而在交通领域，地铁艺术计划组同时接受来自伦敦市长交通战略项目的基金扶持，以及来自社会团体、文化艺术机构、企业的项目赞助。专业自由的策划执行和稳定的经费来源是伦敦地铁持续文化更新项目的保证，而城市自上而下完善的文化管理框架是伦敦地铁文化蓬勃发展的最大动力机制。

2. 管理结构明确

（1）巴黎大众运输公司

巴黎大众运输公司是地铁文化传播主导者。自成立以来，巴黎大众运输公司积极投身于地铁空间的翻修升级与艺术创新工作,从1976年修缮吉马德式地铁入口到2000年的地铁百年修缮计划,巴黎大众运输公司致力于挖掘巴黎地铁关联"地上"与"地下"空间的站域文化表达。第一批修缮的车站即以"文化车站"进行命名,以12号线的协和广场站为例,1763年该广场曾以当时的国王命名为路易十五广场,法国大革命期间,路易十五雕像被推倒,协和广场成为法国人民毁灭王权的历史舞台。在该站的改造设计中艺术家弗朗索瓦·舒腾使用《人权宣言》和《公民权利宣言》逐文逐条、逐句逐字地装饰站台空间的拱顶和墙壁,试图唤起地铁乘客对法国大革命时期颁布的纲领性文件中人权、法治、自由、平等权利宣言的历史思考。以根植于城市文脉的地铁翻修计划为良好开端,在地铁百年纪念之后,巴黎大众运输公司以地铁网络作为文化传播媒介进行了更加多元化的探索与实践。21世纪以来互联网的快速发展席卷全球,在媒介环境的变迁浪潮中,新媒体成为巴黎大众运输公司提升地铁文化传播力与影响力的重要方式,以传统地铁实体空间为媒介的线下传播与新媒体主导的线上传播共同建立起多样化、复合式的宣传途径。同时,巴黎大众运输公司的文化主题策划突破了以单一地铁站为对象的场景叙事,而是利用地铁系统点一轴一网的联动效应更加紧密地服务于城市整体文化发展。

(2)伦敦地铁艺术计划组

在明确文化管理结构方面,伦敦成立专职机构优化传播决策主体。2000年,为延续并支持地铁公共艺术事业,伦敦交通局成立了专门的地铁艺术管理与执行机构——伦敦地铁艺术计划组。该机构具有一支专业化的管理团队,汇集了多方面的相关人才,其人员与职务构成包括计划组主席、艺术策划(常设策展人)、技术项目经理和项目管理。此外,地铁艺术计划组还成立了一个专家咨询委员会,其成员包括来自伦敦交通局的高层管理者、来自多个社会文化艺术机构(如伦敦泰特美术馆、伦敦艺术理事会)的从业者、来自皇家艺术学院的学者以及多位独立艺术家,他们从不同的角度为计划组提出指导建议。专业化的艺术策划与管理团队成为伦敦地铁高质量文化输出的关键源头。伦敦地铁艺术计划组致力于发掘并支持那些能够促进伦敦地铁与城市互动的艺术项目,以探索地铁对城市的影响力并为之持续贡献价值,艺术计划组积极与地铁站域的学校、社区、艺术机构等单位进行广泛的社会合作,力图使公众最大限度地分享与体验地铁站域的历史文化传承与当代艺术魅力。艺术计划组的创新与突破在文化活动开展和创意文化发展方面已经取得较大进展，为普及文化艺术教育，拓展文化参与、交流、展示的渠道和平台，增强文化创意在全社会的扩散、渗透、传递和继承，推动伦敦文化共享、提升文化活力作出重要贡献。

3.受众参与多元

城市居民在受众属性方面区别于短途旅行者，作为城市文化的集体创作者与传播者，巴黎市民对城市地域文化已具有一定了解认知。对于城市居民，短时性的文化艺术展览与公众参与型的文化事件更具吸引力与传播价值。巴黎大众运输公司因此策划了一系列文化艺术展览吸引居民广泛参与，如纳入其文化政策发展轴线中的摄影活动。地铁市政厅站毗邻作为当代摄影艺术中心阵地的欧洲摄影博物馆，2012~2014年巴黎市曾在该站组织过两项摄影回顾展。2013年，巴黎大众运输公司开启"RATP之邀"文化项目以及青年摄影师展览，每年邀请法国本土或者国际知名摄影师、青年人才以文化伙伴身份参与该项目。如2018年2月~2019年11月邀请法国著名艺术家JR在巴黎11座地铁站和近郊区域快线（RER）车站展览巨幅摄影作品《与他人通行》，此次活动与欧洲摄影博物馆中的艺术家的个展同期进行，巴黎大众运输公司同时在与主流社交媒体绑定的公众账号对此进行推送宣传，使其突破空间物理媒介局限，在线上虚拟空间持续传播。

此外，巴黎大众运输公司在地铁网络定期组织的文化活动，通常与节日、周年庆典或城市文化事件有关。在"欧洲遗产日""博物馆之夜"等全民参与的文化活动节日前期，巴黎大众运输公司利用线上新媒体推送与线下站内张贴海报等跨媒体组合的方式，宣传活动内容信息及交通攻略，声援作为主办方的法国文化署，提升对城市公共文化事件的传播效应。在2019年"欧洲遗产日"之际，巴黎大众运输公司为庆祝其70周年纪念日策划了与节日主题相关的活动，活动环节之一是展示地铁丁香门站日常不对公众开放的影视工作场所，该站厅用作电影和广告的专属拍摄地点，曾是诸如《最后的地铁》《地铁里的莎姬》《天使爱美丽》《巴黎，我爱你》《美好时光》等多部电影的取景场所，此次活动向喜爱巴黎电影文化的受众提供了亲临经典电影桥段中的地铁场景的机会。在同年的"欧洲博物馆之夜"活动前夕，巴黎大众运输公司在海报宣传外，重点利用网络媒体宣传相关城市文化机构的活动信息，如音乐博物馆、巴黎百代电影基金会、毕加索博物馆等城市重要文化场所的介绍与交通攻略，实现地铁受众向站域文化机构的分众转移，协助城市自上而下的公共文化事件的传播与发酵。

第三节　国内案例调查评析

　　欧美国家的地铁线网为城市文化延续与更新作出卓越贡献，但传播媒介以传统方式为主，传播讯息主要为地域文化。相比国外城市，我国城市轨道交通建设起步较晚但总体发展迅猛，辐射全国67个城市。在地铁站域文化传播方面与国外城市差异性较大，因而研究更应立足本土文化。当前我国地铁文化发展契合新媒体时代背景，诸多城市地铁站域利用多种传播媒介进行各类文化宣传，本课题案例调查评析对象主要选取国内城市。

一、调研城市地铁层级

1. 调查城市层级划分依据

　　根据《国务院关于调整城市规模划分标准的通知》规定，新的城市规模划分标准依据城区常住人口为统计口径，将国内城市规模划分为五类七档[56]（图3.6）。国办发［2018］52号《国务院办公厅关于进一步加强城市轨道交通规划建设管理的意见》将申报建设地铁的城市要求规定为公共财政收入300亿元以上，地区生产总值3000亿元以上，市区常住人口300万人以上的城市。我国城市轨道交通发展主要分为三个时期：第一个时期为20世纪60年代，北京地铁开通的起步阶段；第二个时期为20世纪90年代至21世纪初，随着北京、上海、广州城市地铁建设全面展开进入规划高潮阶段；第三个时期为2003年至今的全面高速发展阶段，全国50个城市已开通运营9206.8公里地铁线路。至此，全国主要超大城市、特大城市均形成完整覆盖城市的地铁线网。

　　调研发现，国内部分城市对地铁进行了文化建设的前期策划和规划，形成具有地域特色和文化特质的地铁文化线网。例如北京、西安、南京在地铁线网文化规划中，依托历史、文化资源分布形成各具特色的轨道交通地域文化廊道，主要通过站点文化墙、艺术站台等现实媒介进行文化展示，体现古都风貌。上海、深圳、广州的地铁线网文化规划多以展现当代都市生活、商

图3.6
城市层级划分

业特色、文化艺术、科技智慧的文化魅力为主，展现前卫、多元的线网文化。综上，本次调研国内地铁城市选择超大城市北京、上海、广州、深圳、天津、成都、福州、西安，特大城市南京9个城市进行实地调研。

2. 地铁站点研究层级划定

对9个城市地铁站域线网建设与文化规划进行初步调查后，选取地铁线网建设相对完备，文化规划较清晰，站点特色突出的地铁站域进行深入调查。一方面，选取城市特色地铁站域，尤其是枢纽换乘站、文化底蕴浓厚的站域，以及结合周边商业定位、历史文脉的文化主题站。另一方面，"全媒通"广告运营商将国内地铁线路站点根据站点的城市分布特点分为S级、A++级、A+级和A级，S级为最重要的站点级别，广告媒体费用最高，其次是A++级、A+级和A级，"全媒通"的地铁站点分类标准也可作为选点依据。基于此，最终选取北京、上海、广州、深圳、天津、西安、南京7个城市进行地铁站点调研评析。

（1）北京

北京地铁是中国建设最早的地铁线，是中国的第一个地铁系统，它的跨越式发展代表了中国式速度。北京作为中国最具传统特色的国际化大都市，是我国的文化、政治中心，也是国际交流中心。人口众多，交通压力大促使地铁交通变得必不可少。基于北京厚重的城市历史文化资源和人口数量资源，北京地铁文化建设集中展现了城市精神、地域文化精神和商业文化精神。

北京地铁线路建成时间较早，地铁1号线是中国建设的第一条城市地铁线路，在1969年10月1日开始试运营。截至2022年7月，北京地铁运营线路共27条，除去早期的1号线、2号线、13号线，后续线路多分期建设，也就造成同一条线路不同区间站内环境不同的情况。例如由于2008年举办奥运会，8号线一期在2006年投入使用，而二期直到2018年才最终完成。考虑到北京地铁线路的复杂性，挑选了不同种类的线路进行调研，最终调研线路为1号线、6号线、8号线与10号线，调研站点按照全媒通分级进行选择，挑选站点见表3.1。

（2）上海

上海地铁建成时间较早，且发展迅速，是我国现有地铁线路最多、最长的城市。上海是一座多元、新旧历史交融的国际大城市，作为每天承载百万流量的上海地铁线网，很多特色文化地铁站给予了人们独特的城市记忆。

上海第一条线路地铁1号线于1993年5月28日正式运营，使上海成为中国内地第三个开通运营地铁的城市。截至2022年7月，上海地铁运营线路共20条，由于其线路有所重叠，导致不同线路同一站点内部环境不同。根据全媒通的信息，挑选1号线、2号线、7号线、8号线、10号线、13号线的部分站点进行调研，具体站点见表3.2。

表3.1
北京地铁线路站点调研

线路	站点级别		
	S级	A++级	A级
1号线	大望路、国贸、建国门、东单、王府井、西单、复兴门、公主坟	四惠东、四惠、永安里、天安门东、天安门西、南礼士路、木樨地、军事博物馆、五棵松	万寿路、玉泉路、八宝山、八角游乐园、古城、苹果园
6号线	朝阳门、呼家楼	青年路、十里堡、金台路、东大桥、东四、南锣鼓巷、北海北、平安里、车公庄、白石桥南、花园桥	潞城、东夏园、褡裢坡、车公庄西、慈寿寺、海淀五路居
8号线		鼓楼大街、南锣鼓巷、北土城、什刹海、霍营	森林公园南门、奥林匹克公园、奥体中心、安华桥
10号线	国贸、双井、呼家楼、公主坟	金台夕照、团结湖、亮马桥、三元桥、太阳宫、惠新西街南口、北土城、健德门、角门东、宋家庄、十里河、潘家园、劲松、芍药居	农业展览馆、安贞门、西土城、知春里、巴沟、火器营、长春桥、车道沟、慈寿寺、西钓鱼台、莲花桥、西局、泥洼、丰台站、首经贸、纪家庙、草桥、大红门、石榴庄、成寿寺、分钟寺

表3.2
上海地铁线路站点调研

线路	站点级别		
	S级	A++级	A级
1号线	人民广场、黄陂南路、陕西南路、徐家汇	上海火车站、汉中路、常熟路、上海体育馆、漕宝路、上海南站、锦江乐园、莘庄	富锦路、友谊西路、宝安公路、共富新村、呼兰路、通河新村、共康路、彭浦新村、汶水路、上海马戏城、延长路、中山北路、新闸路、衡山路、莲花路、外环路
2号线	陆家嘴、南京东路、人民广场、南京西路、静安寺、中山公园	浦东国际机场、广兰路、张江高科、金科路、龙阳路、上海科技馆、世纪大道、东昌路、虹桥火车站、徐泾东	海天三路、远东大道、凌空路、川沙、华夏东路、创新中路、唐镇、世纪公园、威宁路、北新泾
7号线	静安寺	长寿路、常熟路、龙阳路、花木路	美兰湖、罗南新村、潘广路、刘行、顾村公园、祁华路、上海大学、南陈路、上大路、场中路
8号线	人民广场	虹口足球场、大世界、老西门、陆家浜路、中华艺术宫	市光路、嫩江路、翔殷路、黄兴公园、延吉中路、黄兴路、江浦路
10号线	南京东路、陕西南路	江湾体育场、五角场、天潼路、四川北路、豫园、新天地、虹桥1号航站楼、虹桥2号航站楼、虹桥火车站	新江湾城、殷高东路、三门路、国权路、同济大学、四平路、邮电新村、海伦路、老西门、上海图书馆、交通大学、虹桥路、龙溪路、上海动物园
13号线	南京西路	新天地、淮海中路、汉中路、长寿路、金沙江路	世博大道、世博会博物馆站、马当路、自然博物馆、江宁路、武宁路、隆德路

（3）广州

广州地铁第一条线路1号线于1997年6月28日正式开通运营，成为中国内地第四个开通地铁的城市。2021年，线网运送乘客达28.34亿人次，客运量居全国第二。日均客流量为776.45万人次，占全市公共交通出行总量的61%。

总体来说广州地铁线路分布较为集中，多在中心区，郊区线路较少。根据全媒通的信息进行筛选，最后选择了1号线、2号线、3号线、5号线、6号线部分站点进行调研，具体调研站点见表3.3。

（4）深圳

深圳是中国改革开放的窗口和新兴移民城市，在中国高新技术产业、金融服务、外贸出口、海洋运输、创意文化等多方面占有重要地位，创造了举世瞩目的"深圳速度"，被誉为"中国硅谷"。因此，基于经济和科技实力的雄厚，深圳地铁文化建设也走在前列，集中展现深圳城市精神、人文精神、时代精神与企业精神。

表3.3
广州地铁线路站点调研

线路	站点级别		
	S级	A++级	A+级
1号线	公园前、体育西路、烈士陵园、体育中心、杨箕、东山口	广州东站、长寿路、西朗、西门口、黄沙、陈家祠、农讲所	坑口、芳村、花地湾
2号线	公园前、海珠广场、昌岗	广州火车站、江南西、三元里、越秀公园、广州南站	嘉禾望岗、市二宫、东晓南、南洲、白云公园、白云文化广场、纪念堂、飞翔公园
3号线	珠江新城、岗顶、石牌桥、体育西路、客村	市桥、汉溪长隆、天河客运站	广州塔、华师、番禺广场
5号线	珠江新城、杨箕	广州火车站、淘金、动物园、区庄、车陂南、小北、五羊邨、中山八、滘口	西村、员村、大沙地、西场、文冲、猎德、科韵路、坦尾
6号线	东山口、海珠广场	北京路、区庄、黄沙、天河客运站、燕塘、苏元、萝岗、香雪	如意坊、文化公园、一德路、团一大广场、东湖、黄花岗、沙河顶、沙河、坦尾、植物园、龙洞、金峰

深圳地铁第一条线路于2004年12月28日正式开通运营,是中国内地地区第五个拥有地铁系统的城市。由于深圳的快速发展,其地铁线路建设快速,早期线路和新建成线路的差别较大。根据上述原因及全媒通分级信息,对1号线、2号线、5号线、7号线、9号线、11号线部分站点进行调研,具体站点见表3.4。

(5)天津

天津地铁第一条线路(原天津地铁既有线)于1984年12月28日正式开通运营,是中国内地第二个拥有地铁的城市。但是天津地铁的发展较为缓慢,截至2021年12月,天津轨道交通开通运营线路共8条,在最早拥有地铁的城市中排在最后一位。根据全媒通的分级信息,调研站点见表3.5。

(6)西安

西安地铁是国内首个整条地铁线路站内设计由专门艺术设计团队完成的。在保证通风、照明等功能需求的同时,所有车站的站内外均做整体设计,天花板采用中国传统的宫灯格局,每座车站均有主文化墙和副文化墙,营造出特有的地域特色与历史文化气息。

西安地铁于2011年开通运营,是中国西北地区第一个开通地铁的城市。预计2025年9月,西安地铁将形成12条总长423公里的线网。根据全媒体对西安地铁的层级划分(表3.6),本次调研重点选取S级和A++级站点。

表3.4
深圳地铁线路站点调研

线路	站点级别		
	S级	A++级	A+级
1号线	罗宝线、华强路、大剧院、购物公园、会展中心、车公庙、深大、高新园、世界之窗	桃园、西乡、科学馆、宝安中心、白石洲、侨城东、罗湖、岗厦、竹子林、老街	香蜜湖、大新、华侨城、宝体
2号线	蛇口线、大剧院、华强北、世界之窗、市民中心、后海	湖贝、景田、科苑、岗厦北、海月、莲花西、海上世界、黄贝岭	东角头、新秀、侨城北、蛇口港、香梅北、红树湾、香蜜
5号线	环中线、深圳北、西丽	翻身、黄贝岭、前海湾、宝安中心、太安、布吉	怡景、大学城、下水径、洪浪北、长龙、上水径
7号线	西丽线、华强北、车公庙、福民、西丽、华新	石厦、田贝、红岭北、安托山、太安、笋岗、上沙、华强南、西丽湖、农林、珠光、沙尾、皇岗口岸	茶光、洪湖、桃源村、皇岗村、赤尾、八卦岭
9号线	梅林线、车公庙、上梅林、下沙、深圳湾公园	香梅、人民南、红岭北、梅景、文锦、红树湾南	鹿丹村、红岭南、深湾、梅村、仔岭
11号线	机场线、机场、车公庙、后海、福田	红树湾南、前海湾、南山、沙井、松岗	马安山、碧海湾、宝安、桥头、福永

表3.5
天津地铁线路站点调研

线路	站点级别		
	S级	A++级	A+级
1号线	营口道、下瓦房、西南角、小白楼、海光寺	南楼、鞍山道、西站、土城、西北角	刘园、勤俭道、洪湖里、华山里、财经大学、二纬路
2号线	长虹公园、西南角、鼓楼、天津站	曹庄、东南角、远洋国际中心、空港经济区、滨海国际机场、屿东城	广开四马路、建国道、靖江路、咸阳路
3号线	天津站、营口道、红旗南路、和平路	北站、中山路、金狮桥、西康路、吴家窑、天塔、华苑、大学城、津湾广场、南站	张兴庄、铁东路、华北集团、周邓纪念馆、王顶堤
5号线	下瓦房、天津宾馆、肿瘤医院、文化中心	直沽、体育中心、西南楼、靖江路、金钟河大街	津塘路、凌宾路、北辰道、成林道、张兴庄
6号线	乐园道、水上公园东路、肿瘤医院、红旗南路、天津宾馆、文化中心、长虹公园	梅江会展中心、西站、鞍山西道、一中心医院、北站、民权门、天拖、人民医院、金钟河大街	宜宾道、北宁公园、迎风道、天泰路、解放南路、黑牛城道、左江道、南翠屏、梅江道

表3.6
西安地铁线路站点调研

线路	站点级别		
	S级	A++级	A+级
1号线	北大街、五路口、后卫寨、通化门、康复路	开远门、汉城路、玉祥门、朝阳门、劳动路、纺织城	皂河、洒金桥、长乐坡、万寿路、半坡、三桥
2号线	北大街、钟楼、小寨、凤城五路、市图书馆、会展中心	北客、行政中心、龙首原、永宁门、体育场、三爻、航天城	运动公园、大明宫西、安远门、南稍门、纬一街、韦曲南
3号线	延平门、科技路、太白南路、大雁塔、吉祥村、小寨、通化门	鱼化寨、丈八北路、北池头、咸宁路、长乐公园、胡家庙、辛家庙、浐灞中心	青龙寺、延兴门、石家街、广泰门、桃花潭、香湖湾、务庄、国际港务区
4号线	北客站（北广场）、行政中心、大明宫北、五路口、建筑科技大学·李家村、大雁塔	凤城九路、文景路、百花村、余家寨、大差市、西安科技大学、大唐芙蓉园、金漙沱、东长安街	凤城十二路、市中医医院、含元殿、和平门、曲江池西、航天大道、航天新城

（7）南京

拥有"六朝古都""金陵"美誉的南京其地铁建设前身可追溯至清光绪年间建造的京市铁路，随着2005年首条线路通车，使南京成为国内第6个拥有轨道交通的城市。截至2022年10月，南京地铁已开通运营线路共11条。由于地铁建成时间较晚，使得南京地铁线路的开发方式更为现代，每条线路都有不同的文化主题。根据全媒通的分级信息，调研站点见表3.7。

表3.7
南京地铁线路站点调研

线路	站点级别		
	S级	A++级	A+级
1号线	新街口、鼓楼、三山街、珠江路、玄武门、南京南站、南京站、安德门	新模范马路、河定桥、百家湖、天隆寺	迈皋桥、软件大道、双龙大道、胜太路、张府园
2号线	新街口站、大行宫、元通、上海路、集庆门大街	首蓿园、下马坊、奥体东、汉中门	兴隆大街、云锦路、莫愁湖、学则路
3号线	大行宫、南京南站、夫子庙、鸡鸣寺、南京站、泰冯路	浮桥、新庄、常府街、武定门、卡子门、大明路、天润城	雨花门、九龙湖、小市、林场、五塘广场、东大成贤学院、秣周东路
4号线	龙江、草场门、鼓楼、鸡鸣寺、徐庄	云南路、九华山、岗子村、仙林湖	蒋王庙、王家湾、聚宝山、金马路
10号线	安德门、元通	绿博园、江心洲、龙华路、文德路、南京工业大学	奥体中心、临江、梦都大街

二、典型站点空间案例调研

基于以上城市地铁调研信息，选取其中具有典型性、代表性的S级、A++级重点站点媒介空间进行案例解析，从站域媒介空间、文化传播讯息、传播媒介形式进行详细梳理，分析其文化传播效果，以期为后续的地铁传媒机构调查、文化传播现状分析提供基础调研成果。

1.北京

根据全媒通站点级别分类，北京地铁站点调研中S级站点共有14个，A++级站点共有39个，剩余为A级站点。下面选取2个典型站点进行媒介空间传播效果的调查评价与分析（表3.8～表3.10）。

表3.8
北京地铁虚拟媒介调查表

媒介形式	官网	微信公众号	微博	手机客户端
传播效果	北京地铁网络媒介主要以北京地铁官网、北京地铁微信公众号、北京地铁微博、北京地铁手机客户端进行文化信息传播			

表3.9
北京地铁公主坟站（枢纽站，S级）站域媒介空间传播案例调查表

地铁站内媒介空间文化传播			
	通道式空间	驻留式空间	功能性空间
现实媒介	采用墙体涂鸦的媒介传播文化讯息	利用艺术装置媒介烘托站内艺术氛围	采用标识装置引导地铁站域

续表

地铁站内媒介空间文化传播			
	通道式空间	驻留式空间	功能性空间
现实媒介	扶梯侧墙采用灯箱媒介方式传播商业文化讯息	采用LED动态广告媒体传播商业文化讯息	车厢内采用海报媒介方式传播商业文化讯息
虚拟现实媒介	暂无		

地铁站外媒介空间文化传播			
	标识导引空间	衔接空间	景观广场
现实媒介	通过LED广告屏宣传地铁公益广告	通过LED广告屏宣传地铁公益广告	暂无
虚拟现实媒介	暂无		
传播效果	北京公主坟站作为枢纽站，站域内外的传播媒介方式相对单一，传播模式较为传统，缺乏新媒体技术的引入。站点分级为S级，是地铁网络的大型枢纽站，商业价值高，站内以商业广告为主，公益宣传等类型较少。又因其特殊的地理位置，地域文化氛围相对浓郁。总的来说，公主坟站整体传播力一般，文化传播主题突出		

表3.10
北京地铁南锣鼓巷站（枢纽站，A++级）站域媒介空间传播案例调查表

地铁站内媒介空间文化传播			
	通道式空间	驻留式空间	功能性空间
现实媒介	采用艺术壁画媒介传播南锣鼓巷站内文化讯息	利用艺术装置媒介传播北京城市文化讯息	采用标识装置传播地铁站域导引咨询

续表

地铁站内媒介空间文化传播			
	通道式空间	驻留式空间	功能性空间
现实媒介	通过移动电视动态广告媒体传播商业文化讯息	采用LED广告媒体传播商业文化讯息	采用屏蔽门贴媒介方式传播线网出行讯息
虚拟现实媒介	通过设置LED广告屏扫描二维码线上体验"我的老北京行业趣事"	通过移动互联网、艺术装置与驻留空间相结合，策划《北京·记忆》文化体验活动	暂无

地铁站外媒介空间文化传播			
	标识导引空间	衔接空间	景观广场
现实媒介	采用标识媒介装饰导引空间	通过壁画媒介创造"西瓜红人版"清明上河图，传播商业文化讯息	暂无
虚拟现实媒介	暂无		
传播效果	北京南锣鼓巷站作为特点鲜明的地铁站，站域内外的传播媒介方式相对多样，在传统传播媒介基础上尝试引入新媒体媒介方式。站点分级为A++级，同时依托南锣鼓巷浓厚的商业底蕴，商业价值较高，站内以商业宣传广告为主，公益宣传等较同类型地铁站更广泛。总的来说，南锣鼓巷站整体传播力强，商业、文化传播主题突出		

调查小结： 总体来看，北京地铁站域文化传播中，地域文化讯息占主导地位，大部分地铁站域内部空间设置文化艺术装置媒介，媒介空间利用率相对较高。然而，传播媒介方式较为传统，以现实媒介为主，缺乏虚拟媒介引入，媒介形式单一。

北京地铁的商业文化气息极其浓厚，在人流量较大的地铁站内，商业宣传布满地铁站域的内部空间。然而，其传播方式相对单一，传播媒介覆盖率过高，几乎占满地铁站内通道式空间与驻留式空间的垂直界面，形成一定的视觉压力，信息传递效果欠佳。例如，国贸站作为主要换乘站，位于首都CBD中心，服务周边近61万高端商务人群，是商业宣传的黄金位置。然而近两千平方米界面被商业广告占满，形成压抑的空间氛围，影响乘客乘车体验（图3.7）。

由于北京地铁发展相对较早，时间跨度大，虽然部分地铁站依据站域特征呈现出突出城市文化主题和商业文化主题的两大趋势，然而设施相对陈旧，文化传播类型较为单一，以平面化的现实媒介为主，缺乏新媒体技术手段的

图3.7
国贸站媒介空间现状

图 3.8
北京地铁大型壁画媒介空间现状

引入，互动性较差。例如北京地铁动物园站与南锣鼓巷站采用不同的表达主题以突出站域的特征，然而媒介手段却较为相似，均采用大幅壁画的形式进行主题传达，乘客共鸣性较差（图3.8）。

2. 上海

针对上海地铁站点的调研中，S级站点共有15个，A++级站点共有41个，剩余为A级站点。下面选取2个典型站点进行媒介空间传播效果的调查评价与分析（表3.11～表3.13）。

表 3.11
上海地铁虚拟媒介调查表

媒介形式	上海地铁 Shanghai Metro	Metro大都会	Metro大都会-地铁宝	METRO Metro大都会
	官网	微信公众号	微博	手机客户端
传播效果	上海地铁网络媒体主要有4种形式，通过网络、手机移动端发布交通讯息、文化活动等资讯，扩大线上文化传播的影响力			

表3.12
上海地铁徐家汇站（枢纽站，S级）站域媒介空间传播案例调查表

	地铁站内媒介空间文化传播		
	通道式空间	驻留式空间	功能性空间
现实媒介	采用灯箱、海报等形式在扶梯、通道等实体空间传播商业文化	采用灯箱、标牌等发布列车与引导讯息	运用传统贴牌标识引导出入与换乘
	运用新媒体交互技术动态演示实现商业文化的传播	采用数字动态技术实现更具冲击力的视觉效果	运用电子屏、投影等电子媒体标识不同空间属性
虚拟现实媒介	利用灯光、LED屏、投影等营造"双十一"促销氛围，打造沉浸式商业文化场景	暂无	暂无
	地铁站外媒介空间文化传播		
	标识导引空间	衔接空间	景观广场
现实媒介	通过地铁导引标识牌，美罗城、港汇恒隆广场等城市地标建筑引导地铁交通流	通过地铁站内与商业空间连通的中庭、大厅、商业街等衔接空间互通人流与文化	通过地铁站域周边的广场、绿地等休闲空间连通城市公共空间

续表

地铁站外媒介空间文化传播		
标识导引空间	衔接空间	景观广场
虚拟现实媒介	暂无	
传播效果	上海徐家汇站作为大型枢纽站，站域内外的媒介空间大量运用了各种新媒体技术和媒介形式。站点分级为S级，是地铁网络的大型枢纽站，商业价值高，站内以商业广告为主，具有强大视觉冲击力与互动体验的商业广告占90%以上，地域文化、公益宣传等较少。总的来说，徐家汇地铁站整体传播力较强，文化传播讯息较少	

表3.13
上海地铁汉中路站（换乘站，A++级）站域媒介空间传播案例调查表

	地铁站内媒介空间文化传播		
	通道式空间	驻留式空间	功能性空间
现实媒介	采用海报等形式在扶梯、通道等实体空间传播商业文化	站厅层设计浮雕、壁画等展现城市地域文化	地铁出入口设置网络购票设备
	采用2015只动态蝴蝶组成灯光装置作品《地下蝴蝶魔法森林》，开创了新媒体艺术进入国内地铁空间的先河	采用LED动态电子屏、灯箱等实现商业文化的传播	采用灯箱等传统技术展示周边区域与交通信息
虚拟现实媒介	暂无		

续表

地铁站外媒介空间文化传播			
	标识导引空间	衔接空间	景观广场
现实媒介	通过地铁导引标识牌、汉中广场等城市地标建筑引导地铁交通	在汉中广场大厅空间内置出入口，与商业空间进行衔接，互通人流与文化	通过地铁站域周边绿地、小品等休闲空间连通城市公共空间
虚拟现实媒介	暂无		
传播效果	汉中路作为三条地铁线路的换乘站，地铁站内外空间大部分以传统的媒体形态呈现，但灯光装置作品《地下蝴蝶魔法森林》开创了新媒体艺术进入国内地铁空间的先河。传播内容以商业广告为主，辅以少量的地域文化元素，站厅站台层的媒介样态较少，界面的使用率较低。总体来说，汉中路地铁站媒介空间的利用率有待提高，传播方式较为单一，传播效果有待提升		

调查小结： 从传播讯息来看，由于上海是全国经济中心，其绝大部分地铁站域的传播内容以商业广告为主，辅以地域文化、公益宣传和主题教育等，商业文化所占比重较大。S级站点作为枢纽换乘站，其站域的经济和商业价值较高，人流量大，是商业文化传播的重要阵地，常与各种品牌商、银行、网络运营商合作，如《银河护卫队2》电影宣传、OLAY"梦想，无惧年龄"活动、南京东路站内联合办公米域MIXPACE打造"漫画+短视频+空间照"、黄陂南路站与Perrier巴黎水合作进行现场展示、与国际新锐艺术设计资源平台ToMASTER明日大师及青年艺术家合作设计灯光装置作品《地下蝴蝶魔法森林》（图3.9）。

从媒介形式上来看，大部分上海地铁站域运用壁画、浮雕、公共艺术装置等传统现实媒介形式展现地域文化。如同济大学站采用装饰画（图3.10），静安寺站运用浮雕等艺术形式展示"静安八景"（图3.11），交通大学站运用包柱贴、壁画、浮雕等展现交大百年辉煌（图3.12）。此外，上海地铁站域也大量运用互动艺术装置、动态演示、DP双屏（双联电子屏）、全息投影、LED高清屏幕等与新媒体技术相结合。几个大型枢纽换乘站，在站厅、换乘通道打造3D沉浸体验，通过调研和网络数据显示，线上线下的混合模式

图3.9
汉中路站《地下蝴蝶魔法森林》灯光装置作品

图3.10
同济大学站的装饰画

图3.11
静安寺站的"静安八景"

图 3.12
交通大学站的包柱贴、壁画浮雕艺术装置

传播效果良好，极大地提升了传播效力和文化影响力。如徐家汇站换乘通道两侧各安装了长23米、高2米的悬挂式屏幕，屏幕由18台大型投影无缝拼接出高清绚丽画面，形成了一条炫酷的投影画廊（图3.13）；中山公园站的《银河护卫队2》成员跑出来与你一起跳舞，加入了体感技术，实现人机互动（图3.14）。汉中路站的动态蝴蝶艺术装置由2015只彩色蝴蝶构成四面"蝴蝶墙"，乘客置身于蝴蝶海洋之中，强化了身临其境的愉悦感（图3.15）；南京东路站内联合办公米域MIXPACE，用"漫画+短视频+空间照"结合的手法，将动态和静态、二次元和三次元相结合。这些新媒体技术的介入使得传播过程更具有科技感。

调查发现，上海地铁站域以商业广告传播为主，对上海里弄、海派、东

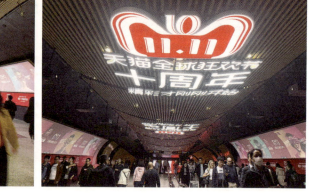

图 3.13
徐家汇站换乘通道的炫酷投影画廊

图3.14
中山公园站的人机互动

图3.15
汉中路站的动态蝴蝶艺术装置

西方交融等地域文化的挖掘与传播较为薄弱，仅在静安寺站、同济大学站等通过壁画的方式有所涉及。同济大学站陈列着国画大师汪观清的作品《梦里徽州》，静安寺站以石碑石刻的方式记录了赤乌碑、虾子潭、讲经台、涌泉、芦子渡、绿云洞等静安寺当年最负盛名的八大景观。此外，上海S级、A++级等站点的媒介空间利用率较高，运用各种媒介技术，结合创意商业策划，全方位打造沉浸体验，相较其他城市具有较高的传播力。然而，在地铁站域内外全景呈现各种商业广告，令人眼花缭乱，后续急需加强媒介布局与规划策划的管理工作，有机、有序地推进媒介空间与媒体形式的发展。

3. 广州

根据全媒通站点级别分类，广州地铁站点调研中S级站点共有18个，A++级站点共有32个，剩余为A+级站点。下面选取2个典型站点进行媒介空间传播效果的调查评价与分析（表3.14～表3.16）。

表3.14
广州地铁虚拟媒介调查表

媒介形式	广州地铁 Guangzhou Metro	广州地铁	广州地铁	
	官网	微信公众号	微博	手机客户端
传播效果	广州地铁网络媒体主要有4种形式，通过网络、手机移动端发布交通讯息、文化活动等资讯，扩大线上文化传播的影响力			

表3.15
广州地铁公园前站（枢纽站，S级）站域媒介空间传播案例调查表

	地铁站内媒介空间文化传播		
	通道式空间	驻留式空间	功能性空间
现实媒介	 包柱具象装饰，形象更深刻贴切	 采用液晶屏动态发布商业讯息	 运用传统贴牌标识引导出入与换乘
	 采用灯箱、海报等形式在扶梯、通道墙面等实体空间传播商业文化	 传统灯箱、标牌作为商业广告的载体	 运用传统贴牌标识引导出入与换乘
	 商业实体体验店实现商业文化的传播	 采用数字动态技术实现更具冲击力的视觉效果	 运用投影等电子媒体将标识投影到地面疏导人流

续表

地铁站内媒介空间文化传播		
通道式空间	驻留式空间	功能性空间

	通道式空间	驻留式空间	功能性空间
虚拟现实媒介	利用电子屏幕、投影加实物，增加传播效力和体验效果	智能体验——通过扫描二维码进入智能体验场景	通过手机端APP扫描支付进站，智慧出行

地铁站外媒介空间文化传播		
标识导引空间	衔接空间	景观广场

	标识导引空间	衔接空间	景观广场
现实媒介	通过地铁口醒目的造型设计，地铁导引标识牌等地标引导地铁交通流	通过地铁站内与商业空间之间的通道、大厅等衔接空间互通人流与文化	地下商业广场通过地铁站域广场休闲空间连通城市公共空间
虚拟现实媒介	暂无		
传播效果	广州公园前站是1、2号线的换乘站，位于广州最繁华的地段。站域内外的媒介空间应用了新媒体技术，媒介形式较为丰富。站点分级为S级，所在地域商业价值高，因此站内以商业广告为主，具有强大视觉冲击力与互动体验的商业广告占90%以上，地域文化、公益宣传等较少。总的来说，公园前站地铁站整体传播力较强，文化传播类型较少		

表3.16 广州地铁陈家祠站（换乘站，A++级）站域媒介空间传播案例调查表

	地铁站内媒介空间文化传播		
	通道式空间	驻留式空间	功能性空间
现实媒介	采用海报、灯箱等形式在扶梯、通道等实体空间传播商业文化	以艺术画展的方式展现城市生活和地域文化	地铁出入口设置网络购票或充值设备
	传统岭南建筑元素运用在装修细节中，重现"三雕二塑一铸"工艺	车厢内用电视电子设备动态播放，实现商业文化的传播	广州iMetro地铁文化馆（机场北站）展示了yoyo智能机器人，以及盾构机、挖掘机等施工模型
虚拟现实媒介	商业和公益广告可通过扫描二维码获得更多资讯	广州地铁公众号推荐：广州地铁"语"你同行每一站，看地铁沿线的文化打卡点	乘客可通过手机乘客码通过

续表

地铁站外媒介空间文化传播		
标识导引空间	衔接空间	景观广场
现实媒介		
站点入口通过标识系统、电子屏幕、鲜艳的色彩等指示人的行进	站内与站外通道的衔接空间内设置便利店,与商业空间进行衔接,互通人流与文化	地铁站域疏散广场与毗邻的景点文化广场结合,有利于吸引人流及传播文化
虚拟现实媒介		暂无
通过手机微信扫描地铁入口导引标识牌上的二维码可进入小程序查看周边的文化资源		
传播效果	陈家祠地铁站媒介空间大部分以传统的媒体形态呈现,商业文化的宣传应用二维码和小程序,通过手机可获得更多讯息。陈家祠站周边文化资源丰富,站域也对周边的文化进行了一定的线上线下宣传,但站内外的媒介样态较少。总体来说,陈家祠地铁站文化潜力巨大,媒介空间的利用率有待提高,传播效果有待提升	

调查小结: 从传播讯息上来看,广州地铁站域的媒介内容涉及公共艺术、地域文化、公益宣传、商业广告、主题教育,这些内容以打造主题车站、艺术长廊、主题列车的形式展现广州深厚的历史和先进的文化。近几年广州地铁在传统文化和公益宣传方面尤为突出。在传播传统文化方面:9号线广州北站以"狮舞南粤"为主题,展现广东最出名的民间体育艺术(图3.16);7号线大学城南站以学区教育文化为主题,强调大学城的年轻活力和现代时尚(图3.17);6号线东山口站以"印象东山、西韵情怀"为主题,突出广州老城区人文气息浓厚的老广特色文化(图3.18);6号线团一大广场站是一座以

图 3.16
广州北站的"狮舞南粤"

图 3.17
大学城南站

图 3.18
东山口站的"印象东山、西韵情怀"

红色文化为主题的车站。在公益宣传方面：营建了以"图说我们的价值观"和"讲文明树新风"为主题的"地下文化长廊"；在不同时段推出"安全文明乘车三字经""搭地铁赏国学""文明礼让""严禁危险品进站"等公益广告，将传统文化、文明风尚、安全出行常识、地铁科普知识等潜移默化地融入居民出行中。

从媒介形式上来看，广州地铁站媒介空间以天花板、墙体、包柱等整体设计为主，天花板结合站点地域文化通过装修装饰材料和灯光营造不同的氛围效果；墙面以灯箱广告、大幅墙贴、投影显示屏等实体媒介为主，一些站点通过壁画、浮雕等传统媒介形式彰显文化特色。4号线南沙客运港站（图3.19）和13号线南海神庙站对室内空间的天花板、墙面和地面进行整体的装饰装修，辅以实物展示，重现广州海上丝绸之路的历史盛景；1号线农讲所站运用灯箱、3D立体画、墙贴、玻璃贴、柱贴营造出浓厚的党史学习氛围；14号线知识城站利用灯光和工艺艺术手段凸显智慧之城。

随着近几年新媒体技术的应用，为充分利用线上、线下资源，扩大传播面、影响力，广州地铁也创新引入VR技术。5号线猎德站是全国首座开通VR云展厅的廉洁主题地铁站（图3.20），通过扫描二维码便可裸眼3D"云逛"、在线讲解"云听"，大大提升廉洁教育的实效性和互动性。在万胜围站旁，有一座运用3D技术、巨幕、体感互动装置、触摸屏等新媒体技术打造的数字化地铁体验空间——"广州地铁博物馆"，集展览、教育、互动、游乐于一体，推动了广州青少年科普教育，并丰富了市民的文化生活。

图3.19
南沙客运港站

图 3.20
廉洁主题地铁站——猎德站

调查发现，广州地铁站域的文化传播讯息以地域文化、公益宣传、商业广告为主。站点的商业广告比例尚可，重要站点会不定期举办文化宣传活动，文化宣传活动能够结合站点所处的区位及周边文化类建筑的特色进行氛围的营造和宣传。站点宣传以传统媒介形式为主，缺乏一定的互动体验，有待新媒体技术的介入。

4. 深圳

根据全媒通站点级别分类，深圳地铁站点调研中 S 级站点共有 34 个，A++ 级站点共有 4 个，剩余为 A+ 级站点。部分地铁站点内部空间比其他城市更广阔，媒介技术更先进。下面选取 2 个典型站点进行媒介空间传播效果的调查评价与分析（表 3.17 ~ 表 3.19）。

表 3.17
深圳地铁虚拟媒介调查表

媒介形式				
	官网	微信公众号	微博	手机客户端
传播效果	深圳地铁虚拟媒介主要以深圳地铁官网、深圳地铁微信公众号、深圳地铁微博、深圳地铁手机客户端进行文化信息传播			

表3.18
深圳地铁车公庙站（枢纽站，S级）站域媒介空间传播案例调查表

地铁站内媒介空间文化传播			
	通道式空间	驻留式空间	功能性空间
现实媒介	采用艺术壁画《四景山水图》的媒介方式，传播站内文化讯息	利用艺术装置媒介传播宋代绘画艺术讯息	采用标识装置传播地铁站域导引咨询
现实媒介	通过移动电视传播文化讯息，结合绿植幕墙，营造宜人环境	采用LED动态广告媒体传播商业文化讯息	顶棚采用投影媒介方式，在地面上投射图案或广告
虚拟现实媒介	采用扫码听书和线下阅读的方式，营造地铁阅读季	通过移动互联网、多媒体与驻留空间相结合，策划"阿拉丁绘本剧场"文化体验活动	暂无

续表

地铁站外媒介空间文化传播		
	标识导引空间	衔接空间	景观广场
现实媒介	通过标识引导空间	采用抽象装饰画媒介装饰导引空间	暂无
虚拟现实媒介	暂无		
传播效果	车公庙站为国内第二个四线换乘站，站内空间以青灰色的工业风格为主基调，设有两面艺术主题墙，采用现实媒介形态传播深港同源和"车公"文化。作为重要的枢纽站，站内文化活动多样，近年来结合虚拟媒介，策划深铁YAO你过中秋、音乐节、地铁阅读季等体验活动，起到较好的文化传播效果。尽管既有的网络传播媒介不断结合市民出行需求设置版块内容，但也存在互动性弱、和站内空间融合度低等问题。总体来看，车公庙地铁站整体传播力较强，但文化传播模式有待丰富		

表3.19
深圳地铁华强北站（枢纽站，S级）站域媒介空间传播案例调查表

地铁站内媒介空间文化传播		
	通道式空间	驻留式空间	功能性空间
现实媒介	采用LED广告灯箱进行广告宣传	通过《深圳制造》艺术装置展现华强地区在深圳电子产品生产与交易中的重要作用	采用大型地贴媒介进行地铁线路标识引导
虚拟现实媒介	通道空间采用LED照明、动态广告箱等媒介传播商业文化	大步留音体验区采用传感器、触屏、灯光等装置媒介，塑造受众互动体验场所	水中庭采用投影、传感器、触屏等装置，营造互动体验区，传播科技文化

续表

	地铁站外媒介空间文化传播		
	标识导引空间	衔接空间	景观广场
现实媒介	以大型海报媒介醒目标识出地铁线路、站域商业服务功能	时尚MEGO华强北地下商业街采用大型沙漏艺术装置，随音乐变幻图案，成为黑科技体验区	室外为商业步行街，以商业与休闲功能为主，街道绿化与设施完备，体验性好
虚拟现实媒介	地铁商业街引导空间设置音乐长廊，受众通过艺术装置连接手机即可体验3D立体环绕音效，传播音乐艺术	采用移动网络、二维码等新媒体方式，策划深圳地铁文创时尚节活动	华强北步行街举办机器人表演活动，传播科技与创客文化
传播效果	深圳华强北站位于深圳市繁华商圈内，是集合商业、休闲、娱乐、餐饮等于一体的综合体验式站域。作为深圳电子产品生产与交易基地，该站域地铁文化传播以深圳制造、展现深圳创新开拓精神为基调，以商业、休闲、民俗、时尚文化为主要传播讯息，同时强调通过创作小场景来展现科技体验，吸引年轻受众群体		

调查小结：从媒介讯息来看，深圳地铁站域媒介空间的文化传播讯息以地域文化、商业广告、公共艺术为主，其中商业讯息占主要地位，有些站域内部空间遍布商业广告，媒介空间利用率较高，车厢的整体空间也被利用为传媒空间。

从媒介形式来看，深圳地铁站域形式受到商业文化气息影响，传播方式多样。一方面，主要通过海报、灯箱、多媒体、艺术装置、室内外装修、公共艺术墙等现实媒介进行传播，例如利用海报媒介专栏开展懒人听书的地铁阅读季活动，受众可通过扫码海报提供的二维码进行听书（图3.21）。另一方面，采用VR体验、移动网络、体验课堂等虚拟现实媒介结合站域空间，创新传播载体，提升受众文化体验。例如，深圳科学馆与深圳地铁在福田地铁站联合举办流动科普展活动,开展形式新颖的魔法课堂、单车骑行、VR互动、地铁寻宝、模拟驾驶等多个互动体验活动,吸引大批受众参与体验,特别是激发少年儿童的科学探索兴趣,起到很好的文化传播效果(图3.22)。

调研发现,深圳一些地铁站域的媒介空间存在过多的商业广告,一定程度影响受众查找站域出行讯息,削弱媒介空间整体文化氛围。例如少年宫站内空间,不仅立柱、墙面灯箱均是各式商业广告,甚至屋顶也设置有悬挂式广告投放。这样不仅形成单一内容的文化传播,同时也对乘客分辨站内信息造成了一定程度的障碍。因此,应对地铁站域文化传播讯息进行科学合理的统筹规划,划分各自比重,在不影响受众出行的基础上,采用适宜的媒介形式尽可能传播各类文化讯息。

图3.21
深圳地铁1号线车厢内部扫码听书活动

图3.22
福田站流动科普展

5. 天津

根据全媒通站点级别分类,天津地铁站点调研中S级站点共有24个,A++级站点共有3个,剩余为A+级站点。下面选取2个典型站点进行媒介空间传播效果的调查评价与分析(表3.20~表3.22)。

表3.20
天津地铁虚拟媒介调查表

媒介形式	官网	微信公众号	微博	手机客户端
传播效果	天津地铁网络媒介主要以天津轨道交通官网、天津地铁公众号、天津轨道交通微博、天津地铁手机客户端进行文化信息传播			

表3.21
天津地铁和平路站（S级，枢纽站）站域媒介空间传播案例调查表

	地铁站内媒介空间文化传播		
	通道式空间	驻留式空间	功能性空间
现实媒介	采用LED动态广告媒体传播党政文化讯息	通过墙贴、LED屏合理利用空间传播文化讯息	采用墙贴传播商业文化
	马赛克灯光的"天津"字样，利用色彩对比强化视知觉	采用艺术浮雕壁画媒介传播文化讯息	站厅层布满天津地铁文化大使"抱抱"柱贴
虚拟现实媒介	此站作为"抱抱"主题车站，"抱抱"智能机器人可以与公众直接互动	通过站厅层的品牌直播间传播商业文化	通过移动APP扫描支付进站，智慧出行

第三章　新媒体时代城市地铁站域文化传播现状的调查评析

续表

地铁站外媒介空间文化传播			
	标识导引空间	衔接空间	景观广场
现实媒介	B出口通道楼梯上粘贴"抱抱"主题文字,传递温暖	通过出口玻璃门外天河城的灯光效果导引空间	A出口对外广场为天河城购物中心前广场
虚拟现实媒介	暂无		
传播效果	天津和平路地铁站是天津重点枢纽站,3、4号线的换乘站。该站域有较多的文化资源,包括天津近现代重要史迹——瓷房子、文化景观——中心公园、文化艺术机构——中国大戏院、大型购物中心——天河城和外贸中心,并毗邻津湾广场和意式风情区。由此可见该站具有较高的文化传播优势和商业价值。目前站内有商业广告、党政宣传等文化传播,但长期以来并未受到足够重视。通过跟踪和查阅资料可以看出在近两年的活动中,新媒体技术逐渐成为重要手段应用于地铁文化的传播和宣传中。总的来说,和平路地铁站具有较强的传播潜力,需要好好开发利用		

表3.22
天津地铁金钟河大街站(枢纽站,A++级)站域媒介空间传播案例调查表

地铁站内媒介空间文化传播			
	通道式空间	驻留式空间	功能性空间
现实媒介	站厅为岛式圆形结构,利用大幅地贴引导换乘	利用宣传海报媒介传播公益健康教育	站名背景墙利用红砖材质体现城市地域文化气息
	通过LED或者墙贴的形式,利用通道空间大的墙面进行综合咨询宣传	采用LED动态广告媒体传播公益文化讯息	顶棚通过灯光效果区分地铁内部使用空间,营造氛围

续表

地铁站内媒介空间文化传播			
	通道式空间	驻留式空间	功能性空间
虚拟现实媒介	通过信息引导触摸屏了解线路、站点、周边建筑的情况信息	智能售书机、阅读瀑布屏——"扫码看书",发挥地铁文化窗口功能让天津轨道交通成为天津文化新名片	通过畅行地铁刷脸乘车,实现智慧出行
地铁站外媒介空间文化传播			
	标识导引空间	衔接空间	景观广场
现实媒介	通过墙贴和吊牌引导出入口	与地面连接的室外弧形台阶	F口进站口的下沉广场。采用简单的吊牌和墙贴进行交通导引
虚拟现实媒介	暂无		
传播效果	天津金钟河大街站是5、6号线换乘站,周边有文化遗产——大悲院、古文化街,著名景点——天津之眼,4个公园——宁园、北宁公园、中山公园和金刚公园,还有大量住宅区和教育机构。金钟河大街站内外的媒介空间利用并不充分,存在一定的空间浪费。鉴于周边文化资源比较丰富,该站的传播潜力巨大		

调查小结: 从传播讯息上来看,相对于丰富的商业文化传播内容而言,天津地铁站域内对公益宣传、公共艺术、地域文化等讯息的传播力度略显不足。天津是一座历史悠久、文化底蕴深厚的城市,具有丰富的文化资源,因此传播潜力巨大。天津也一直在城市文化传承方面努力,例如天津地铁6号线整体建筑风格以百年工业为背景,利用砖块与金属的碰撞凸显天津近代历史特色,其中复兴路站打造了一座"铁路风云·龙号机车"主题文化墙(图3.23);周邓纪念馆站是天津地铁首个革命文化主题车站,以"家国情

图 3.23
复兴路站

怀·党风楷模"为主题,在站厅层、站台层、地铁站口玻璃幕墙上及通道墙面上设置四个展区,展示了周恩来和邓颖超与天津的深情之缘(图 3.24);西北角站精心打造"津味相声"主题文化车站,依托相声的历史文脉,将站内大面积墙面以"文化墙"的方式,展示相声的起源和早期相声表演艺术家的珍贵资料,多角度多层次呈现原生态的"津味相声"文化。除此之外,天津地铁域内还不定期举办"绿色低碳出行""关爱自闭症儿童""廉政宣传""'天生热血、津生有你'无偿献血"等公益活动。

从媒介形式上来看,天津地铁站媒介空间中以展示灯箱、墙贴、柱贴等实体媒介为主。以文化墙上做壁画、浮雕、彩画等公共艺术的传统媒介为辅,例如天津站设计了一幅利用金属的历史感描绘天津古建筑及民俗文化的巨幅铜壁画(图 3.25)。个别重要站点与新媒体技术结合,呈现不同的感官体验,例如天津举办了"晚安 2020,在地铁里和你说晚安"的线上活动,可在地铁线上和线下收听晚安大使的问候。

调查发现,天津地铁站域内大部分空间被商业广告占据,文化传播讯息以地域文化、历史文化、公益文化为主。传播内容有待更好地挖掘,站域整体的设计感不强,没能很好地展示天津的文化和城市特色。文化传播手段单一,以传统手段为主,缺乏现代化新媒体技术,没能做到与时俱进。

6. 西安

根据全媒通站点级别分类,西安地铁站点调研中 S 级站点共有 24 个,A++ 级站点共有 30 个,其余为 A+ 级站点。下面选取 2 个典型站点进行媒介空间传播效果的调查评价与分析(表 3.23～表 3.25)。

图 3.24
周邓纪念馆站

图 3.25
天津站地铁装饰壁画

表3.23
西安地铁虚拟媒介调查表

媒介形式	官网	微信公众号	微博	手机客户端
传播效果	西安地铁网络媒介主要以西安地铁官网、西安地铁微信公众号、西安地铁微博、西安地铁手机客户端进行文化信息传播			

表3.24
西安地铁——钟楼站（枢纽站，S级）站域媒介空间传播案例调查表

地铁站内媒介空间文化传播			
	通道式空间	驻留式空间	功能性空间
现实媒介	采用钟楼盘道模型作为指路神器，提升趣味性	利用《大秦腔》壁画、雕塑等媒介形式传播西安地域特色文化	采用广告屏媒介形式引导空间
	"文明出行"活动中志愿者身穿汉服引导乘客文明出行，文明乘车	利用展板、纪念品等形式开展"喜迎端午弘扬文化，传承文明与您同行"端午节特色服务活动	开展"宣传消防小知识"主题活动，通过公益宣讲传播公益文化
虚拟现实媒介	采用二维码与线下购票机，建立互联网购票体验馆	通过地铁官方工作号获取扫码乘车、线路规划、站点周边等资讯	"文明西安号"专列采用二维码扫码掌握疫情出行信息，智慧出行

续表

地铁站外媒介空间文化传播			
	标识导引空间	衔接空间	景观广场
现实媒介	通过传统标识牌引导地铁出行，提供爱心租借雨伞服务	采用艺术灯箱等传统媒介传播钟楼地域文化	钟楼广场景观采用下沉式处理手法，通过主题雕塑、吉祥物等传统媒介方式传播地域文化
虚拟现实媒介	暂无		
传播效果	西安钟楼站作为S级的换乘站，又毗邻钟鼓楼景区，地理位置优越。站厅层设计有文化墙，作品主要包括壁画《大秦腔》，以秦腔经典剧目为主题，展现古老秦腔剧种的魅力；通道式地下空间中以灯箱等传统广告媒介形式为主，传播商业文化。同时，西安地铁注重公益活动宣传，通过精心组织各类公益活动，传播优秀传统文化，提升地铁服务水平。总体来说，钟楼站对独特的地域文化通过壁画、雕塑等传统媒介形式进行展现，缺少与新媒体技术的融合，地域文化等传播力较强，商业文化传播效果一般，文化传播类型较少，传播媒介形式较单一		

表3.25
西安地铁永宁门站（A++级）站域媒介空间传播案例调查表

地铁站内媒介空间文化传播			
	通道式空间	驻留式空间	功能性空间
现实媒介	采用灯箱、饰面装修等传统媒介传播公益、商业等文化讯息	通过鎏金工艺文化墙展示地域文化，用镶有代表南方的神兽朱雀象征西安城墙南门	采用传统标识形式引导地铁站域人流量
	采用马赛克壁画的传统艺术形式传播历史文化	采用浮雕艺术墙传播地域文化	采用传统标识形式引导地铁客流
虚拟现实媒介	暂无		

续表

地铁站外媒介空间文化传播			
	标识导引空间	衔接空间	景观广场
现实媒介	通过传统标识牌引导地铁出行	采用传统标识牌引导客流通往西安城墙·碑林历史文化景区	西安城墙·碑林历史文化景区中松园广场
虚拟现实媒介	暂无		
传播效果	西安永宁门站站厅层设计壁画、浮雕等传统公共艺术品,例如《迎宾图》《仕女图》等,展现永宁门站的历史积淀。总体来说,永宁门站点运用传统媒介形式展现地域文化,缺少与新媒体技术的融合,采用传统灯箱展现商业广告,文化传播类型较少,传播媒介形式单一		

调查小结:从传播讯息上来看,西安地铁站域的媒介内容以公共艺术、地域文化为主,相较其他城市来说商业文化等内容较少。鉴于西安有着深厚的历史与文化底蕴,使得西安地铁站域在传播历史、地域特色文化方面相当突出。例如大明宫站的装修设计灵感来自大明宫建筑的整体形态,反映了唐代建筑艺术和结构特征,结合瓦当、图腾、宫灯及石材浮雕,体现千般尊严、万般气象的皇家气派(图3.26)。还有一些站点以区位特点为基础,打造别具一格的主题车站。例如神舟大道站,车站里如同装下了整个浩瀚宇宙,深蓝色代表人类对宇宙的幻想,乘客在走入车站的瞬间能够感受到宇宙的神秘。西安科技大学站的站内吊顶模仿电路板和键盘按键,充满了科技感和现代感(图3.27)。

从媒介形式上来看,西安地铁站媒介空间中以天花板、文化墙等整体设计为主,天花板结合站点地域特点设计不同的公共艺术装饰,墙面上以壁画、浮雕等公共艺术的传统媒介形式为主,辅以灯箱、包柱贴、电子梯牌等实体媒介,个别S级站点与新媒体技术结合,呈现不同的感官体验。如大雁塔站的音乐楼梯(图3.28),楼梯设计成音乐琴键,不同的阶梯踩上去会发出不同的声音,就像用双脚弹奏出了美妙的音乐,让乘客感受音乐之美。

调查发现,西安地铁站域的文化传播讯息以地域文化、历史文化、公

图3.26
大明宫站的传统文化元素

图3.27
西安科技大学站

第三章　新媒体时代城市地铁站域文化传播现状的调查评析

图3.28
大雁塔站的音乐楼梯

益文化为主，S级站点的商业广告比例尚可，A++级以下的站点商业文化占比较少。西安地铁站域的传播方式主要为主题空间、文化墙以及统一策划的LOGO（标识），均为传统媒介形式，缺乏互动体验，有待新媒体技术的介入。

7. 南京

根据全媒通站点级别分类，南京地铁站点调研中S级站点共有26个，A++级站点共有24个，剩余为A+级站点。南京地铁的部分车站内部环境文化氛围较浓，不同线路设有不同主题文化墙，运用雕塑、壁画、石刻、漆画、锻铸、镶嵌等众多艺术形式，展现不同的文化特色主题。下面选取2个典型站点进行媒介空间传播效果的调查评价与分析（表3.26～表3.28）。

表3.26
南京地铁虚拟媒介调查表

媒介形式	官网	微信公众号	微博	手机客户端
传播效果	南京地铁网络媒介以"驰载人文，身心直达"的人文地铁为主题，通过南京地铁官网、南京地铁微信公众号、南京地铁微博、南京地铁手机客户端进行文化信息传播			

表3.27
南京地铁鼓楼站（枢纽站，S级）站域媒介空间传播案例调查表

	地铁站内媒介空间文化传播		
	通道式空间	驻留式空间	功能性空间
现实媒介	通道空间艺术墙采用"六朝古都"为主题的艺术浮雕媒介，展现古都历史文化	采用玻璃艺术装置，以"竹林七贤"为主题演绎狷狂名士的精神世界	入口风亭采用简洁的VI（视觉识别系统）标识导引系统
	结构柱利用艺术装置展示中华优秀传统文化	通过模型展柜的方式展示南京地铁十多年的建设与发展过程，彰显企业精神	通过微浮雕的方式表明站点名称与文化主题
虚拟现实媒介	地铁报刊箱采用二维码开展扫描寻宝送好礼活动	暂无	暂无
	地铁站外媒介空间文化传播		
	标识导引空间	衔接空间	景观广场
现实媒介	采用"南京地铁足迹"为主题的艺术墙媒介，展现南京地铁发展轨迹	换乘衔接空间以色彩鲜明的标识为主，文化传播类型单一	站外空间设施较少，文化传播有待挖掘

续表

地铁站外媒介空间文化传播			
	标识导引空间	衔接空间	景观广场
虚拟现实媒介	暂无		
传播效果	鼓楼·清风站作为南京地铁的主题站点之一，主要弘扬华夏廉政文化、特色地域文化、历史文化。本站文化传播媒介以现实媒介为主，通过在地铁站域空间设置明鉴墙、艺术墙、清风厅、正气歌等十一个现实媒介版块，宣传"务实求真弘正气，扬清激浊倡廉风，金陵廉史山河壮，鼓楼清风伴君行"的理念。总体来讲，鼓楼站主题性强，文化突出，但文化传播媒介较为单一，亟待结合虚拟现实媒介，创新传播载体		

表3.28
南京地铁明故宫站（枢纽站，A++级）站域媒介空间传播案例调查表

	地铁站内媒介空间文化传播		
	通道式空间	驻留式空间	功能性空间
现实媒介	地铁入口通道通过LED广告灯箱宣传公益广告	采用玻璃艺术装置文化墙营造"重阳节"主题，采用苏绣技艺图案表现老年人登高赏花景观	采用液晶电子屏提供站名标识、时间及广告招租信息
	通道两侧采用LED广告灯箱媒介传播地铁信息与公益广告	站台驻留空间仅设置地铁线路图标识牌，整体装修营造传统建筑文化氛围	地铁入口处标识设施
虚拟现实媒介	暂无		

续表

地铁站外媒介空间文化传播			
	标识导引空间	衔接空间	景观广场
现实媒介			
	引导空间通过空间装修传递站点文化特色，暂无其他传播媒介讯息	换乘衔接空间以色彩鲜明的标识为主，文化传播类型单一	室外提供共享单车点、公交站点等交通接驳设施
虚拟现实媒介	暂无		
传播效果	明故宫站作为换乘站，整体空间装修风格模仿明故宫，营造传统建筑文化氛围。站内文化墙采用苏绣技艺传递重阳节文化，效果较好。整体来看，站域空间功能以交通通行为主，文化传播氛围一般，文化传播媒介与传播模式较单一，亟待结合虚拟现实媒介，创新传播载体		

调查小结： 从文化传播讯息来看，南京地铁站域以人文地铁为主题，利用媒介空间的物质空间结构、造型、载体集中展现历史文化、地域文化、民俗文化、廉政文化、公益文化等讯息。从传播媒介形式来看，南京地铁媒介空间以文化墙、公益海报、艺术装置、宣传栏等现实媒介为主。主要线网皆设置主题文化站，例如三山街站文化墙以"灯彩秦淮"为主题（图3.29），夫子庙站文化墙以"除夕夜宴"为主题（图3.30），表现民俗氛围；大行宫站的"金陵十二钗"文化墙传播古典名著《红楼梦》传统文化（图3.31）；珠江路站的"民国叙事"文化墙再现民国时期古都魅力（图3.32）。

图3.29
三山街站"灯彩秦淮"文化墙

图3.30
夫子庙站"除夕夜宴"文化墙

图 3.31
大行宫站"金陵十二钗"文化墙

图 3.32
珠江路站"民国叙事"文化墙

调查发现,南京地铁站域媒介空间的文化传播也存在一定薄弱环节。首先,媒介载体单一,缺少虚拟媒介的传播方式,传播效果互动性较低。搭载新媒体的虚拟现实传播路径将是未来南京地铁站域文化传播的主要方向。其次,地铁站域媒介空间利用率较低。除了新街口站等几个较为繁华的商业中心站点之外,其他站点整体站内空间商业广告较少(图 3.33、图 3.34),和深圳、上海等城市形成鲜明对比。

图 3.33
明故宫站内文化传播现状

图 3.34
小行站内部文化传播现状

三、文化传播现状问卷反馈

2018年本书研究团队对北京城市地铁进行实地考察与问卷调查,共发放问卷677份,纸质问卷186份,网络问卷491份。同时,研究团队聚焦天津城市地铁,选取6个典型地域文化特征的地铁站发放有效问卷1663份,分析城市地铁站域文化传播现状。

1. 北京地铁站域文化传播研究问卷分析

北京是国内第一个开通地铁的城市，也是国际地铁联盟（CoMET）成员之一。截至2020年，北京地铁运营30条线路，形成1177公里的地铁线路网络。2020年5月，北京推出"一码通乘"服务机制，地铁受众通过手机APP客户端即可乘坐地铁与公交。研究团队于北京地铁1号线进行地铁站域文化传播问卷调查，实际发放问卷700份，收回700份，通过信息比选，实际有效问卷677份，有效率96.71%。

北京地铁受众基本信息如图3.35所示：①调查人群女性占53.62%，男性占46.38%。年龄层面26~35岁中青年最多，占38.70%，18~25岁占

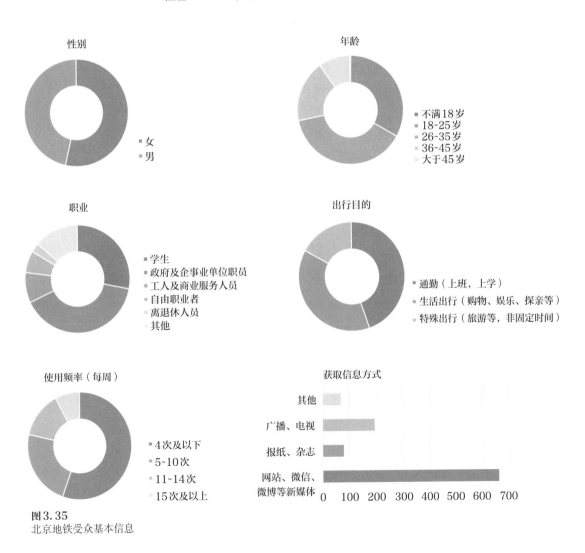

图3.35
北京地铁受众基本信息

32.94%，36~45岁占18.46%，不满18岁占0.30%，大于45岁占9.60%。②地铁受众乘坐地铁以通勤（上班、下班）为主，占44.76%；生活出行（购物、娱乐、探亲等）也是主要目的，占38.26%；特殊出行（旅游等，非固定时间）占16.98%。③地铁受众每周的地铁使用频率调查显示，乘坐4次及以下的占55.54%，5~10次的占23.04%，11~14次占13.88%，15次及以上的占7.54%。④在对地铁受众进行最常用的信息获取方式的调查中发现，97.93%的地铁受众主要通过网站、微信公众号、微博等新媒体途径，28.80%的地铁受众通过广播、电视接收信息，11.96%的地铁受众通过报纸、杂志，另有10.34%的地铁受众主要通过街边小广告等方式接收信息。

通过对北京地铁受众行为一系列调查了解到（图3.36）：①地铁受众在地铁中常使用的新媒体客户端依次为微信98.52%、微博50.07%、QQ46.53%、支付宝49.34%、搜索引擎48.6%，还有14.18%的其他客户端，如新闻资讯、游戏、视频、电子书、音乐等手机APP。②地铁受众每天新媒体社交工具使用总时长的调查结果表明，1小时及以下的占10.19%，2~3小时的占56.28%，4小时及以上的占33.53%。③对于地铁受众乘坐地铁参与文化活动的调查显示，74.45%的地铁受众会参加电影、演唱会等大众休闲活动，49.48%会参加美术展览、演奏会等文艺活动，26.74%会参加历史、民俗类传统文化活动，25.11%会参加餐饮、教育、阅读、出游等活动。④地铁受众参与文化活动的频率调查显示，53.91%≥1次/月，23.78%≥1次/年，19.05%≥1次/周，3.26%从不参与文化活动。⑤地铁受众在参与文化活动时是否通过社交媒体签到、评论和分享的调查结果显示，65.73%偶尔会，15.81%经常会，18.46%从不。⑥关于地铁受众是否关注地铁官网或与地铁相关的公众号等新媒体媒介的调查结果表明，41.06%关注，而58.94%尚未关注。

2.天津地铁站域文化传播研究问卷分析

截至2020年底，天津运行8条地铁线路，已形成快速轨道交通网络，覆盖整个中心城区和外环四区，运行里程近232公里[57]。基于天津城市多元化的地域文化特征，将天津中心城区的地铁站域文化分区划分为都市文化区、海河文化区、传统文化区、舶来文化区、园林文化区和红色文化区六大类型，以居民步行10分钟左右到达地铁站点为可达性划分依据，筛选小白楼站、天津站、鼓楼站、津湾广场站、北宁公园站和周邓纪念馆站六个典型地铁站

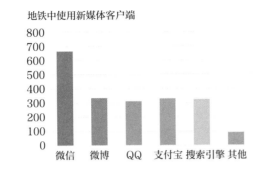
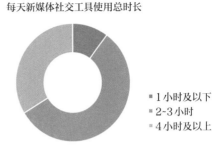
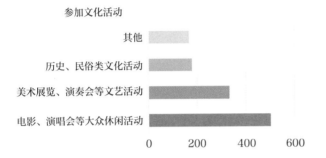
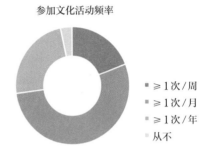

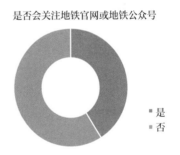

图3.36
北京地铁受众行为调查

域作为研究对象。

针对六个地铁站域展开实地调研与发放问卷，实际发放问卷2000份，收回2000份，通过信息比选，实际有效问卷1663份，有效率83.15%。地铁受众基本信息如图3.37所示：①调查人群女性占49.19%，男性占50.81%。年龄层面18～25岁青年人最多，占32.77%，26～35岁占22.97%，36～45岁占17.5%，不满18岁占15.09%，大于45岁占11.67%。②地铁受众通常乘坐地铁以生活出行（购物、娱乐、探亲等）、日

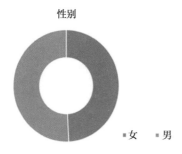
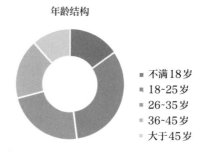
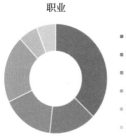

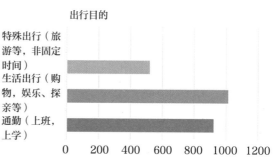

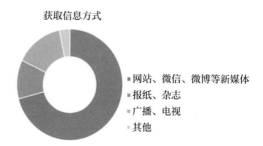

图3.37
天津地铁受众基本信息

常通勤（上班、上学）为主要目的。③地铁受众每周的地铁使用频率调查显示，乘坐4次及以下的占36.8%，5～10次的占27.9%，11～14次占20.99%，15次及以上的占14.31%。④在对地铁受众进行最常用的信息获取方式的调查中发现，70.84%的地铁受众主要通过网站、微信、微博等新媒体途径，11.24%的地铁受众通过报纸、杂志，14.61%的地铁受众通过广播、电视接收信息，另有3.31%的地铁受众主要通过街边小广告等方式接收信息。

通过对天津地铁受众行为一系列调查了解到（图3.38）：①地铁受

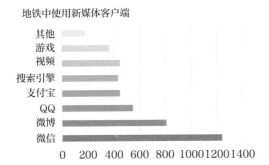

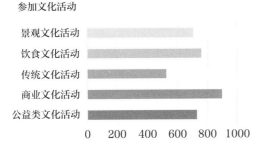
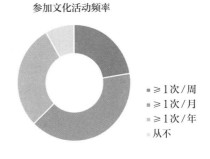

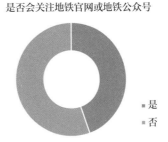

图 3.38
天津地铁受众行为调查

众在地铁中常使用的新媒体客户端依次为微信 74.8%、微博 48.89%、QQ33.49%、视频 27.6%、支付宝 27.48%、搜索引擎 26.7%、游戏 22.43%，还有 11.06% 的其他客户端，如视频、电子书、问答社区、地图、音乐、新闻资讯等。②地铁受众乘坐地铁前往各类城市文化机构的频次调查表明，36.98% ≥1 次/月，30.37% ≥1 次/年，22.07% ≥1 次/周，10.58% 从不去城市文化机构。③对于地铁受众乘坐地铁参与文化活动的调查显示，54.18% 的会参加培训教育、电影、曲艺、音乐、演奏会等商业文化活动，46.06% 参加饮食文化活动，44.08% 参加教育、阅读、观展、观演等公益类文化活动，42.68%参与周边出游等景观文化活动，31.87%参与历史、民俗类传统文化活动。④地铁受众参与文化活动频率的调查显示，40.29%≥1次/月，28.98%≥1次/年，22.43%≥1次/周，8.3%从不参与文化活动。⑤在地铁受众参与文化活动时是否通过社交媒体签到、评论和分享的调查结果显示，57.55%偶尔会，24.65%经常会，17.8%从不。⑥关于地铁受众是否关注地铁官网或与地铁相关的公众号等新媒体媒介的调查结果表明，44.68%关注，而55.32%尚未关注。

四、现存问题评析

通过对国内外12个城市地铁站域文化传播现状的实地调研发现，国外的管理、文化政策等方面具有前瞻性和可行性，国内S级站点如上海、北京、深圳等特大城市地铁站域文化传播效果较好，但也存在商业广告占用媒介空间过多、传播内容单一等问题。下面就实地调研、调查问卷中发现的主要问题汇总如下，共包括7个方面。

1. 有待精准定位受众特点，提升整体文化素养

城市地铁受众群体比较稳定，具有高学历、高收入、高消费的特征，是城市中坚力量，也是主流消费群体。2010年，央视市场研究（CTR）发布的《2010年度15城市地铁媒体受众研究基础调研报告》显示，地铁人群中25~40岁年龄段比例占55.8%，其中75.1%的人拥有大专或以上学历，平均月收入为4688.1元，这份报告与本书专门针对天津、北京千余份调查问卷的统计结果相一致。城市地铁受众群体以中青年为主，拥有较高收入和高学历，同时对于新事物有较高的兴趣，接受度较高，是高素质文化传播的主力军。

只有系统化探究地铁受众人群特点，针对地铁媒介空间、媒介形式、创意资讯等方面的设计、选择才能有的放矢，布局针对性强的策划、试行、实施等关键传播环节。在一项对"乘客最希望从轨道交通中看到的广告类型"调查中，排在前五位的分别是数码产品、旅游、演出信息、化妆品和家用电器，与地铁目标受众群体的消费特点相吻合。基于地铁受众的特点，应着力加强地域文化、历史文化等传统文化与新媒体结合的创新传播形式，实现"寓教于无形"，提升全民整体文化素养。

2. 有待提升媒介空间利用率，打造可识别性空间

实地调研发现，一方面，地铁站域媒介空间主要集中在站内空间，S级站点针对站厅、站台、换乘通道、扶梯等空间一般均进行了高效利用，但A++级以下的站点主要集中在站厅层，且界面利用率较低，对地铁站域其他空间的使用程度较低。另一方面，地铁站域空间中对站内和站外空间的利用率相差较大，站外空间的媒介使用度不高，尤其是衔接空间中的媒介形式较单一，大部分以开敞式中庭或商业街等实体空间为主，不同地铁站点空间的可识别性较差，不利于文化信息的有效传播。

地铁站域空间承载各种各样的文化信息符号，通过不同类型媒介空间与媒介形式进行文化传播，地铁站域的建筑、环境、设施与标识直接反映城市外在景观特征与内在文化品质，因而扮演着重要角色。调研发现，部分城市地铁在规划、建造和运营的过程中，缺失对城市文化建设的考虑，以天津地铁为例，如个别地铁站点内部空间仅设计了壁画或景墙，大部分站点空间文化特色不鲜明，使得空间的文化感知度较低，应分级明确地铁站域媒介空间层级，打造不同站点的可识别性空间。

3. 有待调整媒介形式单一化，实现科技创新融媒体

基于实地调研，发现S级站点的媒介形式相对多样化，除了有传统的海报、灯箱、包柱贴等媒介形式外，还有结合不同文化活动的动态艺术装置、互动数字媒体、3R（VR、AR、MR）互动、人机互动等人工智能的应用，但对于A++级以下的站点则仍以传统媒介形式为主，大部分站点仅有灯箱、海报、电子梯牌、壁画等实体媒介，并未涉及虚拟现实媒介。总体来说，大部分地铁站域以平面媒介形式为主，呈现单一化的特点，媒体到达率较低，导致地铁受众的关注度较差。

因此，结合新媒体技术，如视频媒体、动态DP屏、全息投影、3R互动体验等，相较平面媒体，伴随着全新的感知体验，更能吸引地铁乘客，科技创新实现新旧媒体的融合，更能提高地铁站域文化传播的效力。

4. 有待评估传播讯息占比，明确传播资源适宜性

通过调研发现，由于大部分S级站点是枢纽站，又位于城市的商业核心区，聚集着大量的人流、物流，使得各大城市S级站点的传播讯息以商业广

告为主，大部分A++级站点主要传播的是公共艺术、商业广告、地域文化等，A级以下的站点以公益宣传、主题教育等为主。由此可见，各个级别站点的传播讯息比例大不相同，且没有统一的规划、布局，需要针对不同站域特点，对公共艺术、地域文化、商业广告等传播讯息的占比进行科学的评估。

基于对城市中每个地铁站域历史文化、地域文化、商业定位等具体传播资源的调查研究，进而明确传播元素的适宜性，对传播讯息进行具体的评估、规划以及量化比例，如降低S级站点的商业广告比例，加入地域文化、历史文脉等传播内容，能够使文化传播的内容在保证多元化的同时提高侧重与目标性，做到科学布局、比重合理。

5.有待梳理文化传播路径，搭建传播模型平台

调研发现，大量的新媒体技术以多样的媒介形式介入城市地铁站域中，尤其在S级站点使用率较高，各种智能新技术已经渗透到地铁站域的各个角落，如数字动态技术、人工智能、3D沉浸体验、3R互动等。同时调研发现地铁乘客使用手机时间较长，并且呈现碎片化特点，如何有效利用这些特征，需要研究者们进行系统的梳理与分析。由于这些全新技术的介入，加之移动互联网无处不在，使得城市地铁站域文化传播的路径存在着不同的特征，新形势下发生着质的变革。

可见，实践层面已经呈现出不同的传播样态和过程，迫切需要从理论层面梳理其传播路径，剖析文化传播要素，厘清传播全过程，建立体系化的传播模型平台，为更好地传播文化奠定理论基础。

6.有待明晰管理结构体系，统筹文化部门职责

调研发现，国外如伦敦专门成立专职机构优化传播决策主体——伦敦地铁艺术计划组，专业化的艺术策划与管理团队成为伦敦地铁高质量文化输出的关键源头，巴黎大众运输公司则利用地铁系统点—轴—网的联动效应更加紧密地服务于城市整体文化发展。国内地铁运营管理结构体制为"三分开"，各方负责的内容缺乏统一调配，地铁线路的运营及管理又由多家机构分管，每个地铁站域的文化活动则又是由不同机构协作举办，各机构、部门之间未形成长效的协作机制，同时社会组织及城市公民参与难度较高。

由此可见，我国缺乏明确的规划、部署，亟须建立垂直与水平两个方向的管理结构体系，由顶层制定管理机制，自上而下明确管理结构体系，改变

地铁管理部门与文化机构相互独立的局面，应从艺术文化角度建立更高级别的机构进行统筹安排，协调两者的关系，提升地铁站域的文化活力。

7. 有待加强文化政策保障，制定顶层指导原则

调研发现，国内个别 S 级站点将商业广告与传统文化进行整合，既提升了品牌的认知度，也无形宣扬了传统文化、优秀美德、正能量价值观等。A++级站点主要以地域文化、景观文化、绘画作品、百年校史的展示作为与城市文化资源的结合，大部分地铁站点较少与城市文化资源进行有机整合，并且这些资源的传播形式以壁画、浮雕等静态且长期固定的形态出现，极大削弱了地铁乘客的长期关注度。除地域文化外，在调研中发现，公益宣传、主题教育等文化资源类型以纸媒、灯箱传统媒介为主，导致传播形式单一，传播效果较差。

由于部分城市地铁在规划、建造和运营的过程中，缺乏对地铁线路整体的文化定位，缺失对城市文化建设的考虑，使得地铁媒介空间难以形成协调统一的文化氛围。因此，我国应加强制定城市地铁站域的文化政策的有效引导，制定地铁文化政策的文件条文，明确地铁站域文化传播、文化建设等指导原则。

本章小结

本章通过对国内外典型城市的地铁站域开展文化传播现状调查，深度评析新媒体时代的地铁站域文化传播的途径与效果，提出国内地铁站域文化传播的现存困境，为新媒体时代地铁站域文化传播的资源保障、传播路径构建与平台模型建立提供基础案例参考。

在调查评析研究设计方面，采用参与性观察、自由访问、案例分析、问卷调查及综合分析的探索性研究方法进行深入研究。研究要点分为：调研地铁层级、国内外地铁站域文化传播的典型空间、国外地铁站域文化传播的现状评析、国内地铁站域文化传播的传媒机构调查、国内地铁站域文化传播的现存问题五个方面。

在国外调查评析方面，选择案例研究城市为伦敦、巴黎，二者均为世界级文化中心城市，地铁历史悠久且线网基础设施完善，在地铁文化建设方面具有丰富的管理经验。巴黎案例对作为城市文化遗产的吉马德式地铁入口、地铁站域的场景塑造、地铁站域文化资源的协同推广等几个方面进行案例分

析。伦敦案例对地铁站域场景营造、车站媒介空间衍化、车站文化空间改造、地铁线路文化更新方面进行深入阐述。伦敦和巴黎同属于世界城市，轨道交通线网发达且在城市文化领域表现卓越。二者在地铁文化传播建设中积累了不同的成果与经验，值得我国城市学习借鉴。

  在国内调查评析方面，国内案例对地铁层级、典型空间、地铁传媒机构以及文化传播现状进行深入评析。通过对新媒体介入地铁站域文化传播案例进行重点研究，深度评析地铁站域文化传播的途径与效果，梳理国内地铁站域文化传播的现状、困境。首先，调查选取北京、上海、广州、深圳、天津、西安、南京 7 个城市进行典型案例分析，并针对各个城市的地铁站内特点展开多方面的评析，对其商业文化、地域文化、城市文化等方面进行总结。其次，从常规线路及特许经营线路角度剖析地铁传媒机构现状，提出国内特有的"三分开"机制与"三位一体"运营模式。再次，对北京、天津城市地铁的文化传播现状开展问卷调查，定量分析新媒体时代的地铁受众的地铁出行目的、使用频率、获取信息方式等基本特征，以及新媒体客户端使用、参加文化活动类型和频率等文化活动行为特征。最后，从受众特点、媒介空间、媒介形式、传播讯息、传播路径、管理结构和文化政策七个方面总结了新媒体时代国内城市地铁站域文化传播存在的问题，为下一步的研究提供基础参考。

第四章　新媒体介入城市地铁站域文化传播的资源保障

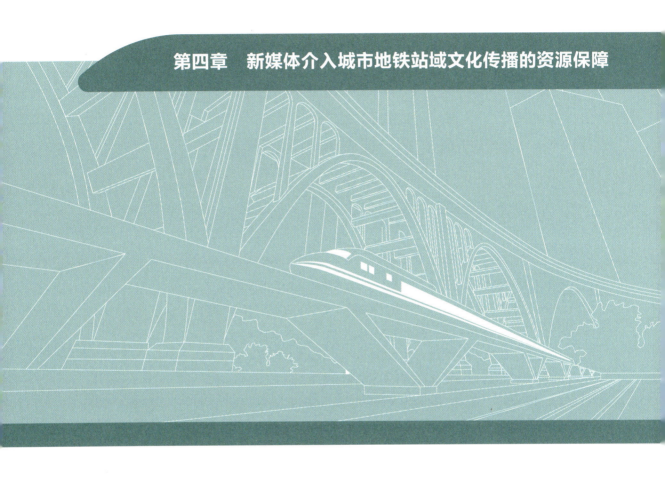

通过对城市地铁站域文化传播调查评析可以发现，每座城市都具有独特的历史印记与文化资源，但国内大多数城市的文化资源对于地铁站域空间的文化传播支撑作用不明显，主要体现在其对于城市的地域文化、公众文化的导向作用有限，对于地铁站域较难形成足够的文化影响。在新媒体时代，新媒体技术和手段对文化资源的传播能够起到一定的保障和提升作用，而在前文提到的部分案例中，新媒体技术应用仅作为传统平面媒体的延伸，并未形成互动性较强的文化资源传播路径。因此，本章对地铁站域空间的文化传播资源的重要支撑作用以及保障原则进行分析，进而为文化传播路径的构建提供保证。

第一节 地铁站域文化传播资源的内涵和语境

一、地铁站域文化传播资源的类型划分

1. 划分依据

城市文化是城市的核心竞争力的重要部分，是推动社会进步的根本动力之一。城市文化资源是人类在一个城市发展过程中所创造的物质与精神文明总和，它代表了城市的独特性、典型性文化内涵；它奠定了一个城市总体的社会价值取向，塑造了一种城市内在的精神特质，并在根本上决定了一座城市是否具有创新精神和持续发展的动力[58]。针对城市文化资源的划分，学者们有多种划分方式。

根据文化的具体形式，可以分为思想文化、自然文化、历史文化、建筑文化、社区文化等。以文化资源的存在形态为划分依据，可将其划分为物质文化资源和非物质文化资源，物质文化资源包括城市的历史文物、历史建筑、文化遗址等，非物质文化资源包括各种实践、表演、表现形式、知识体系和技能，及其有关的工具、实物、工艺品和文化场所等。就城市特征而言，城市文化具体包括物质文化、制度文化和精神文化三个层面[59]，三者相互作用，共同构成完整的综合体系。根据联合国教科文组织的《保护世界文化和自然遗产公约》（1972年）、《世界文化多样性宣言》（2001年）、《保护非物质文化遗产公约》（2003年），以及《中华人民共和国非物质文化遗产法》

(2011年)等正式文件,将文化资源分为:物质文化遗产(历史文化资源)、非物质文化遗产(民俗文化资源)、自然遗产和智能文化资源(创意、发明专利、著作商标等)。文化资源按内容又可分为:历史文化资源、自然生态景观资源、民族文化资源、宗教文化资源和地域文化资源[60]。按文化产业还可分为:传媒产业、艺术产业、旅游产业、体育产业、版权产业、创意产业[61]。

此外,每个城市都有其自身的文化性,学者们也对不同城市地铁站域文化资源进行了梳理和研究。王文婧从人文风情、自然与人文景观、文化遗产、城市与社会发展四个文化主题入手[62],对北京地铁4号线传播的文化进行了归纳总结。严建伟依据天津城市地域文化特色分区,对六个典型地铁站域的文化资源进行回归分析[63]。郜婷对北京地铁沿线文化遗产资源进行了挖掘和价值评估[64],张芳从"人文地铁"的角度探讨上海地铁媒介文化传播的形式[65],韩红薇以地铁站视觉形象为切入点研究地铁与城市文化的关联性及设计策略[66],艾瑜从大连的地域文化探寻地铁站域公共艺术的塑造[67],王立蒙从单件公共艺术作品《北京记忆》入手探讨城市文化与地铁的有机整合[68]。不同城市由于自然、地域、人文等条件的不同,文化资源各有侧重,存在明显的差别,在具体实施的过程中还应结合本地特色进行调整。因此,文化传播资源指能够参与文化传播过程的历史与文化相关资源的统称。

城市地铁站域承担着传播城市文化的责任和义务,地铁站域文化传播资源也是当代城市建设的重要元素。但地铁站域特殊的空间属性和人群属性,使得文化内容必须以更契合的方式整合与呈现。地铁站域空间大部分是通道式空间,在这样的空间中受众状态是快速行进式,呈现内容必须通俗易懂,短时间内吸引大众并传递全部信息内容。其次是驻留式和功能性空间,该类空间受众可作短暂停留,但由于人流量较大,不适宜随处移动,因此这类空间的文化内容和呈现方式必须短小精悍并发人深省,其标示性内容必须醒目。文化传播的内容需符合地铁受众人群的年龄、文化水平、职业等特点,以新颖的形式契合人们的心理特点。

2. 资源类型

城市文化通过地铁站域得到传播和延伸。城市地铁站域文化传播资源类型依据上述文献研究及现有文化传播资源类型,本着普适性原则划分为公共艺术类、地域文化类、公益宣传类、商业广告类、主题教育类和环境设施类六大类(表4.1)。

表 4.1
国内地铁站域主要文化传播资源类型

资源类型	表现形式	代表站点
公共艺术	雕塑、壁画、浮雕、公共艺术品、公共艺术墙、公共艺术空间	壁画：北京西直门站、建国门站、东四十条站 公共艺术品：深圳华强北站《深圳制造》、深圳沙尾北站《六点半—八点半》 公共艺术墙：南京地铁3号线、杭州地铁1号线 公共艺术空间：北京奥体中心站、西安航天城站
地域文化	浮雕、壁画、艺术装置、室内外装修	北京南锣鼓巷站《北京·记忆》、北京圆明园站、深圳红岭北站《深圳记忆》、重庆五里店站、上海图书馆站、上海中华艺术宫站
公益宣传	海报、灯箱、电视、多媒体	以"城市精神""文明风尚""生态环境保护"等为主题的公益宣传 东莞西平站、鸿福路站、虎门站、东莞站 上海地铁、台北捷运 北京和平西桥站、张自忠路站、北新桥站、灯市口站
商业广告	海报、灯箱、新媒体	以换乘枢纽站居多
主题教育	海报、灯箱、电视、多媒体	福州"不忘初心、牢记使命"、常州地铁"地铁梦 少年情 文明行"、武汉地铁、天津地铁
环境设施	导引牌、标识系统	各个站点的导引系统等

（1）公共艺术

地铁站域的公共艺术是指根据地铁受众的感知与美学体验进行的艺术创作。地铁站域公共艺术的表现形式由传统的视觉表达发展为视觉、触觉、听觉等多维度的体验形式，通过与空间的相互融合、搭配，构成了同功能相适应的场景要素[69]。

（2）地域文化

"地域"，首先是指由某种自然地理环境所构成的空间[70]，也包括如风俗习惯、礼仪制度等，而处于核心的、深层的则是心理与价值观念[71]。地域文化是现代文化要素和传统文化要素不断交融与结合的产物。地域文化在地铁站域中的体现主要包括：对历史文化的传承、对现代文化的传承、对传统与现代的结合。

（3）公益宣传

地铁站域公益文化宣传是城市文化宣传中不可或缺的重要部分，地铁公益宣传已经成为城市文化中一道亮丽的风景线。其表现形式有：一是用地铁站灯箱广告、LED屏，以及地铁车厢里的移动电视做公益宣传海报及公益宣传片，如上海地铁的"学习雷锋好榜样""同一个地球同一个家园"等系列公益宣传；二是用地铁车站墙面灯箱等空间展示平面公益广告，如上海利用通道灯箱打造"好儿女"宣传长廊,宣传上海各条战线的先进模范人物;三是以地铁专列、地铁票为载体传播公益。

(4)商业广告

目前地铁站域最常见的就是商业广告,占用了车厢、墙体海报、灯箱等大多数可用的广告位置资源。随着地铁站域商业广告发展得日益成熟和新媒体技术的开发,商业广告的内容和展现形式更加丰富多样,也更加行之有效,地铁站域广告空间有待再挖掘创造。

(5)主题教育

主题教育的作用是宣传党中央的理论方针与先进思想,促进全党全国人民团结奋斗。在全党深入开展"不忘初心、牢记使命"主题教育之际,一辆辆以时代主题、爱国教育、道德价值观为主题的列车在各个城市亮相,成为移动的主题教育基地。

(6)环境设施

地铁站域的环境设施主要指具有引导作用的导引牌和标识系统。地铁站域的标识系统不是简单的物质形态的存在,而是承载着地下空间的环境信息,辅助人们理解空间、认知空间和使用空间的媒介工具。地铁站域标识系统的醒目性和连续性,帮助人们简化了环境空间的复杂性,是人们快速把握方向的参照物,具有指向标的作用和意义。

二、地铁站域文化传播资源的构成和分布

1.站域文化传播资源的构成

城市地铁站域的文化传播资源是一个复杂的系统,它由多维度的构成要素组成,主要包括政策要素、文化要素、市场要素、技术要素、空间要素等几个方面。

政策要素。地铁站域文化传播资源的政策要素是指为了实现站域文化传播任务而制定的站域文化传播的行动准则。地铁作为一种大运量的城市公共交通方式,是城市公共服务设施的重要组成部分,政策所提供的行动准则制约着地铁站域文化传播的方向和实现方式,引导着地铁站域文化传播的主题和内容制定。

文化要素。文化作为地铁站域文化传播的对象和内容,具有广泛的内涵。就地铁站域文化传播而言,其内容涵盖人文、历史、地域、商业、科技、旅

游、休闲等方面。

市场要素。市场要素是地铁站域文化传播的重要推动力量之一，不断为地铁站域文化传播注入新的力量和活力，在市场经济的推动下地铁站域的市场要素承担的角色日益突出。

技术要素。科技的发展带动技术的创新，文化传播技术也处在不断更新之中，为地铁站域文化的传播提供了更多可能。传播技术的更新和迭代，是推动地铁站域的文化传播的重要技术力量。

空间要素。空间要素是地铁站域文化传播的基础和载体，为地铁站域文化的传播提供传播媒介。由于不同地铁站点的规划设计条件不同，建成后的地铁站域空间具有其特殊性，特色各异的地铁站域空间为地铁站域文化的传播提供了舞台。

这些构成要素之间相互影响，存在着复杂的系统内部作用机制。城市地铁站域的文化传播资源构成要素最显著的特点是政策资源、市场资源和城市文化资源的高度融合，以及技术资源和空间资源的妥善统筹。作为城市交通网络中最具活力和流动性的交通设施，技术资源在各类构成要素中对文化传播的效率和效果发挥着重要作用。

作为构成要素中技术要素的新兴成果，新媒体依靠先进的网络技术、信息技术和交互技术，为其他构成要素尤其是系统的终端输出内容和形式都带来了巨大的革新推动力。首先，新媒体即时性的优势大幅简化了信息发布的流程，使得信息传播的过程更为迅速和灵活，极大地提升了政策等相关信息的时效性，同时也极大满足了市场元素对于传播效率的需求。其次，新媒体技术的交互性、定制化以及普及性等特点为受众群体的主动式和被动式参与创造了条件，颠覆了传统媒体中受众群体的角色定位，以一种轻松和个性的形式将受众群体与其他传播资源联系得更为紧密。再次，凭借开放性和聚合性的优势特征，新媒体为城市地铁站域的文化传播资源系统提供了潜在的纽带，增强了各个构成要素之间的相互作用。最后，以手机、电脑、穿戴设备等作为终端设备，新媒体实现了直接面对使用者的点对点传播，极大地提高了传播效能。

新媒体为各个构成要素提供了纽带和动力，它使文化资源的传播更为便捷、有效和迅速。文化传播资源要素的运作层面可分为文化设施层面、文化活动层面、文化产业层面等，这也是新媒体介入下文化传播过程的主要呈现层面（图4.1）。

图 4.1
文化传播资源构成要素的运作层面

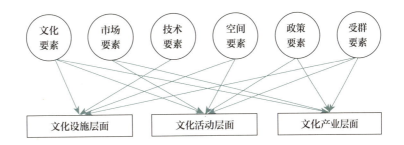

2. 站域文化传播资源的分布

地铁站域空间以其独有的结构肌理散布在城市中，在各自影响所在区域文化氛围的基础上共同组成整个城市的文化脉络，文化传播资源依托地铁站域空间，在空间层面主要呈现如下三种分布特征（图 4.2）。

第一，地铁站域的文化传播资源以地铁站点或者交通枢纽为空间核心，在一定范围内呈点状分布。形成此类分布特征的资源主要以文化设施、文化机构等城市既有的公共文化设施、公共活动空间、配套服务设施等为主，以满足居民的需求半径为原则进行布置。点状分布为文化传播资源最常见的分布特征，在城市旧城区布置的地铁站域尤为明显（图 4.3）。

第二，部分地铁站域的文化传播资源沿街道空间呈线状或带状分布。形成此类分布特征的文化传播资源主要以地铁站域的历史文化街区、商业步行街或主要的生活街道为主，结合城市慢行空间布置，满足居民的日常文化活动需求。例如，杭州市定安路地铁站附近的南宋御街是依托既有的临安古城肌理形成的商业步行街，以中山路为主路，聚集了大量的历史建筑、文化机构和商业设施。

第三，部分地铁站域的文化传播资源沿街道空间呈面状集群式分布。形成此类分布特征的文化传播资源主要以较大规模的历史文化街区或文化产业街区为主，通常是城市重要的文化活动空间。由于城市地铁站是大量客流汇聚与分散的重要节点，呈面状分布的文化传播资源是地铁站域空间文化传播的重点。

点状分布

线状分布

面状分布

 地铁站点
 文化资源

图 4.2
地铁站域文化传播资源的分布特征

三、地铁站域文化传播资源的传播语境

文化是一个城市的核心本质，刘易斯·芒福德将城市的基本功能归纳为文化的保存及流传、文化的传播及交流、文化的创造及发展。人类的文化交流与传播总要发生在特定的社会环境中，因此一定会受到来自社会和环境的

行政中心站　　　　　　　钟楼站　　　　　　　　永宁门站

大雁塔站　　　　　　　　青龙寺站　　　　　　　延平门站

图4.3
西安部分地铁站域文化资源的点状分布

影响和制约，而文化语境就是文化传播时所涉及的外在和内在的客观条件和背景，例如特定的空间和时间、特定的场景和人物等。

城市地铁站域文化传播涉及的文化语境既包括广义上的城市文化，同时又兼具城市中各异的地域文化，此外与地铁站域直接联系的特色主题文化、公益文化和商业文化也是城市地铁站域文化传播语境的一部分。对于城市地铁站域文化传播而言，其文化语境更为具体。一方面，地铁站域作为城市交通设施中最具活力和人流量最大的空间形式，它为城市的文化传播提供了优质的传播载体；另一方面，各种各样的地域文化也为城市地铁站域的文化传播带来了多重文化语境的外在挑战。

传播语境即传播的环境，是在传播表达某种特定意义时所依赖的上下文或者其他相关联的具体环境[72]。传播语境与传播行为密切关联，伴随传播过程的始终，它既是传播的条件，也是传播的背景，影响着地铁站域文化传播的成败[73]。20世纪20年代，"语境"概念最早的提出者马林诺夫斯基将语境分为情景语境和文化语境两大类[73]。在新媒体介入下，文化传播资源的传播语境仍由情景语境和文化语境组成。

1. 情景语境

情景语境是指传播所处的具体外部环境。从理论上来说，一切事物都有成为传播语境的可能性。情景语境要素是从实际的情景中抽象出来的对传播活动产生影响的因素，从其构成来看，可将其分为客观要素和主观要素。客观要素包含时间、地点、参与者、目的、事项、方式六个方面。客观的情景语境为传播主体提供传播的契机与要求，还能引导、制约受众对传播主体、传播内容进行理解。受众的个性、事业、素养、情绪等共同构成了情景语境的主观要素。地铁站域文化传播受众的个人身份、性格、职业各有差异，因而具有不同的思想层次和道德修养水平，不同的生活和工作处境亦影响其接收传播内容时的情绪，并进一步影响传播的效果。主观要素虽然不易把握和控制，但是传播主体在制定传播方案时应对其进行了解和关注。

2. 文化语境

地铁站域文化传播资源的文化语境是指与传播活动相关的社会文化背景[73]，这种背景具有历时性。文化语境包括传播活动所依托的历史、文化、风俗、价值观念、社会规范等背景。同一传播方式在不同的社会、文化背景中通常具有不同的社会意义和传播效果，因而会有不同的理解。

受众群体的文化教育程度以及个人文化修养对于解读不同的文化语境是至关重要的，具有不同地域文化、生活经验和当前心境的受众对于所接受的文化信息的理解程度各异，甚至相差甚远。而文化传播的目的就是对文化的认同和融合，离开了文化语境或是脱离了受众群体的接受能力，文化的传播就是不完整的[74]。

总体来说，文化语境不仅包括传播的文化内容本身，也包括文化传播的时间、空间和方式，以及受众群体对文化语境的认知和理解。因此，地铁站域的文化传播除了需要在相应文化语境下以合适的方式展现相关文化主体，还需考虑来自受众群体的理解力和习惯，地铁站域空间的受众群体具有快速的流动性和聚集效应，在新媒体技术的介入下，如何充分利用新媒体个性化和互动性的特点使受众群体能够更加清晰辨识媒介所展现的文化信息，便成为地铁站域的文化资源保障的重要课题。

第二节 地铁站域文化传播资源的支撑作用

一、塑造城市地域文化特质

1.保护文化遗存

地铁站域通常位于人口稠密、交通复杂的城市建成区域，这一区域本身即为城市发展的核心区域，承载了较多的城市文化遗存和文化生活，是城市物质和非物质文化的富集地。如果在地铁站域建设中合理地开发和布置文化传播资源，能够较明显地实现对文化遗存的保护作用，例如将文化遗存进行一定程度的修缮和改造，可以在不影响文化遗存保护的前提下，提供服务地铁客流的展览、商业、休闲空间等功能。在文化传播资源较丰富的站点，可依托地铁站点的交通路径和地下空间进行整合设计以形成文化连片区，站点内部及上盖部分均应遵循地面原有的城市空间肌理及建筑语言设计逻辑。另外，在某些站域内文化历史遗址的保护等级较高，难以进行改造和利用，通过提炼遗产空间形象、材质肌理再创作等方式将文化遗存融入站点空间设计中，也可以实现对既有文化遗存的保护和呼应。

2.丰富文化形式

地铁承载了大量的客流、信息流和资金流，为站域地区的多元文化的共存提供了潜在的机会，例如通过在人流量较为集中的地铁站域引入文化创意产业，将其作为具有吸引力的文化传播资源，能够吸引大量客流、物流及资金流。2006年以来，北京先后认证了30个市级文化创意产业聚集区，这些文化创意产业聚集区利用的城市空间类型主要包括：胡同街巷、四合院、工业遗址、近郊村落、传统文化活动场所、奥运场馆、新开发地区、自然及人文景观区[75]。从与轨道交通系统的关系看，这30个文创产业聚集区中有12个位于轨道交通站域的辐射范围内，轨道交通系统已经成为文化创意产业的重要依托，而站域空间在文化创意产业的作用下，完全有可能逐步演化为站域创意空间，进而形成以轨道交通站域为触媒点、以轨道交通线路为廊道的"点—轴"文化扩散体系，提升整个城市的文化氛围和文化产业竞争力。

3. 呈现文化要素

地铁站域是呈现城市文化要素的重要节点。国内地铁站点命名的一般原则是尽可能采用本地惯称进行命名，其中有许多就是得名于当地文化场所、历史事件等，例如西安地铁的钟楼站、大雁塔站、大明宫西站和一系列城门命名的站点都是借用历史建筑或文化遗址的名称，而这些站点的内部空间界面也通常考虑结合传统建筑的文化元素。除了站点名称和空间界面对文化要素的呈现，西安地铁所有站点都有独特的"印章"标识（图4.4）。该标识的设计运用了格式塔心理学的相关原理，结合符号学中的符号类型演化过程，提取代表性建筑或文化元素进行设计，成为文化资源介入站内导视系统的优秀案例。

图4.4
西安地铁站名引入地域特色标识

另外，既有的地铁站点内部空间也可通过一定程度的改造来实现对文化传播资源的呈现。例如伦敦地铁有许多废弃的地铁站依然保留在地下，通过引进各种文化和商业机构，将这些废弃站点改造成画廊酒吧、电影经典场景、特别剧院、博物馆等公共文化服务设施，形成了新的文化名片（图4.5、图4.6）。

图4.5
伦敦废弃地铁站改造的艺术场景

图4.6
伦敦废弃地铁站作为电影取景地

二、引领公众文化价值导向

1. 引导公众行为

作为地铁站域文化传播过程的参与主体，政府、运营方、文化机构、乘客等各自都有着自己的空间利益诉求。对北京地铁进行的调研结果显示地铁乘客对于将文化资源引入站域空间的态度是积极的，在站内合理布置文化传播设施能够有效地引导公众行为。西安地铁每个站点都预留了一面文化墙作为地铁运营方和社会互动的窗口，将设计、体验与文化结合。地铁与商业组织合作，对站点进行改造，能更有针对性地吸引目标顾客并对其行为产生影响。近年来新媒体网络基本覆盖了公共组织和私人组织，互联网的迅猛发展为政府与民众的双向沟通提供了绝佳渠道，为能够在地铁站域内引导公众行为提供了可能。

2. 引导文化活动

由于地铁空间自身的公共属性、可达性与人流量，地铁站域文化传播资源能够在一定程度上对公众的文化活动起到引导作用，并满足公众的文化需求。如上海地铁人民广场站的"上海地铁音乐角"以艺术家主导方式引入文化活动，不定期邀请知名的音乐家进行现场表演，直面观众并与之互动（图4.7）。另外，以公众参与方式组织文化活动也是另一重要方面。如设于上

图4.7
上海地铁组织的艺术家主导的文化活动

海轨道交通虹口足球场站的"上海地铁体育文化角",集体育与文化休闲于一体;在洞泾站和古猗园站有2个"上海地铁绿化角",用于绿色环保知识的普及和展示;科技馆站以端午常见的艾叶作为民俗元素,将传统文化与地铁公共空间有机结合,重现儿时记忆,传承民族文化(图4.8)。

图4.8
上海地铁组织的公众参与的文化活动

三、提升地铁站域文化影响力

1. 优化文化资源结构

地铁站域对文化资源结构的优化作用主要体现在与城市文化空间格局的耦合层面。城市文化空间格局是承载文化资源的各层次城市空间与城市整体发展框架的耦合,各层次城市文化空间主要包括各级各类文化服务设施空间、文化遗产资源、教育文化机构、文化产业空间、公共文化活动场所等,依托公共交通形成具有完整性和系统性的网络,不仅能够引导城市布局,形成富有层次的空间序列,同时也能形成城市文化的集中载体,呈现城市的精神风貌和独特魅力[76](图4.9)。地铁站域文化资源对文化资源结构的优化通过以下手段实现:①对实体空间构成要素(如建筑、街区等)的空间形态、功能、景观小品等进行局部改造;②依托原有建筑功能与空间结构的改变引入特定经济活动;③文化传播资源的引入对经济活动主体产生空间上的集聚效应;④市场主体与空间内、外主体在城市空间布局中产生角色变化。

图4.9
伦敦、巴黎、纽约、东京城市轴线示意图

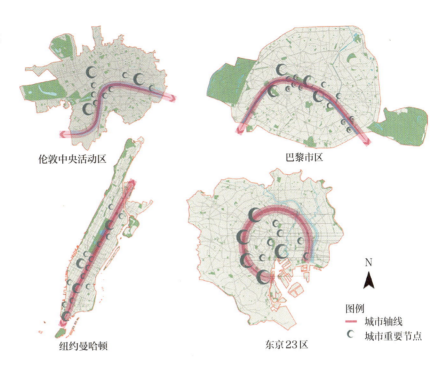

伦敦中央活动区　　　　　　巴黎市区

纽约曼哈顿　　　　　　东京23区

图例
—— 城市轴线
◐ 城市重要节点

另外，地铁站域的文化传播资源结构是在文化传播资源相互吸收、融合、调整而趋向一体化的基础上形成的。新媒体介入下，文化传播资源的结构呈现网络化、去中心化和信息流动性增强的特点，沿着横向和纵向两个维度展开（图4.10）。文化传播资源的纵向结构，也可称之为垂直结构，不同层级的文化传播资源以增减与调整的形式组构，有利于加强文化传播资源的系统性。地铁站域文化传播资源的纵向结构关注的是文化传播资源上下层级之间的协调和融合，对于点状分布、线状分布和面状分布的文化资源，可以分别采用强化连接路径、塑造二级节点和强化站域能级等方法增加联系的纵深度

图4.10
新媒体介入下站域空间文化传播资源结构的演变

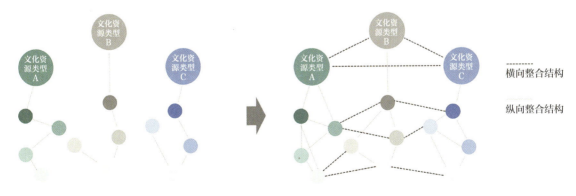

（图 4.11），提升文化传播资源的系统性，有利于文化传播资源的全面发展。不同地铁站域在文化传播资源的上下层级之间存在不同的侧重，表现为文化传播资源之间的不协调，进而影响地铁站域文化内容的系统性。因此，在地铁站域的文化传播中，需要综合协调、规划各站域的文化传播资源的系统层级。

2. 扩展文化传播渠道

文化传播渠道是文化传播内容流动的基本方式，物质流、人流和信息流为其主要依托。物质流，即通过物品交换传播文化信息，例如当代的商品进出口是一种系统的以物质流为主的文化传播。人流是指通过作为历史积淀物的思维方式和行为模式来传播文化信息，例如人口的迁徙即是主要以人流方式进行的文化传播。信息流则是通过符号系统来传播文化信息，当代信息流的主体标志是电子传播，信息流的历史最短，但已成为新媒体时代文化传播的主要渠道。

在信息化高速发展的时代，流空间以实际存在的"流"反映城市之间的相互作用，与传统的场所空间反映城市静态属性相比，更能真实地反映城市之间的联系特征[77]。新媒体介入下，地铁站域空间不仅仅是物质流和人流的重要节点，合理地设置地铁站域的文化传播资源，能够使其成为信息流的重要渠道，高效性和共享性是信息流的重要特点，信息可以同时为许多用户使用，而且用户彼此之间不存在直接制约关系，高效快捷的信息交换能够为城市经济社会发展提供良好服务。

3. 培育文化传播主体

文化传播在公共空间的核心要素是人的活动，这其中包括目的类公共活动和休闲类公共活动，前者一般有特定目的，如观展、观看文艺演出等，后者则包括如散步、逛街等随机性较强的活动。根据对北京地铁的调研，在轨

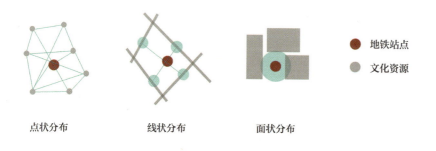

图 4.11
地铁站域文化传播资源的结构优化

道交通的使用人群中，约44.9%的乘客有上班、上学等特定目的，可以判定为其在特定时间段内对公共活动极不敏感；而其他55.1%的乘客是以购物、消费和旅行为目的乘坐地铁的，如果能够结合地铁站域空间的文化传播资源情况，设置一定数量的文化创意及文化活动场所，这些购物、消费和旅游的乘客很有可能流向各类文化创意和文化活动场所，从而为这些产业和场所培育新的文化传播主体，形成新的文化传播链条和网络，同时，新的文化传播链条和网络也能够逐渐提升城市轨道交通的吸引力，有助于增加轨道交通客流，从而带来一定的经济收益和社会效益。

第三节　新媒体介入下地铁站域文化传播资源的适用原则

一、适宜性原则

1. 体现时代性

文化传播资源的时代性主要体现在两个方面：一是城市文化传播资源具有其所产生的那个时代的特征；二是城市文化传播资源随时代变迁其功能可能变化、转化或消失，其发展与时代发展所显现的文化精神具有一致性。正是由于文化传播资源的时代性特征，才使城市的文化具有自我更新能力。时代性体现了一个城市文化中传统文化精神与现代文化需求的统一和融合，在新媒体时代，信息技术已经渗透到社会的每一个角落，随着思维模式的更新，人们的审美观、价值观和思维方式受其深刻影响[78]。因此，时代性是新媒体介入下地铁站域文化传播资源在选择过程中需要考虑的重要因素。我国的城市具有丰富、多元的城市文化特质，地铁站域建设并不是简单地在地铁站域恢复历史、仿造历史建筑，而是依托地铁站域的可达性和流空间，通过适当的文化传播技术实现城市文化脉络和基质的传承，实现城市文化历史性与时代性的统一。

2. 呼应地域性

城市文化传播资源的地域性是由一个城市地理条件及社会结构所决定的

特殊属性，这种属性是对当地的自然、社会、人文环境的回应。地域性是体现城市文化内涵和特征的重要方面，例如建筑物的造型、色彩及特定区域居民的精神载体，如各种文化节等。地域性体现了城市文化传播资源的独特性和原生性[79]。对于地域性的回应是指在满足现实需求的基础上，将设计对象的重点放在包括人和社会关系在内的空间环境上，考虑设计对象的历史文脉和场所类型，力图创造一个人文、自然环境和谐共存，可持续发展的理想人居环境[80]。因此，在新媒体介入下，地铁站域的文化传播资源的选择原则需要以地域性为重要考量，不仅仅是单一空间对环境的适应，更重要的是在满足空间功能需求的前提下，对空间环境进行特色化改造，从而实现积极的文化传播过程，进而激发场所活力[81]。

二、公众性原则

1. 鼓励参与性

以数字技术为代表的新媒体，其最大特点是消融了媒介、空间、主体之间的边界。与传统媒体相比，新媒体可以做到面向更加细分的受众，个人可以很容易地参与到文化传播的过程中，从技术层面上讲，每个人既是信息的接受者，又是信息的发布者，还可以对信息进行检索。这种"去中心化"的信息传播方式，打破了只有新闻机构才能发布新闻的局限性，充分满足了信息消费者的细分需求。如果将传统媒体称为"主导受众型"媒体，新媒体则是"受众主导型"媒体。文化传播的媒介、空间、主体之间的关系由单一线性结构趋向网络化结构。因此，新媒体技术介入下，关注受众参与性便成为文化传播资源选择的重要原则，如能够给予受传者足够的回馈，产生良性互动，则可以充分展现这种文化传播模式的结构优势，形成信息的互馈反应，进而促进整个传播过程的良性运作。例如在站域空间组织公共参与活动，通常包括节日活动、自发性文化组织或活动，这种动态引导的方式能够丰富站域公共活动类型，激活公共空间的功能，真正为公众服务。文化传播资源也在这个过程中从静态孤立的状态变得有参与感和吸引力，文化资源的传播力度、影响范围都将远大于静置的文化符号。

2. 推进共享性

资源的共享性是互联网文化主导的新媒体时代和社会的重要特征，文化传播资源的共享性使信息提供者可以直接向个体提供文化服务或产品,同时,"再中介化"过程也使更广泛的文化需求得到激活。因而,地铁站域文化传播资源的选择也需要考虑共享性的原则。例如,地铁站域内对文化服务的引入便是共享性的重要体现。文化服务是城市居民生活文化需求基底空间的重要组成部分,文化设施及场所、各级公共服务设施(博物馆、美术馆、音乐厅、艺术中心、图书馆、科技馆、体育场馆、社区中心等)、公共活动场所(公共广场及绿地)、独立的消费文化设施(文化商业综合体、剧院、电影院、书店、咖啡馆、酒吧等)结合地铁站域空间进行建设,能够一定程度上扩展城市文化服务设施的服务半径,丰富和扩大地铁站域空间的潜在服务人群种类和数量(图4.12)。另外,为实现真正意义上的公共文化服务的协同发展,需要避免"偏科"现象,实现文化传播资源区域、内容、数量和质量等方面的全方位覆盖,从而使文化传播资源能够成为公众的重要共享资源。

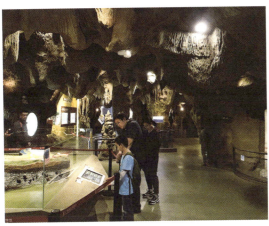 

图4.12
广州地铁博物馆中的公众参与

三、协同性原则

1. 促进整体性

整体性是指特定区域内城市文化所具有的普遍特征。该区域必须具备明显的城市文化基调,同时利用新媒体对城市文化传播资源的"带动性",使公众在特定文化背景的基础上通过对地铁站域的城市印象总结出城市的文化特征[82]。在城市空间层面,地铁站域空间与区域文化的整体性取决于公交体系中的核心程度以及城市公共空间文化传播资源布局的完善程度。轨道交通逐渐成为我国大城市公共交通系统的主导交通方式，其对城市空间发展具有巨大导向作用，可以围绕轨道交通建立城市空间格局。而地铁站点可以依托其自身交通功能的引导和集聚效应，将城市文化传播资源围绕站域进行布局，从而形成完整的文化传播网络体系，充分展现城市空间体系可持续发展的特征。因此，地铁站域文化传播资源选择和培育需要考虑对二者整体性的促进作用，例如将地面的文化传播资源节点与地下的地铁站主体和配套设施合理布局、衔接，在满足功能需求的前提下，不仅能够实现对城市的"织补"（图4.13），还能提升城市区域文化传播资源在城市交通网络中的可达性。

2. 推动协作性

新媒体技术催生了多元化的文化传播主体，如何平衡传统和新兴的文化传播主体的关系显得尤为重要。由于文化机构仍然是目前主流文化传播资源的重要的提供者，其公益性与社会性的属性保证了其传播内容的正规性和社会参与度，推动多元文化传播主体之间的协作性，是地铁站域空间的文化传播资源保障中的重要环节。如地铁运营方与文化机构合作，设置具有交互性的多媒体设施，地铁乘客较容易被其所吸引，进而通过扫码参与互动，不仅提升了主流文化活动的参与性和互动性，更带来深远的社会效益（图4.14）。

文创产业是从城市文化传播资源衍生出的一种特殊产业，文创产业能够变资源优势为产业优势，进而形成强势的输出型文化，在更深层次上引导期望，激发创意活动，吸引并保持最大化的消费与投资，从而发掘站域最大的

图4.13
北京南锣鼓巷地铁站域"城市织补"总平面图

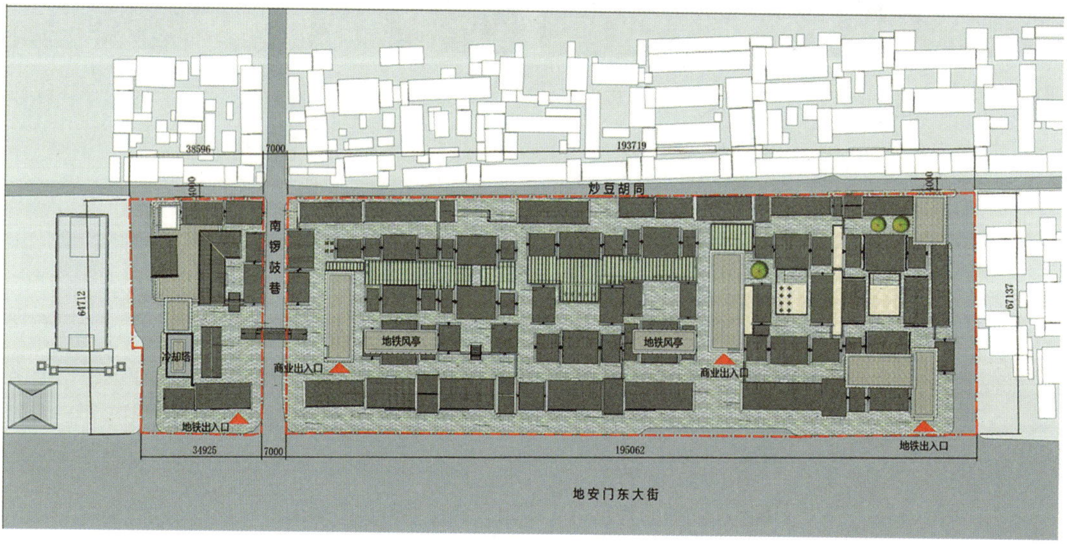

图4.14
上海南京西路站设置的
艺术文化海报

经济价值，获取更高的经济回报。另外，各类文化传播资源与产业开发结合的成功模式，能够使站域空间形成体系化的空间组合，构成一种有时代感知的并能够秉承"人类集体记忆的"，具有地域性、归属感的站域空间整体形象。例如，开发地铁周边文创产品，并对各种文化服务项目进行细分和充分挖掘，能够更好地营造地铁站域文化氛围，从数量上和质量上充分满足人们日益增长的文化需求（图4.15）。地铁站域文化传播资源考虑对文化产品的深度开发以及与文化产业和文创空间的结合，不仅能够提升站域空间的吸引力，同时能够提升城市公共空间品质。

四、创新性原则

1. 提升科技性

科技性是新媒体技术的突出特点，新媒体技术特别是互联网技术，通过其独特的信息展现方式与分发推荐模式对诸如城市文化、民俗文化、区域热点等信息的传播起到了重要的推广作用。例如由城市地铁运营公司开发的手机APP，除了提供车站、车票等信息以及支付功能外，也可着力于建设虚拟网络社区，提供沿线城市区域的旅游景点、餐饮、购物以及其他类型的公共空间信息；同时，结合大数据技术，深入挖掘城市的文化传播资源，并采用符合当下受众消费习惯、认知习惯的表达方式进行更为灵活多元的创新表达。

在文化传播资源的运作层面引入交互式设备和系统，可以使民众更为积极参与到整个过程中，为地铁站域文化传播提供更多的反馈渠道。如通过

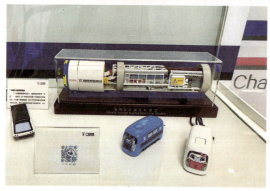

图4.15
广州iMetro地铁文化创意产品

虚拟网络方式使民众参与到具体的城市规划和城市设计中，项目的终端设备模仿乐高游戏的形式，通过"摆积木"的方式，可以对建成环境的不同布局所产生的空间演变、空间绩效等实现可视化呈现（图4.16），方便人们进行评估。

2. 培育创造性

文化传播资源是文化资源的一种，因而具有时代性。对于文化传播过程中文化传播资源的保障，不仅需要考虑其自身的固有特点，还需要考虑是否能够推动文化传播受体进行文化的创新与发展，这是文化创造过程的延续，体现了城市文化传播资源的开放性，文化本身是一个开放的系统，可以随时吸纳多元文化因子，充实、丰富原有体系。文化传播资源的内容创新和形式创新能够进一步培育和丰富文化传播资源的多样性和包容性，进而提升城市和区域的综合文化竞争力及综合效益。

图4.16
麻省理工学院媒体实验室（The MIT Media Lab）开发的城市科学项目

本章小结

新媒体时代，城市地铁站域空间与站域文化传播资源的关系是站域文化传播结构重要的组成方面，也为站域文化传播路径的引导提供了支撑，如何对站域文化传播资源的重要支撑作用及其适用原则进行论证，是本章的主要研究内容。

本章首先对地铁站域文化传播资源的类型、分布特征、传播语境进行分析。结合前文的调查研究，提出地铁站域文化传播资源可分为公共艺术类、地域文化类、公益宣传类、商业广告类、主题教育类和环境设施类六大类；文化传播资源分布具有点状、线状、面状分布特征；文化资源传播语境可分为情景语境和文化语境。

其次，新媒体介入下，文化资源传播结构呈现网络化、去中心化和信息流动性强的特点，分别从塑造城市地域文化特质、引领公众文化价值导向、提升地铁站域文化影响力三方面对其支撑作用进行分析，将其支撑作用概括为文化遗存的保护、文化形式的丰富、文化要素的呈现、公众行为和文化活动的引导、文化资源结构的优化、文化传播渠道的扩展以及文化传播主体的培育等方面。

最后，探讨了新媒体介入下地铁站域文化传播资源的适用原则，分别对适宜性原则、公众性原则、协同性原则和创新性原则四大原则进行了深入的探讨，将地铁站域文化传播资源的适用原则细分为体现时代性、呼应地域性、鼓励参与性、推进共享性、促进整体性、推动协作性、提升科技性、培育创造性等方面。

综上，地铁站域空间文化传播资源是站域文化传播结构的重要基石，不同层次的城市文化传播资源为地铁站域文化传播提供了重要支撑，也使二者的关系更为紧密。本章对文化传播资源的保障原则进行的探讨和分析，为文化传播的路径构建提供了重要保障。

第五章　新媒体介入城市地铁站域文化传播的路径构建

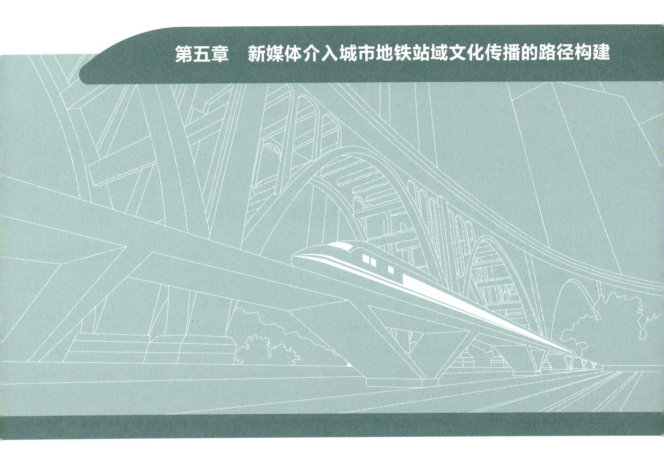

新媒体时代地铁站域文化传播资源的梳理对城市文化传播具有重要的支撑与保障作用。一方面为塑造城市地域文化特质、引领公众文化价值导向、提升站域文化影响力提供支撑作用，另一方面为城市地铁站域文化传播讯息的选择提供了更加广泛多元的保障。本章首先以新媒体技术的发展为切入点，从系统科学的角度分析城市地铁站域文化传播的动力机制。其次，从一级传播路径、二级传播路径与多级传播路径三个层次全面解析城市地铁站域文化传播路径。最后，从现实媒介环境、虚拟媒介环境与虚拟现实媒介环境层面提出城市地铁站域文化传播的路径呈现策略。新媒体介入城市地铁站域文化传播的路径构建，有利于掌握其内在运行规律与本质特征，为实现城市文化资源与媒介资源的有效整合，实现内在传播要素、平台管理、外在环境之间的共融互通，构建新媒体时代城市地铁站域文化传播平台模型提供必要的理论依据。

第一节　新媒体介入城市地铁站域文化传播的动力机制

城市地铁站域文化传播动力机制是推动文化传播必备的原动力，是传播过程中内部动力因素与外部影响要素的综合体现。随着新媒体技术的更新迭代，城市地铁站域的文化传播要素也不断变化拓展，传播模式也相应不断优化，城市地铁站域文化传播整体功能也在不断提高。因此探寻新媒体介入城市地铁文化传播的内在规律与外部影响，揭示其传播本质与规律具有重要的现实意义。

一、内部动力因素

1. 传播媒介的拓展迭代

新媒体时代，随着媒体技术飞速发展，传播媒介正在经历革新式的拓展迭代。作为信息传播渠道和手段的传播媒介[83]正以一种全景化的沉浸方式，无处不在地传播、接受与处理信息。有学者提出媒介在媒体技术的变革下，经历了三次时代变迁。

第一媒介时代为大众传播主导的单向传播阶段，以传播主体向众多受传者进行一对多、点对面的单向传播为主要特征[84]，以口头传播、印刷品、广播、电视为主，主体之间的交流带有强烈的模拟性。

第二媒介时代是分众传播主导的双向互动传播阶段，以传播主体与受传者为一体进行去中心化、双向式的交流为主要特征。第二媒介时代，互联网为代表的新媒体，打破了人与人之间的时空界限，主体之间具有可协商性。传播媒介出现了虚拟化网络为特征的众多新媒体形态，改变了传播主体与受传者的关系。

第三媒介时代是以泛在网络为基础，以泛众传播为特征的沉浸传播时代，传播主体与受传者间实现一对一、多对多的个性化、精准化传播[83]。传统现实媒介与新兴虚拟媒介实现有机融合，媒介形态更加生动化、多元化与场景化。在AR、VR、5G、大数据等互联网技术革新的影响下，以视觉感知为主导的传统媒介形态，逐步融合触觉、声觉、味觉与嗅觉感知形态，形成全方位、立体化的全觉传播形态。因此，第三媒介时代，传播媒介在概念和空间意义发生变革的同时，其自身作为媒介的社会功能也相应发生变革。沉浸传播的社会功能从被动信息服务转变为主动指挥服务[83]。

当前，传统媒介与新媒介的融合发展已成趋势。新媒体以其网络化、互动化与多元化的特点打破了传统媒介的传播格局，为传播讯息的泛在网络传播提供极大的便利。在城市地铁站域空间中，传统地铁媒介在其影响下，也加快了与新媒介的融合步伐，形成传统媒介、新媒介与混合媒介共存的局面[85]。随着新媒体技术的发展，城市地铁传播媒介创新的层出不穷，媒介间的竞争态势也愈演愈烈。城市地铁站域文化传播媒介需要采取切实措施，以新媒体技术的创新推进自身业务形态创新，实现未来更加多元化、数字化、互动化与融合化发展。

2. 传播主体与受传者界限模糊

新媒体在地铁站域文化传播活动中主要通过地铁官网、官微、官方公众号等多种虚拟媒介途径开展。随着传播媒介的拓展迭代，传播主体与受传者的界限日益模糊，广大受传者在接收传播讯息的同时，对传播讯息进行二次理解与加工、转译，并以传播主体的身份进行网络传播；传播主体也能够以受传者的身份对传播讯息进行接收、选择与加工后，再次进行传播活动。以地铁公众号传播媒介为例，地铁网络运营商应用移动互联网途径，向受传者传播出行信息、行车指南、地域文化、互动话题、文化活动、广告推文等各类传播讯息，受传者对感兴趣的内容会点赞、留言或以传播主体身份转发。这种虚拟网络的传播方式打破了地铁站域的传播主体与受传者边界，拓展了地铁文化传播讯息的内容、范围与影响力。又如地铁官方微博，截至2022年9月，上海地铁官方微博已拥有701万粉丝关注，同时与地铁官方微信订阅号、服务号开展联动服务，保证了传播讯息即时有效地进行互动传播，受到广大地铁受传者好评。

3. 受传者碎片化行为特征明显

在媒体时代变迁影响下，传统大众传播步入分众传播、沉浸传播时代，受传者的垂直化传播结构日益凸显，低幼、青年逐渐参与到主流互联网文化传播活动中。在地铁站域空间中，随着地铁站内人群拥挤度的增加，受传者更加依赖地铁传统媒介或移动互联网来接受各类短暂的文化传播讯息，注意力愈发碎片化。

根据央视市场研究（CTR）对15个城市地铁受传者调查发现，以交通服务功能为主导的地铁站域中，受传者的平均交通时长为21~30分钟，工作日以上下班高峰时段为主，休息日早高峰时段适当延后至上午10点。通过对受传者接收地铁站域空间的媒介讯息调查可知，受传者对地铁站域传播媒介的接触率均在75%以上，接触率最高的传播媒介为车厢电视、站台电视、站厅电视、通道内电视幕墙、电梯口电视幕墙，观看时长在1~10分钟，地铁站内空间广告媒介也是受传者接触较多的媒介类型。从整体来看，广大地铁受传者在地铁站域空间中，注意力受视觉媒介影响较大，如各类电视、视频广告等媒介。此外，随着地铁公众号、服务APP的普及，手机成为受传者查询、接收传播讯息的重要途径。第45次中国互联网络发展状况统计报告显示，我国互联网用户规模为9.04亿，手机用户高达8.97亿，互联网普及率达64.5%，互联网用户使用手机的比例高达到99.2%。从用户结构看，中青年用户比例持续增高。地铁站域空间中使用手机接收讯息的受传者占比也逐渐增多，手机已成为受传者日常出行接收讯息常用的新媒介。调研表明，受传者在城市地铁站域空间中使用手机进行文化讯息的传播与反馈越来越普遍，并且碎片化行为特征明显。因此，新媒体时代城市地铁站域文化传播，在不影响受传者交通出行的基础上，应充分满足受传者在地铁站域空间的行为需求，应以短小精准的传播讯息来更好地进行传播服务。

4.传播讯息类型更加广泛多元

城市地铁站域的文化传播资源类型分为公共艺术类、地域文化类、公益宣传类、商业广告类、主题教育类和环境设施类六大类。首先，公共艺术类与地域文化类传播讯息在地铁站域文化传播过程中应用最广、类型多样，空间艺术表现形式最强。通过艺术主题墙、艺术装置、公共艺术品等媒介形态，集中展现特定的文化叙事，吸引地铁受传者观赏体验。其次，公益宣传类与商业广告类传播讯息在地铁站域空间中应用广泛，具有覆盖面广，传播力强的特点。再次，主题教育类传播讯息以弘扬新时代主流文化思想、核心价值观为传播理念，在地铁站域空间中以海报、灯箱、多媒体、电视等多种媒介形态进行专题式展现，具有鲜明的时代特征。最后，环境设施类传播讯息通过导引标识系统进行传播，这类讯息在地铁站域空间中承担重要的交通职能，为受传者提供出行服务的同时，也是地铁站域空间精细化管理的体现。

随着新媒体技术的融入，城市地铁站域文化传播讯息借助各类虚拟媒介途径，呈现出更加广泛多元的特点。针对国内典型地铁公众号展开的传播讯息调查结果显示（图5.1），利用虚拟网络途径的地铁文化传播讯息内容更加"泛"化，涵盖受传者日常出行咨询及衣食住行游乐各个方面。

图5.1
地铁公众号发文词频

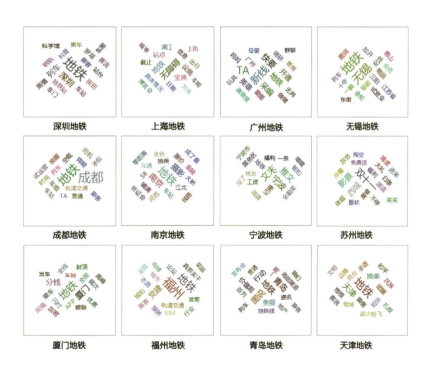

5.传播特性从有形融合转向无形融合

新媒体时代，城市地铁站域的文化传播具有整体性、互动性、发展性与融合性的特质，逐步从有形融合转向无形融合。第一，城市地铁站域文化传播的整体性体现在传播要素以整体的方式有机联系，不仅局限某一传播现象或传播活动，而是通过新媒体技术途径整合虚拟网络与实体空间的全部文化传播现象。第二，城市地铁站域的文化传播活动中，各传播要素具有相互作用与相互响应的多维度动态互动关系。第三，在新媒体影响下，文化传播媒介、文化传播路径、文化传播模式不断发展优化，城市地铁站域文化传播也随之呈现良性的发展路径，具备发展性的特质。第四，当前随着媒体融合的飞速发展，地铁站域的传统媒介和新媒介的"有形"融合正在逐步完成，传统媒介从地铁报刊、视频、广告、公共艺术等实体媒介逐渐融合拓展到三微一端、3R互动体验、智慧5G、未来媒体等多个类别、多个终端的虚拟现实媒介，因而具备融合性的特质。

因此，传统媒介在融合新媒体技术的基础上，尝试更加多元化、场景化的创新方式，为城市地铁站域的文化传播提供更立体化、精准化的讯息服务需求。当前，地铁站域文化传播的"无形"融合路径仍需不断创新探索。伴随大数据、互动技术以及社交媒体的融合应用，城市地铁站域的文化传播场景也不断发展迭代，地铁传统媒介与各类新兴媒介的边界将越来越模糊化，媒体融合将成为最终态势。

二、外部影响因素

通过新媒体介入地铁站域文化传播的内部动力因素分析可知，传播媒介的拓展迭代、传播主体与受传者界限模糊、受传者碎片化行为特征明显、传播讯息更加广泛多元、传播特性从有形融合转向无形融合的五大因素对地铁站域文化传播起到核心推动作用。城市地铁站域文化传播也必然会受到外部因素的影响与制约，对其外部影响因素进行深入剖析，有利于更全面地把控城市地铁站域文化传播全过程，明晰其动力机制的内涵与外延。随着新媒体时代的变迁，城市地铁站域文化传播的外部影响因素主要受到新媒体技术变革、媒体市场竞争以及产业融合的影响。

1. 新媒体技术变革

"新媒体"在今天已成为一个使用广泛的词,随着移动互联网技术的不断发展,新媒体技术也是一直处于不断深化与拓展的动态系统中。新媒体技术不断革新传播媒介要素,深刻地影响着城市地铁站域文传播的结构与效能。从新媒体技术的概念演变来看,新媒体技术内涵经历了媒介即是讯息—电子媒体中的创新性应用—万物皆媒、人机共生的智媒生态三个阶段。Web1.0时期到Web2.0时期,新媒体技术打破了传统的二元对立传播范式,受传者的话语权不断拓展。Web3.0时期,随着5G时代、智能算法、区块链技术的普及与应用,新媒体技术的迭代演进迅猛发展,新媒体技术将以万物皆媒、人机共生的泛网络空间呈现。这种数字化媒介也以更加复杂、系统的逻辑与范式来深刻影响传播领域。可以看出,新媒体技术的演变始终紧随智能终端、移动通信与互联网的变革,而当前正处于快速的变革时期(图5.2)。

综上,面对新媒体技术的迭代趋势,城市地铁站域的文化传播也应建立起新的研究范式与思维方法,从系统思维的角度科学认知传统媒体与新媒体的衔接关系、现实与虚拟的共生关系。首先,在一定时期内,城市地铁站域文化传播的结构路径,会以线下实体、线上虚拟及线上与线下融合的共存方式呈现。其次,城市地铁站域的媒介空间位置在新媒体技术的冲击下,突破时空界限,形成集基础、空间、行为、心理场景的深度匹配,成为文化传播的突围路径。再次,受到网络算法分发模式的影响,地铁站域文化传播模式也逐渐呈现去中心化、多层次化的传播特性。最后,城市地铁站域也将搭载未来的智媒生态技术,以全新的场景优势,承载更丰富的文化传播资源,成为新时期文化传播的主要阵地。

2. 媒体市场竞争

新媒体时代,城市地铁站域文化传播格局产生深刻变革,随着网络虚拟媒介的兴起,参与地铁站域文化传播的主体更加多元,媒体市场竞争越发激烈。在竞争格局方面:移动互联网成为媒体市场争夺受传者与客户的新高地,社交新媒体、新闻客户端、手机移动端成为主要的竞争市场。随着受传者的移动端迁移加速,各大互联网巨头、手机运营商开展移动端入口争夺战,通过在客户端、移动支付工具、在线地图、应用商店等入口搭建产业链,获取商业利益。受传者在地铁站域空间中通过移动客户端接收各类信息成为主要

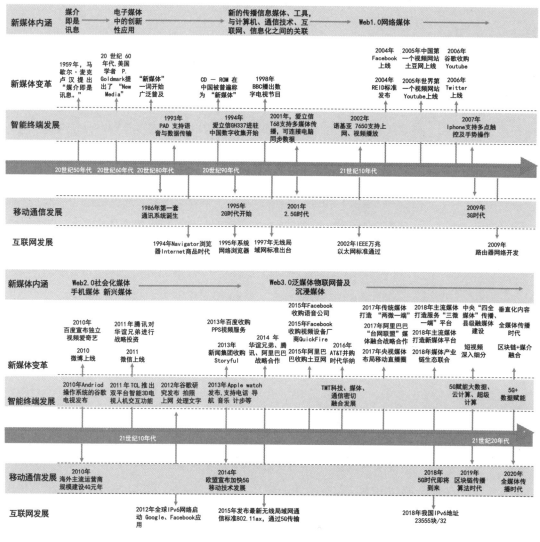

图5.2
新媒体概念内涵的演变

方式,而对站内媒介空间的文化资讯关注度有所降低。因此,地铁文化传播传统媒介在新技术冲击下,应积极寻求新的竞合路径,通过内容供应为主的试"微"模式来应对冲击。地铁站域传播主体通过"三微一端"的方式加快传统媒介与新媒介的融合。

在竞争态势方面:随着5G时代、智能算法、区块链技术的普及,地铁站域文化传播的媒体市场竞争将会更加激烈。面对不断涌现的新媒介,既有地铁文化传播媒介要保证市场地位与受传者的忠诚度,一方面需要积极开发新的文化传播讯息服务功能与应用,满足线下实体、线上虚拟及线上与线下融合环境中的受传者需求;另一方面,地铁传统媒介与"三微一端"新媒介在相互融合的势态下，应不断创新，以满足受传者多元化、个性化的需求，保持资源差异性，增加受传者的多重场景体验。

3. 产业融合

新媒体时代，文化传播产业发展迅速，各类媒体合作更加紧密，利益共同体正在形成，主流媒体融合不断加速，全媒体趋势正在形成。城市地铁站域文化传播的市场潜力巨大，而随着第三媒介时代的发展，城市地铁站域文化传播将会整合主流媒体、新媒体、地铁传媒、文化艺术机构等多方资源，提供多渠道、多维度的全景式文化传播体验。一方面，城市地铁站域的传播主体自身注重平台建设，打造真正的文化传播平台，如建立融媒体、互联网平台，打造服务型聚合平台等方式来实现传统媒体与新媒体的结合。另一方面，城市地铁站域文化传播路径应向集成化、服务化、高附加值的方向发展。通过融合文化讯息与现实、虚拟场景，有利于地铁站域文化传播的产业链延伸，将主流文化、地域文化、主题教育等各类文化资源与地铁文创产业、旅游业、传统手工业等产业进行深度融合，发展多种服务的综合性文化传播产业，增强市场竞争力。

第二节　城市地铁站域文化传播的路径解析

由城市地铁站域文化传播的动力机制分析可知，伴随大数据、互动技术以及社交媒体的融合应用，城市地铁站域的文化传播场景也不断发展优化，地铁传统媒介与各类新兴媒介的边界将越来越模糊，媒体融合将成为最终态势。受到网络算法分发模式的影响，地铁站域文化传播模式也逐渐呈现去中心化、多层次化的传播特性[86]。城市地铁站域也将搭载未来的智媒生态技术，以全新的场景优势，承载更丰富的文化传播资源，成为新时期文化传播的主要阵地。以下将城市地铁站域文化传播路径分为一级传播路径、二级传播路径与多级传播路径。

一、一级传播路径解析

一级传播路径为"一对多"或"点对面"的单向路径，传播主体对受传者进行单向传播，受传者的人群画像、何时接收信息都是未知的。尽管新媒体技术的更新已极大地改变了受传者接收讯息的方式，但单向的大众传播模式依然承担着城市地铁文化传播中的主要路径。传播主体主要通过建筑实体、公共艺术、平面广告、报刊、移动电视媒体等地铁传统媒介对受传者进行单向的文化传播活动。

1. 传统单向化的传播结构

一级传播路径中，以政府、企业与媒体为主的传播主体，通过多种组织运作形式，在地铁站域中进行文化传播，具有单向化的传播结构特性。城市地铁文化传播主体以政府部门、地铁文化宣传部门、地铁广告运营公司、各类广告媒体服务商、非营利性公益组织为主。政府宣传部门通过地铁站域媒介空间进行国家核心价值观与主流文化的公益宣传，并对地铁站域进行监督管理。地铁文化宣传部门是地铁站域文化传播的主要把关人，负责地铁线网文化规划建设、地铁站域各类媒介空间的文化定位、招商引资、文化活动策划与落实。地铁广告运营公司和各类广告媒体服务商负责对地铁站域媒介空间进行各类公益宣传、商业广告宣传及活动策略。因此，一级传播路径下，地铁站域文化传播结构以单向为主，传播主体应用传统媒介进行传播活动，对受传者的注意力具有独占性，受传者以被动式接受文化传播讯息为主，缺少对文化传播效果的反馈环节（图5.3）。

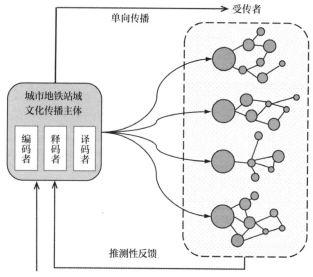

图5.3
一级传播路径

2.大众普适性的现实传播媒介

一级传播路径中的传播媒介以建筑实体、公共艺术、平面广告、报刊、移动电视媒体等现实媒介为主，此类媒介以传统形式广泛适用于地铁受传者，有利于大范围推广，具备大众普适性的传播特点。

第一，地铁站域建筑实体、公共艺术是地铁站域文化传播的主要现实媒介，具有强烈的感染力与渗透力。各地城市地铁基于地铁线网文化规划，对各条线路地铁进行特色站主题文化营造，通过主题艺术墙的方式集中展示地域文化窗口。例如，作为文化传播的艺术重点站，成都地铁 7 号线金沙博物馆站整体规划了站台、主题艺术墙与文化专列设计，全方位展现了金沙古蜀文明的璀璨辉煌，图 5.4 为站厅层《天地礼颂》壁画。第二，平面广告类现实媒介主要由媒体广告服务商承接，利用地铁站内媒介空间灯箱、梯牌、通道墙贴、包柱、主题站点、LED 广告屏、包车等进行各类文化传播，具有辐射范围广、传播效果显著的优势。第三，报刊类现实媒介的传播模式为记者采集讯息—编辑撰稿—发行投递，具有灵活性与时效性的特点。报刊类现实媒介在地铁媒介空间中的传播活动主要集中在工作日的交通高峰期，通常由地铁工作人员在地铁站内固定地点进行发放，因此不能覆盖所有地铁受传者。调研发现，有些城市地铁媒介空间内部设有报刊亭。如，以"驰载人文，身心直达"为主题的南京地铁站，在每个站台空间都设置了地铁报刊亭，地铁受传者在等候地铁时随时可以购买《金陵晚报》及其他各类期刊（图 5.5）。第四，地铁移动电视媒介则更加直接和强势，以公益性语音提醒的模式加深受众印象，大大提高商家知名度。

图 5.4
成都地铁金沙博物馆站主题壁画

图 5.5
南京地铁报刊亭

综上所述，城市地铁站域的一级传播路径下，现实媒介承担着地铁站域空间主要传播活动，具有辐射范围广、传播力强的大众普适性特点。

3. 主题多样化的传播讯息

一级传播路径下，传播主体利用现实媒介进行地铁站域文化传播，传播讯息为主题教育类、地域文化类、公共艺术类、公益文化类及商业文化类，具备主题多样化的特点。

首先，主题教育类讯息以党政宣传、核心价值观宣传为主，通常以标语、海报、橱窗展示及电视等媒介形态进行文化传播，此类讯息具有思想引领与行为规范的积极作用。以南京地铁南站为例，"凝聚道德力量、弘扬社会正气"，通过橱窗的方式对南京市民楷模进行宣传展示（图5.6）。

其次，地域文化与公共艺术类讯息结合不同站点的地域特点对历史地域文化与当代地域文化进行集中展示，是地铁站域文化传播最具特色的传播讯息。调研发现，全国各级城市新建地铁项目时，地铁文化宣传部门会统一制

图 5.6
南京南站主流文化传播讯息

定地铁线网文化规划，对城市地域文化进行深入挖掘与提取，并明确各条地铁线路与各重点站的文化主题。例如西安地铁线路规划初期，在兼顾城市主要客流廊道的基础上对地铁沿线的文化资源分布点进行统筹规划，使用文化规划的方式有选择地对城市文化热点区域设站，并引入文化传播讯息，有效地提升文化讯息的传播效果、文化活动的参与度；同时能够借此培育文化产业，借助点轴扩散效应实现更大范围的商业繁荣和文化经济的一体化发展。

西安市在规划过程中曾依据"八水绕长安"的城市历史生态格局提出"八水廊道"，依据唐城墙历史遗迹分布提出"隋唐长安城城郭廊道""隋唐长安城南北轴线廊道"等文化廊道，依托地铁线网，形成一个以轨道交通为主轴的文化廊道。该廊道以交通功能为主干，串联起地铁站域范围内的公共空间，并结合站域范围内的物质文化资源和市域范围内的非物质文化资源等进行营销和展示，充分体现西安历史文化格局，同时为城市文化产业的发展提供空间依托，也为居民及游客提供方便可达的公共空间。以下为西安轨道交通线路文化廊道的具体情况（表5.1）。

表5.1
西安轨道交通线路文化廊道

地铁文化廊道名称	起止点	性质	文化主题	功能定位
1号线	后卫寨—纺织城	市区干线	汉代风情为主、唐风为辅	主城区东西向城市轴线、东西向客流快速通道
2号线	北客站—韦曲南	市区干线	唐代风情、长安龙脉文化	主城区南北向城市轴线、南北向客流快速通道
3号线	鱼化寨—保税区	市区干线	丝绸之路沿线风情	主城区东北—西南向城市轴线、连接浐灞生态区、曲江文化区和高新产业区
4号线	北客站—航天基地	市区辅助线	西安古今风貌展示	主城区南北向客流辅助通道，连接航天新城、曲江新区和经开区三大国家级新区

再次，公益文化讯息倡导社会主义核心价值观，弘扬中华优秀的道德传统，是宣传、维护公共利益的正能量意识形态，具有重要的传播价值。地铁站域公益文化传播常以爱心、励志、环保、感恩、行善与助人为乐为主题，通过平面广告、电视等媒介进行公益宣传。

最后，商业文化讯息在城市地铁文化传播中投放比例较大，传播覆盖力较广。通过实地调查可知，随着国内轨道交通建设飞速发展，地铁广告的投放量也同比例增长，广告传播讯息以商业文化内容为主，涉及网站、服务业、娱乐休闲业、教育教学、软件等多个行业。在广告花费上，与受传者衣食住行相关的食品、饮料、交通、化妆品等行业涨幅较大。由此可见，一级传播路径中的传播讯息主题类型多样，辐射范围涵盖城市地铁站域媒介空间，成为城市文化传播的主要渠道。

二、二级传播路径解析

地铁站域中二级文化传播路径充分发挥网络新媒体的传播优势，利用官网、官微、社交媒体、客户端、网络营销等虚拟媒介进行文化传播，以即时互动性为传播特征，这类传播路径兼具"一对一""一对多""多对一""多对多"的传播形式（图5.7）。

1. 社交网络化的传播结构

地铁站域中二级传播路径具备社交网络化的结构特点。这种传播结构一方面通过虚拟网络途径建立社会性网络服务系统，使地铁站域文化传播在服务站域媒介实体空间基础上，拓展虚拟网络空间，传播效能显著提升。另一方面，受传者在二级传播路径中发挥更多主观能动性，对接收的文化讯息即

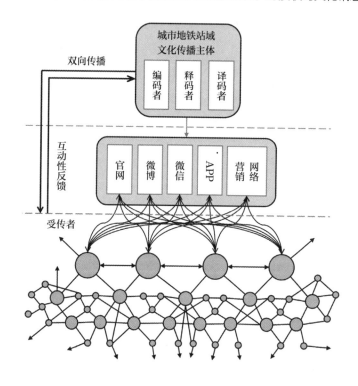

图5.7
二级传播路径

时反馈、分享、加工与再传播，传播结构呈现网络拓扑趋势。

以微博传播媒介为例，应用PKUVIS微博可视分析工具，对"地铁文化传播"的六个案例进行传播路径分析（图5.8）。路径A为武汉地铁3号线的农民工夫妇在车站无助张望，暖心地铁员工送上回家路的新闻事件。路径B为香港地铁引入支付宝的出行信息。路径C为郑州体育中心地铁站附近寻找3岁男童耳蜗的公益活动讯息。路径D为地铁站旁手工艺人免费教路人非遗绒绣的传统文化讯息。可视化图谱显示，路径A与路径D为中心放射式网络结构，这类结构模式在二级传播路径中最广泛，集中体现出"一对多"的传播特点。路径B与路径C为具有关键点式的网络结构，在此结构中，除了微博本身作为中心传播主体以外，受传者以传播主体的身份，形成了局部的传播中心。这类关键点式的传播结构能有效地推动信息的传播。路径E的传播讯息为视频媒体，主题是人到底能不能跑过地铁，看跑酷大神们的伦敦地铁竞速记。此类路径以多关键点网络结构为主要特征，传播主体第一次转发后，会出现几个关键受传者，对传播讯息进行二次或多次传播推送。路径F的传播讯息为发动明星效应进行文化讯息传播，此类传播路径展现为蒲公英式网络结构特点，这种路径融合了中心式与关键点式结构特点，使传播辐射范围更广泛。

图5.8
"中心式""关键点式""多关键点""蒲公英式"二级传播路径

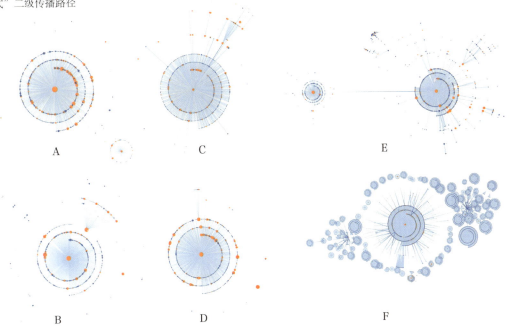

综上，通过社交网络化的二级传播路径，城市地铁站域的文化传播力更强，借助中心式、关键点式、多关键点式及蒲公英式的网络拓扑结构，文化传播效能显著。

2. 即时互动性的虚拟媒介

在新媒体技术的影响下，地铁站域文化传播虚拟媒介以地铁官网、官微、官方公众号及各类网络营销为主（图5.9），并具有即时互动性的传播特征。一方面，地铁文化宣传部门利用虚拟网络媒体平台宣传企业文化、特色地铁站、地铁艺术主题墙、书画作品、车辆设备知识、世界地铁介绍等各类文化信息。另一方面，地铁广告运营公司及各类广告媒体服务商通过虚拟网络平台对地铁站域媒介空间进行各类公益宣传、商业广告宣传及活动服务。

以北京地铁官网为例，在宣传"六型地铁"的企业文化的同时（图5.10），提供地铁查询、乘客服务、企业动态、地铁文化、铁丝俱乐部、延误告知与物资采购等多种服务。在地铁文化平台，北京地铁官网为广大网络受传者提供了地铁文化墙、车辆知识、设备知识及世界地铁介绍等介绍与咨询服务；铁丝俱乐部举办多种文化活动，吸引地铁爱好者加盟。上海申通地铁集团运营管理部官方微博拥有701万粉丝（截至2022年9月），同时绑定微信订阅号与服务号，传播文化资讯。上海地铁官微提供地铁信息反馈平台，

图5.9
国内主要地铁官网文化标识

图5.10
北京"六型地铁"设计原则

地铁受众可将出行意见及时反映在网络平台中,地铁管理部门能够迅速采用动态调配客运方式以保障地铁正常有序运行。西安地铁官微网络平台为广大受传者即时提供文化专列介绍、地铁文化活动宣传、各线路运营服务时间、地铁线网建设咨询、地铁客流数据及日常新闻咨询分享等功能。因此,二级传播路径中,虚拟媒介形态更加灵活多样,借助互联网技术,以更加即时、便利的方式创新地铁站域文化传播的交互模式。

3.沉浸体验式的传播讯息

传播主体利用网络新媒介进行地铁站域文化传播,传播讯息的内容与形式更加灵活与多样化。传播讯息在主题教育类、地域文化类、公共艺术类、公益文化类及商业广告类基础上,更加贴近受传者日常生活,内容涵盖出行资讯、文化教育、游乐活动、互动体验等多个维度。诸多地铁新媒体平台设置了受传者的互动反馈版块,受传者通过网络新媒介即可对地铁站域各类活动进行参与、共享、交流与再传播。如北京地铁官网为北京地铁爱好者联盟提供了网络报名、活动宣传、交流分享的平台,策划了"疯狂猜地铁""地铁北京音乐征集活动""北京地铁微访谈活动""收藏品展示活动""走进轨道交通指挥中心亲子参观活动""摄影爱好者走进15号线马泉营车辆段"等多样化的文化活动。

三、多级传播路径解析

当前,地铁站域文化传播以一级、二级与多级传播路径为主要传播方式。多级传播路径是新媒体技术介入地铁站域文化传播的主要发展趋势。三微一端、3R互动、智慧5G、未来媒体、营销APP等虚拟媒介融入地铁站域媒介空间中，通过搭建不同主题场景进行文化传播，为地铁受传者创造多重感官体验。一方面，多级传播路径为受传者在地铁站域空间环境与移动互联网上提供个性化的适时的贴心服务；另一方面，地铁站域文化传播的产品和服务呈现更加真实、生动的场景感，根据受传者的主观意向与需求，定制其所需的文化传播讯息和服务，同时提供即时性的互动反馈（图5.11）。

1. 多元场景化的传播结构

当前，场景时代移动媒体用户的行为场景几乎涵盖日常生活中所有场景。"伴随"成为移动媒体用户在城市地铁站域中使用移动终端接收信息的典型特征。随着新媒体技术的发展，基于一级传播媒介与二级传播媒介形态，生成了多级传播形态的融合媒介，建构了场景化的虚拟现实传播结构。在这种多元场景模式下，文化传播整合大数据、移动端、传感器、社交媒介与定位系统的"场景五力"要素，创造时空一体的即时体验方式。地铁媒介逐步从"视觉化场景"走向"体验化场景"。例如，媒体运营服务商将网络营销引入地铁站域媒介空间中，通过VR、AR等人与屏幕的互动新技术营造出更加适

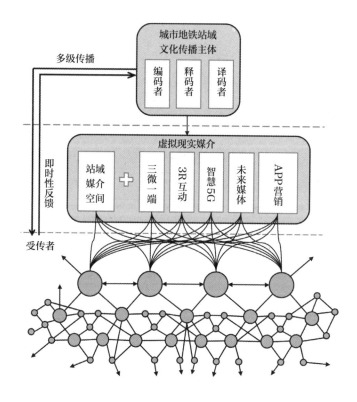

图5.11
多级传播路径

合地铁受传者互动体验的混合媒介空间。这种混合媒介空间正在改变着地铁传播主体与受传者的互动方式，以一种更加智能化、精准化的适配达到文化传播的本质目标。时间和空间是人类感知世界的方式，麦克卢汉认为每一种新的传播媒介都以独特的方式改变着时空关系。地铁站域的多级传播路径，一方面改变了受传者的时空感知与体验方式，创造出独特的体验场景；另一方面，地铁城市文化传播过程中媒介迭代可以不断提高文化传播速度，不断突破地铁站域时空限制，不断塑造新的城市文化时空感知方式。

综上所述，政府、企业、媒体三方应以相互组织与合作的方式，实现地铁站域文化传播主体的融合升级。一方面充分抓住新媒体时代的多元场景化传播这一新入口，积极开拓在移动设备上的虚拟平台，开发更加适合地铁受传者出行需求的移动端APP，整合多方文化传播资源形成新的平台，产生新的"地铁文化传播+"应用，以带动地铁文化传播服务的转型升级；另一方面，要不断探索地铁现实媒介空间环境与网络虚拟媒介空间环境的融合途径，借力"场景五力"的技术原理，掌握基于互联网、大数据、区块链技术挖掘的个性化信息，为地铁受传者提供不同场景下的个性化信息和服务[91]。

2. 个性精准化的虚拟现实媒介

多级传播路径较之前的传播路径具有强大的技术优势，在"场景五力"的支撑下，能精准预测受传者的意向，根据受传者的需求提供高度个性化、精准化的产品和服务。未来，城市地铁站域文化传播将充分发挥场景传播优势，整合多主题文化传播资源，利用新媒体技术，实现对地铁受传者个性化、精准化的文化传播活动。

TMT（数字新媒体产业）融合加速，行业和产业融合是媒体发展的大势所趋。城市地铁站域文化传播在媒体融合的影响下，逐步呈现线上线下的多维度的动态多级传播路径。互联网、电信企业、媒体相互融合，已成当前主流发展趋势，随着5G时代与物联网普及，"人人皆媒"的"泛在网络空间"将成为地铁站域文化传播的主要形态。VR、AR技术趋于成熟，出现了沉浸式体验的全新媒介形态——"浸媒体"。线上电商和线下用户数据融通使地铁站域媒体广告投放更精准。

3. 泛内容化的传播讯息

随着多级传播路径的发展，文化传播资源讯息供给越来越多元化，"内容+"

成为趋势,以多种形态回归传播内容价值,视频化是未来内容表达的主流方式。一方面,随着线上媒介与线下媒介的互动融合,地铁站域文化传播资源信息供给越来越多元化,泛内容化传播成为传播讯息的主要特征。二级虚拟网络传播中的多主题内容以多种形式融入地铁站域现实媒介空间中,引起地铁受传者的同理心、好奇心与身份认同感。传播讯息多元化,从主流文化、地域文化、商业文化、公益文化等大众传播内容,逐步融合更加个性化、精准化的小众文化。通过虚拟媒介与现实媒介的有机融合,为受传者的地铁在途空间增添了更多贴近日常生活与艺术畅想的"主题+"场景,文化传播效果更加持久与深入人心。

另一方面,多级传播路径通过虚拟现实媒介融入地铁站域空间中,打造时空交错的视频化讯息体验。地铁站域文化传播主体通过泛在网络场景进行视频讯息生产与分发,运用算法技术对受传者的需求进行精准适配,使传播主体与受传者实现更加真实生动的互动体验。未来的城市地铁站域文化传播路径可结合新媒体技术建立实体与虚拟共生发展的多级传播体验。

第三节 城市地铁站域文化传播的路径呈现

路易斯·沃斯在《作为一种生活方式的都市生活》一文中认为,都市生活中人们快节奏的生活方式带来高强度的流动性与不稳定性的特点,人际关系逐渐疏离、脆弱,更加复杂、不稳定[87]。爱德华·克鲁帕特在《城市人:环境及其影响》一书中也认为,都市群体由于社交机会降低,环境相对封闭,人群交往往往变得简短而高度程式化,人们在群体社交过程中,很少分享内心真实情感,因而也被称为都市最熟悉的陌生人[88]。高度社会化的快节奏生活方式,导致了脆弱陌生的社会关系,然而随着信息化时代的到来,人们利用各种媒介途径填补社会生活中的交往需求,以消除快节奏生活带来的陌生与焦虑心理。城市地铁环境是典型的都市流动空间,每日汇集大量陌生的都市人群,城市地铁站域的文化传播活动成为满足人群日常需求、缓解人群心理压力的有效途径。随着移动互联网时代的到来,地铁受众接触媒介的途径更加多元,地铁站域文化传播的路径也日益多样。因此,营造便捷、健康、舒适的地铁站域文化传播环境尤为重要,下面对一级、二级以及多级路径的具体呈现形式进行解析,具体呈现形式主要包括现实媒介环境、虚拟媒介环境与虚拟现实媒介环境。

一、现实媒介环境

现实媒介环境是在现实环境中搭载媒介的空间环境，在城市地铁站域文化传播中是指承载广告、橱窗、多媒体电视、灯箱等媒介的地铁站域空间环境。一方面，"媒介化空间"[89]，是传播媒介对传播讯息进行加工与处理后的展示环境；现实媒介环境具备"媒介化空间"的特性，能够促进受传者与媒介讯息之间的有效交互。另一方面，由于地铁运行与时速的要求，空间环境设计重点通常以安全性与技术性为要点，而地铁站域现实媒介环境的识别性、多功能性以及文化性方面均有待提升。综上所述，舒适的现实媒介环境能够让乘客身临其境地感受媒介的文化传播效果。下面从以下三方面阐释如何更好地营造城市地铁站域的现实媒介环境。

1. 增强空间环境的识别性

城市地铁站域的现实媒介环境应具有明确的空间识别性。地铁站域的现实媒介环境的识别性首先需要满足站内空间交通媒介的"引导"功能，也是空间识别的本质特征[90]。这种"引导"功能通过地铁标识体系来完成，帮助乘客了解、认知、使用地铁现实媒介环境。地铁站域的内部空间结构复杂、人群流动性大，站厅层与站台层又为密闭规整空间，如没有明确的标识指向，极易迷失方向。当前，不少城市地铁广告营销为了扩大效果，将地铁内部环境全部安置广告，降低了地铁站内空间最基本的识别性（图5.12），乘客每天被动式接收充斥各种广告的视觉环境。因此，地铁站域中的广告营销应适度并精准化布置，地铁标识系统应更宜识别。

图5.12
国内某城市地铁广告营销

地铁站域的现实媒介环境的识别性可通过环境空间与细节设计来提升效果。根据不同空间的功能需求来塑造空间的识别性，引导空间应展示良好的方向感，利用墙面或天花板，通过标识符号、色彩或材质区分进行空间导引。以日本地铁为例，日本人口稠密，地铁线路四通八达（图5.13）。东京地铁从受传者准备乘坐地铁到进入地铁站、离开地铁站布置了细致周到的标识引导系统（图5.14）。东京地铁在地铁站出入口会设置明晰的地铁标识，用简明的符号与鲜明的色彩标识出不同线路的具体信息。受传者进站后，站内上方标识清晰明确，受传者可快速抵达验票口。受传者买票、进站台、上车过程中的标识系统依照受传者行为方式设置，下车后可在地铁信息看板查询出口编号及最近的车站出口，以便出站。如因坐过站或是别的原因而导致票价不足可通过补票机处补票。地铁站内还设置了欢迎版，方便游客深入了解地铁周边文化资源。

图5.13
东京Metro地铁线路图

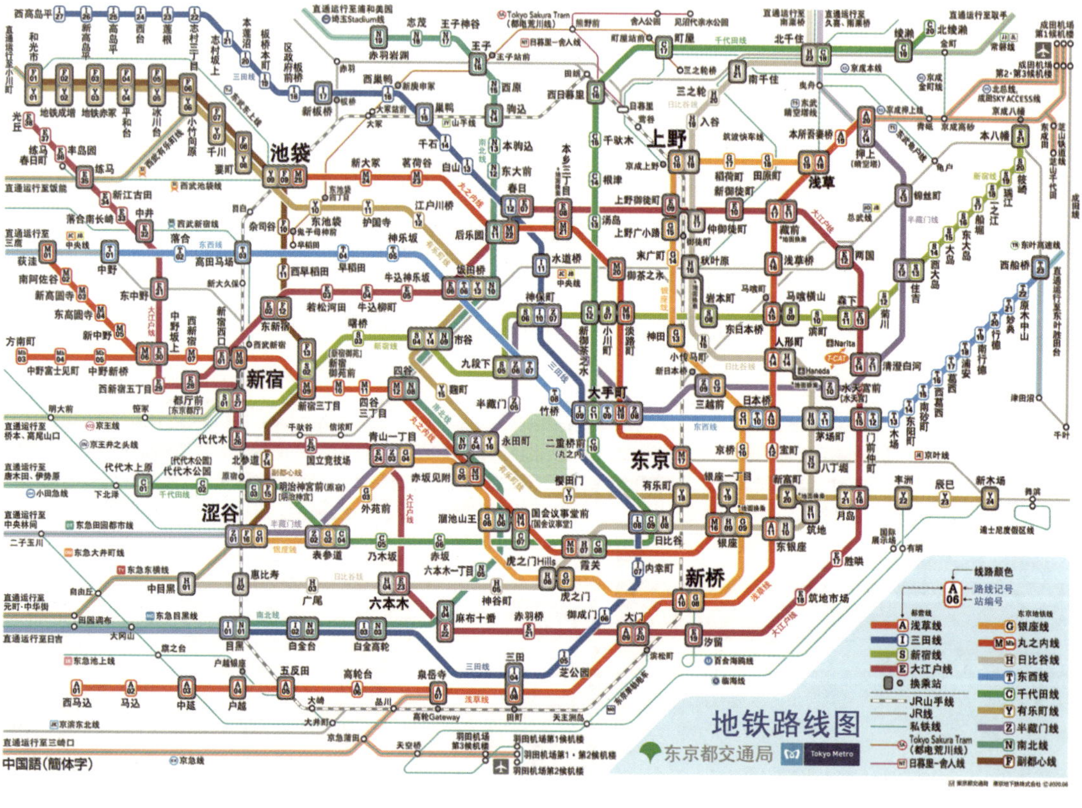

图 5.14
东京地铁标识系统

2. 拓展空间环境的多种功能

  城市地铁站域的现实媒介环境除满足基本的交通功能外，由于其空间的中介连接作用，地下空间也是通往各类功能空间的中介环节，因此可以适度拓展地铁现实媒介空间环境的多种功能。一方面，在地铁站内空间中，通道式空间在不影响导引与交通功能基础上增加展示、商业等空间内容，提升空间品质。驻留式空间与功能性空间可以通过植入文化展示空间、商业空间、交流活动空间等功能，激发空间活力，引导乘客进行体验交流。另一方面，通过一系列公共空间的建筑界面、空间装饰小品、站内装修、站内公共文化艺术活动等多个层面的共同呈现，站内外公共空间成体系地共同塑造一个富有文化气息的连续界面。例如上海地铁人民公园站，站域以1个历史文化商业街、1个地铁音乐角与1个中央展台的形式展现了包括音乐、舞蹈、文学、书画、摄影等多种艺术风采，同时结合站域范围内的上海大剧院、上海美术馆、城市规划展览馆、上海博物馆等一系列文化场馆共同塑造了一个文化资源的集中地,还与周边众多的商业建筑密切结合,为站点的人流疏散和聚集提供大量的公共空间(图5.15)。

此外,拓展地铁现实媒介环境的同时需要遵循以下原则。

适度性原则。城市地铁站域现实媒介环境的首要功能为导引及交通出行,空间组织与要素安排应以首要功能为前提,其他功能类型均应满足适度性原则。图5.16为新加坡地铁汤森—东海岸线,地铁现实媒介环境在交通出行功能优先的基础上,打造灵活多样的空间氛围与清晰明确的标识系统,乘客搭乘地铁出行的同时,可体验令人赏心悦目的空间环境。

统一性原则。扩展空间环境的多种功能时还应满足统一性原则。地铁文化部门应对不同功能做统一性布置要求,如空间材质、色彩、字体等要素。东日本旅客铁道公司(JR)联合精灵宝可梦公司打造了"皮卡丘乐趣列车",在站台设计了统一的标识信息,列车中增加了儿童游乐空间,同时用皮卡丘的黄色统一了站域空间色彩(图5.17)。

图5.15
上海人民广场地铁站站内文化空间及其站域文化街

图5.16
新加坡地铁汤森—东海岸线

图 5.17
皮卡丘乐趣列车

文化性原则。文化性原则是拓展空间环境多种功能的核心原则。城市地铁站域现实媒介环境应以传播城市优质文化为标准，对功能空间的媒介信息内容进行取舍，以保证现实媒介环境的文化品质。

3. 提升空间环境的文化精神

城市地铁站域的现实媒介环境塑造，应以提升空间环境的文化精神为终极目标。随着城市地铁交通的发展，地铁集中代表了一个城市的文化精神，地铁站域的文化传播应以传承和发扬城市主流文化、城市地域文化为核心，深入挖掘与整合文化资源，通过整合现实廊道式文化资源、虚拟网络式文化资源与多维沉浸式文化资源，在地铁现实媒介环境中进行空间塑造。地铁现实媒介环境不单是实体空间环境，更包含了乘客体验、感知、欣赏与教育的文化精神空间，当地铁现实媒介环境具备一定的文化精神时，城市地铁文化传播才真正有价值与意义。

德国慕尼黑地铁站的现实媒介环境集中展现了作为工业大国城市的科技特色，整体空间打破常规，用鲜明的色彩与极简的风格将空间要素巧妙地组织在一起（图 5.18）。图 5.18 中左一为 Candidplatz 地铁站，利用对比强烈的色彩元素装饰空间，冷暖色调相互交织、变化，使狭长的地铁空间更加生动灵活。第二幅图为 Westfriedhof 地铁站，用巨大的圆形厂房工业灯营造红、黄、蓝交织的光影氛围，现代感十足。第三幅图为 Georg-Brauchle-Ring 地铁站，墙面壁画 *The Great Journey*（伟大的旅程）布满 400 个色彩艳丽的方

图 5.18
德国慕尼黑地铁站

块，这些方块镶嵌着慕尼黑城市老照片，诉说着慕尼黑城市的前世今生，给地铁之旅带来丰富的城市体验感。第四幅图的Olympia-Eimkaufszehtrum地铁站为金属现代风格，整体空间由立体几何元素构成，以蓝色、黄色与金属色为主彩，设计师大胆的装饰手法与配色为地铁站现实媒介环境增添了一分神秘色彩。

二、虚拟媒介环境

虚拟媒介环境是以计算机技术为依托，结合相关科学技术，生成一定范围内的网络环境，方便人们通过特定媒介来接收信息、进行社会交往。地铁站域文化传播的虚拟媒介环境，主要指地铁文化传播者通过虚拟网络进行文化传播的媒介环境。

1. 提高虚拟媒介的互通性

随着移动互联网与新媒介的应用与普及，QQ、微博、微信、抖音、快手等各类社交新媒体层出不穷，并逐步融入日常工作与生活中，人群交往的方式从文字、语音升级到沉浸式全方位的视频直播。根据施拉姆的选择或然率公示可知，受传者更加倾向于在不太费力的情况下能够通过某种特定媒介更多地获得传播讯息的回报[92]。第十六次全国国民阅读调查显示，2021年我国国民数字化阅读比例明显提升，各种媒介的综合阅读率为81.6%，手机与网络为主要的数字化阅读方式，分别占77.4%和71.6%，由此看出手机与互联网已成为国民日常接触阅读讯息的主体媒介[91]（图5.19）。

城市地铁站域的虚拟媒介环境，可通过提高不同虚拟媒介间的互通性来

图5.19
综合阅读率与各类数字化阅读方式接触率

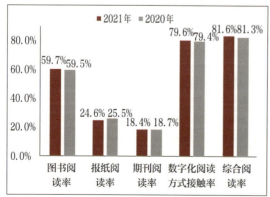

综合阅读率

各类数字化阅读方式接触率

达到良好的传播效果。通过整合与提升地铁官网、官微、微信公众号、APP客户端媒介的多种网络传播功能，将传播讯息从车次信息、列车位置、拥挤度、轨道新闻资讯扩展到周边景点介绍、铁粉俱乐部活动等多种主题的文化传播内容，增加受传者的订阅量与使用率。"三微一端"的媒介互通可以提高媒介的竞争力与文化传播的影响力，使媒介获得规模经济和范围经济。除此之外，媒介互动还可以使媒介尽可能为受传者在地铁站域的虚拟环境中提供"一站式"的服务。例如，地铁APP增设支付宝、微信支付功能，实现受传者常用APP媒介间的互通与融合，进一步提升地铁站域虚拟媒介环境的服务体验。

2.营造虚拟环境的主题性

营造城市地铁站域的虚拟媒介环境应在提升虚拟媒介互通性的基础上，以传播讯息为发力点，注重挖掘文化传播的多主题内容。媒介自身影响力的扩大取决于传播讯息价值本身。随着5G时代、智能算法、区块链技术的普及，未来地铁站域虚拟媒介环境将拥有更为得天独厚的发展空间，大数据虚拟影像将更加智能，视频化的交互场景将融合三维、四维时空，营造多主题内容的独立媒体形态。

以地铁APP讯息推送为例，首先，受传者可在APP上设置地铁行程始终站点信息，地铁APP根据受传者兴趣推荐合适长度的优质文化传播讯息，保证讯息的接收不会受到下站或转乘而中断。其次，在虚拟环境中设置地铁"社区"版块，对广大地铁受传者提供出行指路、帮助与解答、推荐附近衣食住行等服务，让本地和外地受传者都能感受到城市交通的便捷。再次，增加离线功能，针对地铁网络信号不稳定的情况，可选择提前下载感兴趣的内容，每天固定时间乘坐的受传者可设定常用时间，内容将自动下载。最后，利用互动功能版块，实现传播主体与受传者，受传者之间的多方互动，受传者可对内容点赞、分享、评论等，也可经过审核发送自己编辑或推荐的内容。在同一篇文章中其他受传者的动态可实时显示，受传者之间可以相互关注、发消息。韩国地铁APP为地铁受传者提供地铁图、人气地区、旅行Talk与个人社交主页等功能。受传者在韩国地铁APP中可根据个人行程信息，查阅旅行小贴士，以及地铁周边景点、美食、购物、住宿与直达车等讯息；在旅行Talk版块可以发起提问、攻略、天气等社交论坛帖子，方便互动交流（图5.20）。

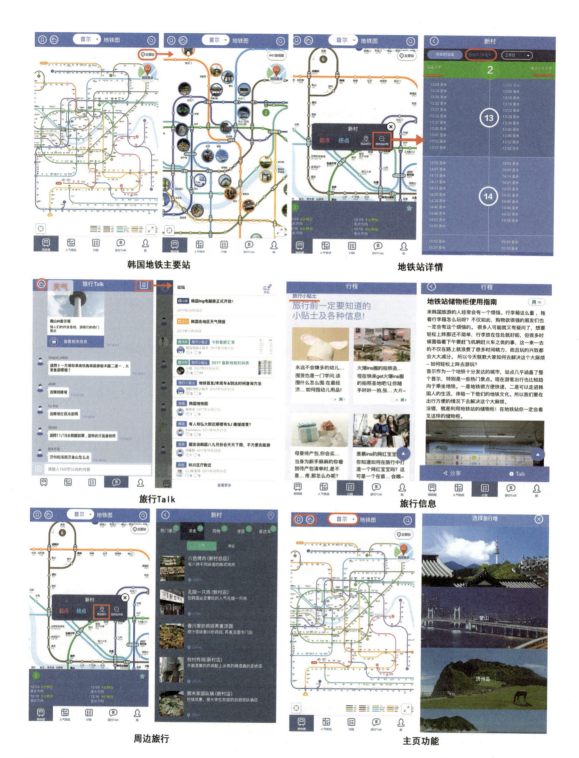

图5.20
韩国地铁APP

3. 创新地铁在途的沉浸感

城市地铁站域的虚拟媒介环境将虚拟媒介有效植入地铁媒介空间中，以提高受传者地铁在途的沉浸感。首先，这种沉浸感是受传者通过虚拟媒介环境对文化传播活动的体验，本质上是一种与"传输"相关联的感知，受传者从现实媒介环境介入虚拟媒介环境，并产生该环境真实存在的感受。其次，虚拟媒介环境可以实现集视觉、听觉、触觉、嗅觉等于一体的全觉传播，营造更加生动的感官体验。再次，通过移动终端的普及，受传者更加依赖通过虚拟媒介环境接收文化讯息，受传者不仅是地铁乘客，更是地铁站域媒介环境的参与者，本身也作为媒介主体，融入媒介环境中，塑造"千人千面"的媒介形态。最后，在虚拟媒介环境中，传播边界的消失使文化传播无时不在，广大地铁受传者可以借助虚拟媒介环境来消除或化解地铁在途的陌生感与孤独感。

地铁虚拟媒介环境的沉浸场景应用愈加广泛。近两年西安地铁1号线、2号线都设置了"书香"专列，以"增加国民阅读、传播城市文化"为主题，营建地铁移动有声图书馆。地铁受传者可随时利用手机移动端扫描"书香"专列中的二维码，畅游书海世界，体验书香魅力（图5.21）。天津地铁3号线于和平路站设置网络直播间，作为丰富地铁内文化生活与传播天津文化的新载体，首场直播邀请相声演员与主编共同传播天津传统文化，为市民提供全新的出行体验（图5.22）。

广州地铁博物馆为观众提供展馆专属手机应用，除介绍展馆基本资料外，还为使用者提供全新的参观体验，包括：①如影随形的实时定位语音讲解，用声音陪伴用户探索展馆；②根据室内导航技术，实现展馆室内导航引领参观；③创意AR、二维码互动体验；④实时记录用户的展厅参观浏览痕迹、参观喜好，打造个人专属展馆（图5.23）。

图5.21
西安地铁1、2号线"书香"专列

图 5.22
天津地铁网络直播间

图 5.23
广州地铁博物馆 APP

与传统媒介不同,在地铁这个空间中,非实体媒介构建出的虚拟空间更强调一种族群的身份认同感,是现代社会都市人群生活中情感要素的组成部分。以"2018,照见自己"为主题的网易云音乐亮相北京地铁,用一面长度数百米的镜子展示网友的乐评,每个乐评的背后是不同的人们远离喧嚣、独自相处时,被一段旋律、一句歌词撞击出的真实感受。

三、虚拟现实媒介环境

城市地铁站域的虚拟现实环境是集合多种媒介于一体,具有万物互联的线上线下的多维度动态多级传播路径,能将虚拟与现实环境打通,使现实环境中的各种活动在虚拟现实中实现。虚拟现实技术是一种生成连接虚拟空间与真实空间的用户接口的计算机技术，由信息处理、信息生成、信息显示与信息交互四大系统及与之相关的技术共同组成。当前，虚拟现实技术与人工智能技术的结合已成为发展趋势，人们目光所及之处皆为信息，每个人都可以成为虚拟世界的中心。有学者推测，未来人们的生产生活都将围绕虚拟现实环境开展，人们将在现实环境中接收虚拟环境的信息。

地铁站域的虚拟现实环境将会成为搭载未来城市文化传播的主要场景，人们在地铁中体验城市的文化印记，达到一种身心一体的感官体验。媒介环境学对媒介环境进行了重新定义，从符号环境、感知环境与社会环境三个方面构建整体媒介环境，同时强调媒介环境具有偏向性，随着虚拟现实技术的发展，在感知偏向、冷热偏向、时空偏向与内容偏向上重构全新的媒介环境[93]。

1. 重构媒介空间的符号环境

在符号环境层面，媒介的偏向性决定了每一种媒介都有一套固有的代码与句法，媒介的符号性质决定着信息的编码与解码方式。媒介的符号环境决定了人们感知、理解事物的方式，虚拟现实的内容由多种符号形式共同组成。地铁站域虚拟现实媒介环境中的符号内容文本、图像、视频、音频重构了一套强调视觉效果的崭新的叙事语言。这种叙事语言多以第一人称的呈现方式增加受传者的参与感与沉浸感，因此，通过虚拟现实环境营造更加娱乐与煽情的场景也是主要发展趋势。这种传播方式具备生动性、交互性、沉浸性与构想性，包含了VR体验+、AR体验+，通过人工智能技术，受众体验虚拟与物理一体化的感知氛围。沉浸式传播全面融入人们的生活，云计算与大数据改变了工作、休闲、交往的边界[83]。Digi-Capital机构预测未来全球虚拟现实设备将会飞速发展，安装基数在2022年底达到5000万~6000万[94]。

目前，已出现利用AR体验+进行广告传播的案例，哈格达斯的IOS（苹果公司开发的操作系统）版应用可以通过智能手机扫描商品二维码，来呈现一个虚拟现实的画面，一位小提琴演奏家出现在瓶盖上进行音乐演奏。此外，未来地铁站域虚拟现实媒介环境的"超线性"编码，可突破传统的单一线性叙事结构，有望根据受传者的意图来主导文化叙事情节，达到"一人一景"的精准化适配。

2. 浸润媒介空间的感知环境

地铁站域的虚拟现实媒介环境使受传者感知全面延伸，打破了时空界限，建构出现实与虚拟相伴相生的奇幻场景。受传者需要调动全部的感官参与文化资源讯息的感知。受传者借助脑机接口实现地铁媒介空间与外部世界的实时联通，异地在线交互更加真实流畅。

在地铁站域中应用虚拟现实技术的案例也越来越多。北京地铁可用APP实景VR导航实现换乘到站与末班车提醒服务。东莞地铁提供了"地铁520——东莞地铁VR形象片"，通过VR形象片对东莞城市文化景点等资源进行宣传（图5.24）。南昌地铁2号线提供了VR设备，市民可以在乘坐地铁的同时，体验游乐园过山车的风景。厦门地铁1号线推出了快乐VR之旅、"爱萌"文创产品与VR寻宝体验服务（图5.25）。成都地铁开通5G专列，乘客在地铁中可以学习与体验5G科技，如5G网络游戏、高清视频、5G+VR等，铁路出行变得更加"智慧"。

在地铁站域文化虚拟现实媒介环境中引入类似的交互式设备和系统，可以使民众更为积极地参与文化传播过程，也可以为地铁站域文化传播提供更多的技术呈现方式。

3.重塑媒介空间的社会环境

虚拟现实技术的变革彻底改变了媒介生态环境，产生的社会影响极为深远。城市地铁站域的虚拟现实媒介环境中，文化讯息的传播效率达到前所未有的高度，这种传播路径也进一步影响到社会的生产、文化、消费、娱乐、教育等各类活动范畴，实现了媒介空间社会环境的重塑。首先，在地铁站域的虚拟现实环境中，更多的文化资源、公共资源，借助5G+VR/AR/MR等虚拟现实媒介，以更加贴近受传者需求的方式公平分配，实现全民共享。其次，地铁站域的虚拟现实环境更加包容、开放，受传者的个体价值得到更多

图5.24
东莞地铁VR形象片

图5.25
厦门地铁VR游戏

关注，社交网络被无限延伸，受传者以自媒体的方式自由支配与使用文化讯息。最后，"地铁周边+"被无限放大，在虚拟文旅、虚拟消费、虚拟娱乐、虚拟社交等多元主题活动塑造下，地铁站域媒介空间的社会环境实现虚拟现实感知交互体验的跃升。5G+地铁正在成为地铁站域文化传播的新样态，2019年9月成都开通全球首条5G专列，通过互动机器人、AR试妆、VR全景游蓉城等方式提供5G科普及娱乐体验服务。英国、韩国地铁也计划采用5G+AR/MR技术，拓展地铁服务新功能，受传者在地铁媒介空间即可体验互动游戏、文旅体验与各类视频讯息。广州、上海地铁线的酷我广告商开通"3D"旋转音频地铁专列，乘客在地铁中可体验线上+线下的全方位的"视听盛宴"，这种通过娱乐+VR技术、列车与车站线下体验、朋友圈线上同步推广的混合营销达到了良好的效果[95]。

本章小结

从城市社会的普遍联系中，探寻新媒体介入城市地铁文化传播的内在规律与外部联系，揭示其传播本质与规律具有重要的现实意义。本章以新媒体技术的发展为切入点，从系统科学的角度分析城市地铁站域文化传播的动力机制，解析各级传播路径与具体呈现。首先，通过新媒体介入地铁站域文化传播的内部动力因素分析可知，传播媒介的拓展迭代、传播主体与受传者界限模糊、受传者碎片化行为特征明显、传播讯息更加广泛多元、传播特性从有形融合转向无形融合的五大因素对地铁站域文化传播起到核心的推动作用。

随着新媒体时代的变迁，城市地铁站域文化传播的外部影响因素也日益受到新媒体技术变革、媒体市场竞争以及产业融合的影响。

其次，伴随大数据、互动技术以及社交媒体的融合应用，城市地铁站域的文化传播场景也不断发展优化，地铁传统媒介与各类新兴媒介的边界将越来越模糊化，媒体融合将成为最终态势。在一定时期内，城市地铁站域的文化传播路径，会以线下实体、线上虚拟及线上与线下融合的共存方式呈现。受到网络算法分发模式的影响，地铁站域文化传播模式也逐渐呈现去中心化、多层次化的传播特性。本章将城市地铁站域文化传播路径分为一级传播路径、二级传播路径与多级传播路径。一级传播路径以传统单向化的传播结构、大众普适性的现实媒介与主题多样化的传播讯息为主要特征；二级传播路径集中体现社交网络化的传播结构、即时互动性的虚拟媒介与沉浸体验式的传播讯息的特点；多级传播路径在一级与二级路径基础上创新多元场景化的传播结构，呈现个性精准化的虚拟现实媒介和泛内容化的传播讯息的特性。

最后，营造便捷、健康、舒适的地铁站域文化传播环境尤为重要，从现实媒介环境、虚拟媒介环境与虚拟现实媒介环境进行阐释。在现实媒介环境层面，通过增强空间环境的识别性、拓展空间环境的多种功能、提升空间环境的文化精神来促进受传者与媒介讯息之间的有效交互，提升地铁站域现实媒介环境的文化传播效果。在虚拟环境层面，可以通过提高虚拟媒介的互通性、营造虚拟环境的主题性、创新地铁在途的沉浸感来达到良好的传播效果。在虚拟现实媒介环境层面，随着虚拟现实技术的发展，城市地铁站域的虚拟现实环境是集合多种媒介于一体，具有万物互联的线上、线下的多维度动态多级传播路径。从重构媒介空间的符号环境、浸润媒介空间的感知环境与重塑媒介空间的社会环境三方面将虚拟与现实环境打通，来实现地铁站域虚拟媒介环境的多重场景体验。未来，城市地铁站域也将搭载多元化的智媒生态技术，以全新的场景优势，承载更丰富的文化传播资源，成为新时期文化传播的主要阵地。

综上所述，城市地铁站域文化传播在新媒体时代，体现出去中心化、多层次化的传播特性，文化传播路径也相应发生裂变，呈现多元动态的叠加效果。因此，从传播主体到受众的全流程传播过程仍需系统化地梳理，健康、生态、可持续的城市地铁文化传播平台模型亟须构建。

第六章 新媒体时代城市地铁站域文化传播平台的模型构建与运行机制

本研究基于对城市地铁站域文化传播的理论解读和国内外地铁站域文化传播现状的系统化调查研究，探讨文化传播资源对地铁站域文化传播的重要支撑作用，进而剖析新媒体介入下地铁站域文化传播的路径。可以看到，随着移动互联、人工智能等新媒体技术日新月异的发展，新媒体时代城市地铁站域文化传播的过程呈现出前所未有的复杂性特征。本章将在前文的基础上，借鉴已有传播模型建构的经验，以城市地铁站域文化传播为建模对象，厘清构建基础与思路，进而构建新媒体时代城市地铁站域文化传播平台模型，并进一步探讨地铁站域文化传播平台的四大运行机制，为提升城市地铁站域文化传播的综合效能提供理论支撑。

第一节　地铁站域文化传播平台建模的基础与思路

新媒体技术的更迭发展，使得文化传播模型发生了显著的变化。随着媒体融合的加快，新媒体与传统媒体共同作用产生了多层次的文化传播叠加效果，文化信息的传播由单向模式向多元转变，以用户为中心是新媒体传播区别于传统传播模式的核心要点。"去中心化"与"多层次化"传播特征凸显，使得文化传播模型呈现"多元化""生态化"的构建特性。通过调研发现，城市地铁站域文化传播过程中存在很多问题，例如，传播机构的管理体制不完善、传播受众需求引导不全面、传播要素的内容信息破碎化、传播方式的层次结构单一化、传播媒介的空间特性模式化、传播平台联动性不足等。面对种种现实问题急需建构一个健康、生态、可持续的城市地铁文化传播平台模型。

一、模型构建的必要性

1. 地铁站域文化传播模型亟待构建

从现实层面来看，城市的公共交通文化是一座城市文化的缩影。在城市公共交通生活中，每一个人都在展现内在素养，代表城市形象[96]。地铁是城市公共交通主干脉络，承载着公众记忆与城市历史印记，地铁不但为人们日常出行提供了极大的便利，同时还展示了丰富多样的城市文化元素。如何在地铁站域空间中传播公共艺术、地域文化、公益宣传、商业广告、主题教育等文化要素，各大城市开始对整体部署、总体规划线网、地铁站域空间设计等各个层面加强重视。但是，全流程的传播过程并未得到系统化、理论化的梳理。城市地铁站域文化传播平台模型亟待构建。

从理论层面来看，近年来，有关传播学框架下的城市地铁站域相关研究呈现逐年增多的趋势，针对城市地铁站域文化传播相关的研究主要有地铁文化传播与城市形象的塑造[96]、地铁广告的传播[65]、针对轨道交通空间媒介化的设计研究[97]、西安地铁文化传播策略[98]、有关地铁公益文化的传播[99]、北京文化在地铁公共空间中的传播[62]等。可见目前的研究多偏向于地铁站域媒介空间设计、广告传播以及传播策略等，对于地铁站域文化传播的研究深度有待提升，对城市地铁站域文化传播模型的构建探讨较少。

随着移动互联的发展、地铁媒介空间的优化以及新兴媒体的层出不穷，搭建城市地铁站域文化传播全链条的平台模型是时代发展的必然需要，构建城市地铁站域文化传播体系化、系统化的平台模型，具有重要的理论与现实意义。

2. 系统化梳理管理与实操的全流程

随着城市轨道交通的发展和媒介融合的日益加深，城市地铁站域的文化传播呈现出前所未有的复杂性和多维性。首先，地铁站域文化传播主体呈现出多元化的特征，传播主体不再是一家独大，而是几个机构协作完成。其次，城市地铁站域媒介空间呈现多样化的样态，如地铁站出入口、站厅层、站台层、车厢、隧道等媒介空间，每一类传播媒介空间的媒介形式需结合具体的空间形态和受众行为特征进行"个性化定制"，凸显地铁站域媒介空间时空向度上的多维化。再次，随着各大城市迈进"地铁时代"，日客运量达百万人次，地铁乘客的组织结构、个体特征呈现出前所未有的复杂性的特征。最后，随着新旧媒体的日益融合、移动互联的快速发展、时间碎片化的加剧以及地铁受众文化素养的提升，使得地铁站域文化传播平台模式各个环节发生了质的变革，亟待梳理传播过程中管理与实操的全流程。

综上，随着城市地铁站域文化传播过程的复杂化，构建文化传播平台模型需要从文化定位、文化资源整合、调查研究、策划、管理、运行实操等各个层面进行全方位的考量，多角度、多维度、多向度厘清和统筹考虑地铁站域文化传播的全流程，建立系统化、体系化的城市地铁站域文化传播新平台模型，为城市规划、文化机构、地铁运营、网络媒体等机构或部门提供全链条的系统模型，搭建有机生态的传播模型平台。

3. 新媒体介入下面临的机遇与挑战

新媒体技术越来越多地影响和重构地铁站域文化传播的新场景。地铁站域对于新媒体技术的应用越来越广，越来越灵活多变。最初，传播方式以壁画、浮雕等公共艺术为主。近几年，新媒体技术催生了"沉浸体验"的新型传播方式，例如，Lily 品牌借助 AR 技术在上海南京西路站厅层推出"无畏出色"创意换装[22]，南昌地铁 2 号线提供 VR 眼镜设备、厦门地铁 1 号线推出快乐 VR 之旅、成都地铁开通 5G 专列等，新媒体的介入不仅加强了地铁乘客的沉浸感，同时使城市文化的传播更加有趣与高效。传统媒体与新兴媒体的融合共生，在地铁媒介空间中方兴未艾，体验感不断翻新的同时增强了文化的传播效果。

"新媒体+移动互联"的时代背景不断整合和重构人们生活的所有维度。城市地铁站域呈现移动场景的多时空状态，人们在万物互联下进行无形的连接，智能手机缩短了人与人、人与物之间的时空距离。罗伯特·斯考伯曾说[48]："场景离不开 5 种技术原力的支撑，即移动设备、社交媒体、大数据、传感器和定位系统，称为'场景五力'。""新媒体+移动互联"时代下，地铁多变的移动场景为文化传播提供了无限的可能。

因此，随着媒介融合的不断深化，城市地铁站域越来越多地扮演城市文化"传播使者"的重要角色，随着新媒体技术的不断迭代与应用，线上线下的时时互动，移动场景的创意内容，使得城市地铁站域文化传播的过程变得更加复杂化、多维化，给构建平台模型提出了更大的挑战和机遇。

二、模型构建的基础

传播学研究中，学者们通常使用具有构造、解释、引导、预示等功能，且简化直观的传播模式或模型图示来解释传播现象背后的内外机制，并探讨传播要素间的结构关系、相互影响以及整体传播系统。自 1984 年美国政治学家拉斯韦尔提出"拉斯韦尔模式"，即"5W 模式"，传播学者们开始探索传播模式的相关研究，有的学者发现，经典的"5W 模式"缺少一个重要环节——效果反馈。于是，一些学者开始探究新的模式，例如循环、互动等多元模式。针对不同的模型构建对象，传播学者们进行了深入的研究。对于城市地铁站域文化传播,本研究将总结信息、人际、文化等传播的经典传播模型与新媒体传播模型,探析其对构建城市地铁站域文化传播模型的借鉴作用。

1. 经典传播模型

(1)奥斯古德-施拉姆循环模型

1954年,施拉姆在《传播是怎样运行的》中提出了"循环模式"(图6.1)。这一模型不同于拉斯韦尔的线性传播方式,体现了高度的循环性。模式中显示传播双方是完全平等的主体,通过信息的传授过程使得他们处于相互作用之中。这一模式适用于人际传播等互动传播循环过程,但没有揭示出传播过程中的动态性特征。

(2)拉扎斯菲尔德两级传播模型

1940年,拉扎斯菲尔德(P. F. Lazasfeld)等人通过调查发现,信息从大众媒介到受众,经过了两个阶段,先从大众媒介传播到舆论领袖,然后再从舆论领袖传播到公众。这种理论称为两级传播理论,是一种有限效果的理论,认为人际传播比大众传播更有效(图6.2)。

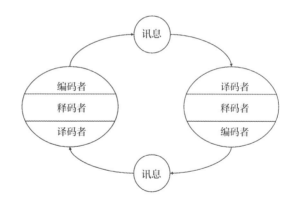

图6.1
奥斯古德-施拉姆循环模型

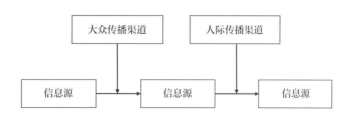

图6.2
拉扎斯菲尔德两级传播模型

（3）贝罗传播模型

贝罗模型也称之为SMCR模式，S代表信息源（Source），M代表信息（Message），C代表通道（Channel），R代表受传者（Receiver）（图6.3）。此模型清晰、形象地解释了影响信息源、受传者以及信息得以传播的条件和因素，模型指出可以通过不同的方式和渠道进行信息传播，最终的传播效果不是由传播过程中某一环节决定的，而是由信息源、信息、通道和受传者共同决定的。

（4）马莱茨克传播模型

马莱茨克传播模型（模式）是系统传播的典型代表（图6.4）。1963年，

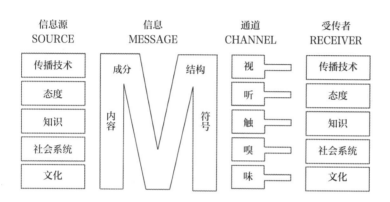

图6.3
贝罗传播模型

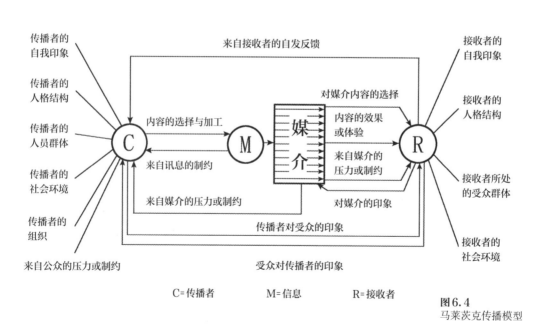

图6.4
马莱茨克传播模型

德国学者马莱茨克在其论著《大众传播心理学》中系统阐释了该模型,此模型说明了大众传播过程是由诸多心理和社会关系共同作用,并提出了信息传播者与接收者的心理及行为,都是在特定的"社会磁场"中进行的[100]。

马莱茨克传播模型是关于大众传播过程中传播者与接收者在各种社会以及心理因素制约下进行传播活动的一种理论描述[101],传播者、传播信息、传播媒介和接收者是其四大基本要素。在大众传播过程中,传受双方都应从个体特征和所在环境中进行考察,传播和接收过程受心理、性格、社会环境等影响因素,构成一个复杂的传播系统。

(5)赖利夫妇传播模型

这一模型由美国研究社会学的J. W. 赖利和M. W. 赖利夫妇于1959年提出,模型指出传播系统具有多重结构或等级层次结构的本质特点(图6.5)。任何一种传播过程都表现为一定的系统活动,传播者和接收者都可以被看作是个体系统,这些个体系统有各自的内在活动,即人际传播;个体系统不是孤立的,而是分属于不同的群体系统,形成群体传播。

2. 新媒体传播模型

随着新媒体技术的蓬勃发展,不仅带来了信息传播技术的根本变革,也极大地改变了人们的生产生活、人际交往以及思维方式。新媒体的介入改变了原有的传播模型,顺应时代特点,学者们构建起了具有针对性、创新性的理论模型。

目前国际学术界认可并被广泛采用的新媒体传播模型主要有以下2类。

(1)创新扩散理论模型

创新扩散理论是美国学者埃弗雷特·M.罗杰斯(E. M. Rogers)于20世

图6.5
赖利夫妇传播模型

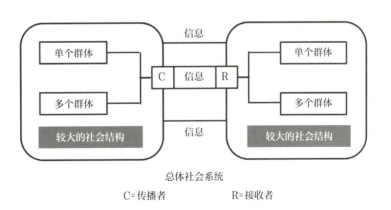

纪60年代提出的一个关于通过媒介劝服人们接受新观念、新事物、新产品的理论，侧重于大众传播对社会和文化的影响。创新扩散包括五个阶段：了解阶段、兴趣阶段、评估阶段、试验阶段和采纳阶段（如图6.6所示）。

罗杰斯认为，一方面，向社会推广和扩散过程中，信息技术能够有效地提供相关的知识和信息。另一方面，在劝服大众体验和使用方面，人际传播更直接、有效。因此，创新传播的最佳途径是将信息技术和人际传播结合起来。

（2）计划行为理论模型

计划行为理论（Theory of Planned Behavior，TPB）是由Icek Ajzen提出，他认为人们的行为是经过深思熟虑后的结果。计划行为理论包含五要素：行为态度、主观规范、知觉行为控制、行为意向、实际行为（图6.7），其中行为态度、主观规范、知觉行为控制分别受行为信念、规范信念和控制信念所影响，这三种要素整体上又对行为意向有影响作用，进一步影响人们的实际行为。

综上，通过对传播学领域经典模型和新媒体相关模型的梳理，对模型的框架、基本要素、内部关系和外部条件均有了一定的了解。首先，作为城市

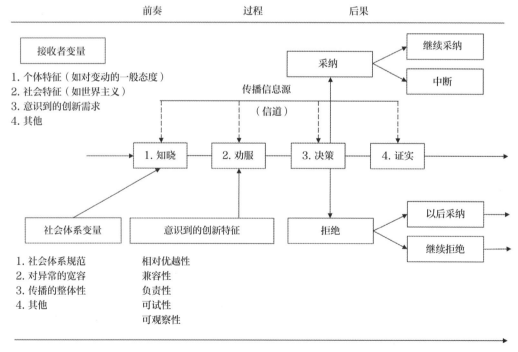

图6.6
创新扩散理论模型

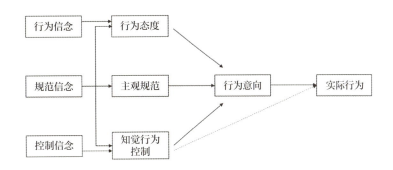

图6.7
计划行为理论模型

中的交通枢纽空间,地铁站域有着区别于其他媒介空间场景的特殊性。其次,在新媒体时代,地铁站域的文化传播不仅仅是人际传播,更是泛在网的传播,在传播模式上,移动互联网络与传统网络存在着巨大的差异[102]。最后,移动网络下用户以个人为中心,地铁乘客都可以成为信息的发布者、参与者和传播媒介[103]。基于以上分析和借鉴已有传播模型的基础上,还应着重考虑地铁站域文化传播内部动力和外部影响因素等的特殊性,构建新媒体时代城市地铁站域文化传播的平台模型。

三、模型构建的思路

1. 契合时代特征,革新传播模式

纵观世界传媒时代发展态势,自2015年起,世界已经进入信息化、数字化时代。发达国家如美国、日本、韩国等,新兴媒体产业所占比重远高于传统媒体,新媒体发展如火如荼。美国数字信息占国内总产值的一半,新技术、新产品将使数字信息化全面超越传统方式;日本数字化信息技术支撑着媒体产业,已经完成了从早期传统媒体产业向现代媒体产业的逐步转型。媒体和人工智能技术的结合重塑新媒体时代文化传播的各个环节,主要体现为以下特征。

新媒体时代加速新旧媒体的融合。媒介融合的进一步强化,不仅体现在新技术的应用和加持,还体现在用户不同层次思想形态的融合。过去,传统媒体依托各自资源和优势在各自领域独立运转,媒介与媒介之间不存在也不需要融合,但随着多元化、开放化的社会发展,人们的思想意识正在逐步发生着变化,并开始接受各类不同的信息,从互联网时代传播内容的宽泛性、多元性,用户圈层的多样性、丰富性,可以看到人们在思想形态上也存在着

不同层次的融合。新媒体环境下的媒介融合印证着时代的变化,承载着思想的变化。

新媒体时代更加注重用户体验。约瑟夫·派恩在《体验经济》一书中预测,未来经济发展方向是体验经济。体验经济重视用户的自我感受,主要表现为感官性、参与性和互动性等,用户的需求更加注重心理满足。新媒体环境下,"以用户为中心"的传播方式会越来越深入到策划、传播、设计等一系列用户体验当中,这也是城市地铁站域文化传播的初衷与特质。

新媒体时代革新传播模式。时代的进步极大地推动了计算机技术、信息技术、大数据技术等先进技术的飞速发展,彻底改变了媒体传播范围、传播方式以及传播渠道,相较于传统媒体,其最突出的特征是改变了过去信息单向传播的模式,基于地铁站域传播场景与泛在网下无边界的传播路径,创造了传播者和受传者之间随时随地的双向动态传播模式。新媒体的出现彻底颠覆了传统城市文化传播的主流方式,拓宽了城市文化传播的渠道,促进了多元文化的碰撞与对接。面对新媒体时代大背景下涌现出的新特点,城市地铁站域的文化传播也应借势而为,建立多元化的传播途径,构建全方位传播体系,搭建文化传播平台模型,才能实现城市文化传播效果的最大化,使城市文化产生强大的覆盖力和穿透力,从而增强城市的软实力。

2. 紧扣我国国情,完善传播体系

移动互联时代,随着"全媒体"的提出,人工智能、大数据、物联网、5G、区块链等技术正在重塑人们的生活与信息获取习惯,"万物互联"近在咫尺,我国正站在媒体大变革与大融合的路口,理论传播体系急需紧跟步伐,不断完善。近些年我国传媒业、互联网正处于快速发展阶段,其中2019年尤为重要,这一年正值全球新一轮科技革命和产业变革加速之际,互联网技术不断突破,为经济创新和产业融合注入新动能,也为新媒体研究领域的延展提供了新机遇。2019年的《政府工作报告》首次提出"智能+",要把人工智能打造成和互联网一样的基础设施,以实现人工智能与产业融合发展[104]。

综上,我国正面临着新一轮技术周期的开启,先进技术和新兴媒体的结合,正在一次又一次打破传统传播体系,相对于超速发展的社会现实,理论体系亟待梳理和完善。回溯历史,媒介变革与社会进步密切相关,深深影响并推动了人类文明进程,从文字、印刷术、电信技术到互联网,历经四次传播革命,传播体系也进行了深刻的变革。十九届四中全会《决定》提出:"建立以内容建设为根本、先进技术为支撑、创新管理为保障的全媒体传播体系"。面对我国日新月异的新发展、新变化，作为传播城市文化的主阵地——城市地铁站域，应从实践经验中总结归纳、抽象凝练，不断完善城市地铁站域文化传播体系。

3.整合传播要素，构建目标模型

文化传播作为传播学的一大类型，具有时空跨度大、涉及范围广的特点，城市地铁站域作为物化的空间载体，具有媒介场景、受众、媒介形式等方面的特殊性，在新媒体介入下又呈现出前所未有的传播特征，要构建城市地铁站域的文化传播平台模型，应更有针对性地整合各个传播要素，厘清传播过程。在传播学研究中，这些传播模型或模式，既是对复杂的传播现象、过程和环节的高度概括和抽象，也给予了人们了解、认识，进而深入研究传播学极大的启迪。模型或模式研究同人类社会、传播活动本身一样，也是一个不断发展、逐步完善的过程，针对城市地铁站域的文化传播过程构建目标模型，对传播学也是有益补充。

根据对经典传播模型的梳理与分析，无论是经典的线性"5W模式"还是文化传播相关模型，传播要素主要包含五个方面，即传播者、传播讯息、传播媒介、受传者与反馈（传播效果），城市地铁站域因其特殊性，应具体问题具体分析。区别于旧有地铁站域仅仅提供交通功能，新媒体时代，城市地铁站域功能逐渐呈现复合化的特点，其中文化传播作为城市地铁站域的又一重要职能，在城市文化传播中发挥着越来越重要的作用。新媒体时代地铁站域借助新型传播方式传播城市文明，从而传递城市形象。互联网促使大众传播发生了颠覆性的变革，也彻底改变了信息传播的整体态势，地铁受众是传播的接受者也是多级传播者。

移动互联、新媒体与地铁站域的互通互融关系使得城市地铁站域文化传播的平台模型呈现"多维度、多面性、复杂性"的特点。主要体现在几个方面：一是城市地铁站域文化传播的传播者呈现出多元化和协调性的特点。随着文化机构与地铁部门的合作，传播文化的内容呈现出多维的复杂性，如红色文化、党政文化、地域文化、公益文化、商业文化等屡见不鲜，不同的传播讯息其传播主体各不相同，如政府职能部门、城市文化机构、网络媒体、社会职能机构等，它们与地铁媒体运营部门协调合作。二是以城市文化资源为依托，整合地铁站域的传播讯息。地铁站域已成为城市文化资源传播的重要"容器",每座城市都具有历史、文化特质,深入挖掘城市历史文化内涵作为城市地铁站域文化传播内容,对于提升公民素养具有重要意义。三是传播媒介的新媒体技术重塑了传播场景。艺术装置、动态交互设备、沉浸媒介等技术的应用使站域内受众进入媒介空间成为沉浸体验者,提升了媒介空间的传播效果。四是受传者作为传播者与生产者的双重身份不断加强文化的多级传播。移动传播时代,实体媒介空间和虚拟网络空间正在出现融合趋势,线上线下时时互动,受传者的角色也进行了变革,相较于以前的接受者,已经向生产者转变。五是城市地铁站域现实媒介空间与虚拟媒介空间,共同构成了"文化传播泛场景",社交媒体、网络移动终端等已经成为地铁站域文化传播的主要传播方式,捕捉用户的观点、意见和评论等信息,进一步加强了传播效果反馈的实效性和即时性。

综上,传播过程是传播者与受传者之间的互动过程,传播者传出讯息,受传者接受信息,并给予反馈。针对城市地铁站域这一实体空间媒介,在传播模型的探索中,以经典传播学要素分析为建构基础。一方面,传播要素至今仍是整个传播学研究的经典蓝本。拉斯韦尔提出的"5W模式",奠定了传播学研究最经典的5大基本研究领域:控制分析、内容分析、媒介分析、受众分析以及效果分析。另一方面,传播模式或模型的构建具有针对性和动态化特点。麦奎尔警告研究者,适用于所有目的和所有分析层次的模式显然是不存在,重要的是针对自己的研究目的去选择正确的模式[105]。通过有针对性地研究城市地铁站域文化传播全过程,深刻剖析各个传播要素,通过流程优化、平台重构,实现城市文化资源与媒介资源的有效整合,实现内在传播要素、平台管理、外在环境之间的共融互通,构建新媒体时代城市地铁站域文化传播平台模型,以提升城市文化的整体传播效能。

第二节 地铁站域文化传播平台的模型构建

一、模型要素分析

1. 传播者

传播者又叫作信息源,是城市地铁文化传播的发出者[106]。就城市地铁站域而言，传播主体呈现出"去中心化"的特征，一方面，指传播主体由多个机构组成、协作完成，一般来说，以地铁媒体运营部门为主，政府职能部门、文化艺术机构、网络文化媒体、广告主等协作完成。另一方面，地铁乘客和公众不再是被动接受，而是可以自主选择、个性化定制。因此，以发出文化讯息的方式主动作用于其他群体或组织的即是地铁站域文化的传播主体，并不局限于某个机构或个人。

一般来说，根据文化传播的内容不同，传播过程的完整链条需要多方部门或组织机构协作完成。因此，城市地铁站域文化传播的现实主体可以分为三个层级（表6.1）。①较高层级，主要指政府职能部门，以宣传党政时事、传统美德、红色文化等为主，其运作模式由计划导向向市场导向进行转变；②中间层级，地铁媒体运营机构占主导作用，统筹协调城市文化机构、广告主、网络媒体以及民间组织等，与服务业、各大品牌商、金融机构、线上媒体等部门合作，传播城市民俗、历史、地域、旅游、商业、金融等文化；③较低层级，是指文化爱好者、地铁乘客，作为城市地铁站域文化传播的接受者，在互联网时代，越来越多的地铁受众充分发挥主观能动性，受众角色正在转变，其获取信息和发布信息的能力逐渐增强，受众正在影响甚至帮助传播者创造传播内容，传播者和受传者的界限逐渐模糊，这是新媒体时代的重要变化。

互联网、移动终端技术等数字技术的发展使得文化传播样态发生着巨大的变化。新媒体时代新的传播方式层出不穷，城市地铁站域文化传播方式也在发生翻天覆地的变化。传播主体根据城市发展理念、城市文化资源等选择合适的文化元素进行策划、宣传、展示。在网络空间，通过客户端、网站等参与到地铁站域文化传播的泛在网中去，可以随时随地发布关于城市地铁的相关信息，也可以与受众时时互动，进行地铁文创产品的线上发布、售卖等，充分发挥文化传播的主动权，实现双向传播，进一步扩大传播的广度和深度。

表6.1
新媒体时代城市地铁站域文化的传播主体

传播层级	现实传播主体	文化传播立场转型
较高层级	政府职能部门	计划导向转变为市场导向
中间层级	地铁运营部门、文化机构、广告主、网络媒体、民间组织	单一主体转变为多元主体共存
较低层级	文化爱好者、乘客、游客	被动接受转变为主动传播

2. 受传者

受传者也被叫作信宿，即信息接收者，泛指读者、听众、观众等。传播学对受传者的认识经历了一个曲折的过程。具有代表性的是"使用与满足"理论，该理论认为受传者是为了满足自我的某种需要而去使用媒介、接受媒介。不同属性的受传者有着不同的需求，作为城市文化传播的主战场——地铁站域，受众的文化需求尤为重要，麦奎尔在1984年提出了受众文化满足模式[105]（图6.8）。城市地铁站域媒介的文化体验是受传者关注的焦点，好的文化体验能够使受众感受到文化情感，引起文化共鸣，这对地铁站域的媒介场景、文化文本、创意形式等媒介体验要素提出了较高的要求，地铁文化传播活动应能满足不同时代受众的需求。

受传者从宏观上来说是一个巨大的集合体，从微观上来说又代表着具有丰富社会多样性的个体。通过前期的调查研究发现，地铁中的受传者绝大部分是每天乘坐地铁的乘客，他们呈现年轻化、高知化、消费能力强的特点[22]，是城市的中坚力量。地铁站域文化传播的受传者既是文化的接收者，也是传播的再缔造者和生产者。通过分析发现，一方面，受传者个体差异下的兴趣偏好、群体行为和群体组织结构等特征对传播讯息的接收具有重要影响作用，兴趣爱好直接影响讯息是否被接受或者转发；群体行为和组织架构也会影响个体的价值判断，并最终导致文化信息的接受程度。另一方面，地铁文化的传播过程并不是单向传播，而是呈现出多向互动和多级传播的特点，越来越多的受传者发挥主观能动性。地铁乘客作为文化传播的接收者，同时也可以

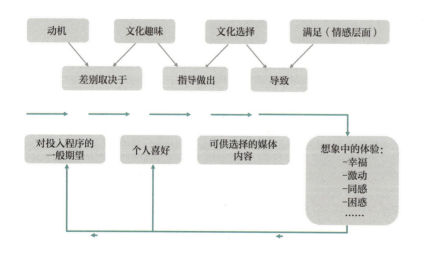

图6.8
麦奎尔受众文化满足模式

成为缔造者、生产者，任何一个地铁乘客（互联网用户）都是一个潜在的"多级文化传播者"，他们可以运用文字、图片、声像等方式创作、编辑、转载各种文化信息，根据自己的理解加以阐释，使传播内容更加个性化。

3. 传播讯息

传播讯息是媒介所传送的信息，它由相互关联的、有意义的符号组成。城市地铁站域在充当城市公共交通工具的同时，也承担着连接人、物、社会、文化等的潜在作用，潜移默化中形成了一个可移动的城市媒介系统，建构了城市的文化传播媒介场域。城市地铁站域中的传播讯息从来都不是独立、短暂的现象，而是精心策划、巧思创意的大量生产的、复杂的、不断复制的符号结构物。在地铁站域空间中，传统的传播讯息多数是以"静态"的符号、艺术装置、展示物等呈现，例如，浮雕、壁画、展览艺术品、仿真品等艺术讯息，站厅、站台、隧道、车厢墙面、柱体、楼梯等实体空间的中的文本、图片、海报等公益、商业讯息，站厅、车厢内的博览、生活、历史等地域、教育等讯息，导引、语音播报等标识、指示讯息。在地铁的站厅层、站台层和车厢内，多以展现社会规范、产品、语言、标识符号、精神文明等平面类静态的内容为主，直观易懂，但体验感较差，注重视觉效果忽视其他知觉、心理体验，传播效果参差不齐。

随着新媒体技术的介入，传统媒介讯息经"转译"，使得文化传播的过程呈现"动态性"的特征，使得地铁受众更多关注运动状态、媒介形式和动态过程。地铁站域文化传播的动态性多展现在文化活动、展览、演出、新技术互动体验等方面，例如，官方三微一端发布、智慧5G出行讯息，全息投影影像、智能触摸技术、数字化旅游导览讯息，沉浸式体验、3R虚拟场景营造互动讯息，社交账号、微视频、线上线下同步的文化活动讯息。在新媒体技术的介入下，借助地铁站域实体空间面对面的直接接触，使得受传者接触、感知新媒介信息，进而产生理解、共鸣，增加文化传播的附加值，提升传播的影响力。地铁站域，借助移动互联和新媒体技术，搭载"创意"的原动力，以最鲜明和独特的方式传达给受众，搭建很多"虚拟场景"，呈现出可读性、互动性和"超文本"等特点。城市地铁站域媒介讯息在独特的媒介场景与新媒体技术的相互作用下，其生产的传播讯息不断被"刷新"和"重构"。传播讯息的本质特征——创意性，是传播动力的加速器，是实现传播效果最大化的重要保障。

4.传播媒介

传播媒介是文化传播实现的一个重要条件。若不加强对文化传播媒介本身特点的研究，就无法完全了解文化传播的过程[107]。传播媒介是信息传播的载体，由于载体本身所具有的特征和性质差异，对地铁文化传播的速度、覆盖范围以及影响力等将产生不同的影响和作用。简单来说，传播媒介可以分为现实媒介、虚拟媒介和混合媒介。在新媒体技术和互联网技术的推动下，实现了地铁站域文化资源信息的最大化呈现，并且以各种方式传输到现实和虚拟空间中去，如使用全息影像、动态捕捉、智能机器端以及互动媒体技术等；借助网络媒体平台智能化发布到社交平台上，及时、有效地传播给地铁受众，并在全网扩散蔓延。

城市地铁站域的传播媒介，涉及地铁站域空间中的所有文化标识、场景体验和一切文化传播的媒介形式。现实媒介主要包括：①地铁车厢内部具有流通性的地铁报、视频媒介、车壁或扶手海报、隧道影像以及文化专列等形式。②地铁站厅层墙壁、柱子、天花板、地面等全包围式的媒介形式。③地铁出入口、共享大厅、换乘通道等与其他空间连通的各种媒介环境，加持新媒体技术，带来文化传播的全新模式。虚拟媒介主要有：网络社交媒体、三微一端、3R互动体验、智能设备、数字化三维场景、电子化导览、直播平台、短视频、智慧5G等形式。现实媒介与虚拟媒介的融合打造了地铁站域的混合媒介，突破了传统时空的局限性，使传播媒介形式更加灵活多变、样态丰富，基于泛在网络的特点，呈现出拓扑传播结构的复杂性、连接的多样性以及网络生成与演化的动态性等特征[108]。

5.效果反馈

传播效果是指信息在各种网络媒介传播的过程中，使接收信息的用户在认知、情感、态度和行为等方面产生的反应与影响[109]，传播效果的反馈是整个传播过程互动性和双向性的体现，是检验传播推广是否成功的重要尺度，以便改进和完善后续传播活动。

城市地铁站域文化传播效果的反馈平台如图6.9所示。一般来说，城市地铁站域文化传播的效果主要体现在以下三个层面。一是认知层面。受传者对外部信息的感知，往往是因为传播过程中对公众的知觉系统进行作用，属于认知层面的反馈。地铁站域借助大众传媒将文化信息传递出去，地铁运营媒体或文化职能机构期望传播什么，各种媒介以何种形式传播，其传播内容、形式的主动权均在于传播者本身，地铁受众对于站域和文化讯息的认知，自然受到信息的制约。二是心理层面。通过对人们观念或价值体系造成的影响，引起情绪、情感和心理的变化，这种变化直接反作用于传播者。新媒体技术搭载地铁媒介空间，打造多维沉浸互动体验，很多创意文案使受传者从"文化需求"到"文化情感"的满足，带来更高的关注度、参与度与更好的传播效果。三是行为层面。传播活动具有目的性，不仅体现在认知和价值领域，还直接、间接体现在人们的实际行为中，能够切实地推动和改变人们的言行。国外很多地铁文化传播案例显示，传播活动引发受众情感共鸣后，也会激发受众的实际行动，例如，爱心传递、正能量及健康理念等，受传者从认知、态度再到行为层面，是一个效果的积累和深化的过程。

传播效果的反馈是整个传播过程互动性和双向性的体现，地铁文化传播过程要保证效果反馈渠道的畅通，重视反馈的收集工作，确保回收信息的有效性，实现整个传播过程的闭环。传播效果的反馈信息可以通过三种渠道获取。一是大数据分析，专业媒体平台基于数据收集和分析得出整体的反馈信息，通过对到达率、互动参与度、覆盖率、点击量、转载量等指标的量化表征传播效果。二是现场调研，基于在场的实地调查研究，得出感官式、经验式、感受式的观察体验。三是智能传感器，提供了全新的用户反馈测量手段，可穿戴设备作为一种收集身体运动、生理指标的传感器，极大丰富了反馈信息的采集手段[110]。

图 6.9
城市地铁站域文化传播
效果反馈平台

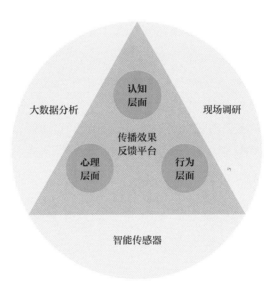

二、平台模型构建

1. 模型构建

传播学中，模型或模式（model）是对某一事项或实体的内在机制与外部联系进行的一种直观简洁的描述，也是对相对简单状况所做的象征性的合乎逻辑的设想，这是一种心理上的设想，拥有同原始的客观体系相同的结构属性[111]。既是对原物的一种简洁映现、合理抽象，也是一种从特定角度和层面解决问题的思维方法。有学者依据表现方式的不同，将模式分为心智模式、言辞模式、图形模式和数学模式四种。因而，传播模型（模式）也就成了我们正确认识传播现象的一把金钥匙[112]。经典的传播模式在大众传播时代经历了线性模式、控制论模式、社会系统模式三个阶段。与传统媒体相比，互联网具有海量信息存储与传输、传播空间无限延伸和无限互连性的优势，信息接收以及传播过程彻底颠覆了传统媒体以传播者为中心的线性模式，宣告多维互动模型的来临[113]。新媒体时代地铁文化传播进入转型期，"新媒体技术""数字化平台""沉浸媒介""超广告传播""新兴媒介""未来媒体"等新概念扑面而来，如何用新的术语、模式把当前以及未来的话语讲出来，必然是亟须研究的方向。

基于前文对传播模型要素的系统分析，需要从理论上厘清思路、清晰描述和分析新媒体时代地铁站域文化传播的全新模型。新媒体时代背景下，在地铁文化传播过程中，传播主体呈现出时代性、多元化、协调性三位一体的特点，以站域媒介空间为物化传播载体，以社会化媒体和网络作为延伸传播平台，意义分享、参与互动、个性化传播成为主流方式，因此文化传播研究范式需要创新，重新构建传播模型。基于此，本研究提出了城市地铁站域文化传播的"多维动态循环传播模型"（图6.10）。

此模型是在新媒体快速发展，媒介融合进程不断加快，以及地铁场景出现新变化背景下提出的，强调传播者、传播讯息、传播媒介、受传者、效果反馈五大元素的相互影响与制约机制。

（1）传播者

大众媒体最为显著的特征是"一对多"的单向大众化传播，信息传播者与接收者泾渭分明，传播者比接收者具有更高权威、地位和专业性，呈现鲜明的"媒介中心"特征[113]。随着互联网、新媒体的发展，传统意义上传播

图6.10
多维动态循环传播模型

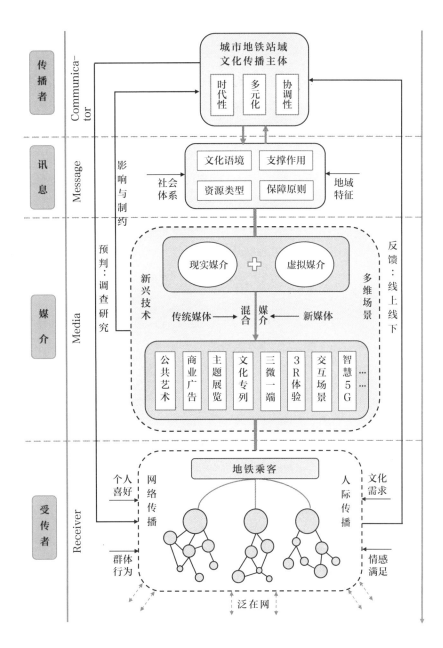

者占主导地位的传播方式逐渐瓦解，多重传播主体交融在一起。城市地铁站域文化传播主体包括现实主体和虚拟主体，在新时代特征下，基于对受传者初期调查研究的预判，同时受到讯息内容和媒介场景、技术的影响，表现为城市地铁站域文化传播主体的多元化特点，需要建立协同合作机制。面对复杂格局，应明确和完善地铁文化传播者的顶层"把关人"角色和定位，提高传播者的专业性，树立良好的公众形象，确保传播讯息真实可靠，及时更新传播理念。

（2）传播方式

受到传播主体、社会体系以及城市地域特征的影响，地铁站域的文化传播应进行城市文化资源的整合，主要探讨城市文化语境、文化资源与传播的互馈关系，整合结构与机制等层面的问题，并对传播过程和效果进行初步的预评估，以期使传播具有高效性。新媒体时代，媒体的融合对地铁文化传播方式的多元化提出了更高要求。第一，真实性与完整性。地铁传播内容首先应该体现城市历史印记，如周边的文物建筑、历史内涵、人物等，这些历史文化需要实事求是、求真去伪。第二，适宜性和精准性。地铁媒介空间始终处于移动场景状态，充斥着大量的移动人流，针对地铁不同媒介空间的特点，应选择适宜的文化元素、符号和内容进行展示。第三，新颖性和创意性。新技术应用使得传播形式呈现多维化特点，创意内容与各种媒介形式的有机整合，能够更好地使受传者产生兴趣、需求、共鸣，进而接受并发生"再传播"过程，最终形成渗透式地铁文化传播过程。

（3）受传者

地铁文化的广大受众是地铁乘客、游客，传播过程中，对文化传播的吸纳程度受到个体喜好、群体行为、文化需求和情感满足四方面的影响，以人际传播和网络传播为主，受传者的传播路径呈现拓扑式的多级传播形态。根据"使用与满足"理论，为提升地铁文化传播效果，必须从受传者角度出发，通过大数据分析地铁受众的特征和需求。地铁运营机构需建立大数据平台，通过相应的调查和反馈机制掌握受传者的文化需求。进而细化受传者组织结构类型，从地域上来讲，受传者可分为本地和外埠，由此产生城市本地居民和游客两种受众；从传播时间来讲，分为上下班拥挤时段、日常时段以及节假日时段等。然后搭载地铁站域不同空间场景选择适合的传播方式进行文化讯息的传递。最后，通过新型传播形式，满足受传者的情感需求。

（4）效果反馈

效果的反馈信息能够呈现出受传者对传播者的及时作用，用以调整传播内容、媒介形式、技术呈现等方面，以达到更好的传播效能。通过不断积累的反馈信息，科学合理地评估优势和劣势，减少不利因素，改进和提升传播过程中的各个环节，不断完善和升级地铁传播的内在因素、外在环境，进而调控运行机制，构建系统的传播效果评估体系。

2. 模型特性

新媒体时代城市地铁站域文化传播是一个复杂有机的过程，此模型的构建可以为城市文化、规划、媒体运营等相关部门提供新视角和新思路。具体的模型特性如下。

（1）呈现性

本模型运用语言文字、符号以及图形等方式呈现地铁站域文化传播的内在机制、影响要素和外部联系，其中对五大要素的主要特征以及影响要素进行了全方位、简明的呈现，具有直观性的特点。

（2）整体性

多维动态循环的地铁文化传播模型展示了城市文化以地铁站域为载体进行传播的全过程，采用观照以及审视的角度，能够鸟瞰和反映出传播活动的整体形貌，揭示地铁站域文化传播的内部机理和本质规律。

（3）层次性

一方面，地铁站域文化传播的过程是基于物质基础、信息流、语言文化系统几大层次进行传播，决定了传播过程的多层次性。另一方面，传播者、传播讯息、传播媒介以及受传者这四大要素的方方面面以及内在深层次的影响因素均体现在模型中。如传播讯息涉及文化资源类型、构成、分布、情景语境、文化语境等几个方面，同时受到社会体系以及地域特征的影响；传播媒介由现实媒介和虚拟媒介融合后形成混合媒介，又细分为公共艺术、商业广告、文化专列等8项；泛在网环境下受传者进行了人际与网络传播，这些多级传播过程受到个人喜好、群体行为、文化需求和情感满足等方面的影响。因此，本模型追根溯源、阐释清晰，具有多层次性的特点。

（4）循环性

本模型展示的并不是一个单向的传播过程，而是一个动态的循环性的互动过程。一方面，五大要素具有循环性。传播者初期对于受传者具有预判功能，随着传播进程的推进，传播者将讯息通过媒介传递给受传者，反过来，受传者也会对传播者进行及时反馈，形成循环机制。另一方面，传播空间不局限于地铁站域的实体空间，而是扩大到网络空间持续传播。在信息传播过程中表现为原创或衍生信息新一轮的转发、评论现象，体现了新媒体下文化的循环传播。

（5）创新性

本模型是以新媒体时代作为现实背景，模型设计思维超越了陈旧观念和已有构架的束缚，体现了新媒体时代背景下的现实特征性，并且对传播过程中五大因素的影响因素也进行了深刻的分析，本模型具有针对性，为城市地铁站域文化传播服务，具有实际效用。

（6）启发性

本模型解释和回答了地铁站域文化传播中已存在的传播现象、传播问题、传播过程，因此基于实体空间进行的传播也可以遵循本模型的传播要素、传播路径和传播特点进行研究。本模型对于分析和解答城市其他公共空间传播活动中的问题具有一定的启发性。

3. 模型功能

著名学者卡尔·多伊奇在《政府的神经》中曾论述过社会科学研究中运用模式的主要功能。受其启发，总结新媒体时代城市地铁站域文化传播模型的功能如下。

（1）构造功能

多维动态的循环模型揭示了传播者、讯息、媒介、受传者、反馈五大要素之间的先后次序、排列秩序、结构形态、循环关系，同时明确了受外部环境影响的因素，揭示了新媒体时代城市地铁站域文化传播过程中其中一个要素和其他要素之间的复杂关联和互动关系。

（2）解释功能

本模型对地铁站域文化传播的全过程进行了阐释，并基于新媒体特点进行了创新性的分析，相关研究学者可以根据此模型观察和分析文化传播中出现的种种现象，用来回答和解决信息沟通中遇到的各种复杂的问题，并能够以一种简洁的方式和清晰的描述将结果或答案呈现在人们的面前。

（3）引导功能

新媒体时代城市地铁站域文化传播是一个复杂有机的过程，此模型的构建可以为城市文化、规划、媒体运营等相关部门提供新视角和新思路，引导研究者、决策者以及实际操作者密切关注传播过程中的各种要素及其关系，从而积极主动地干预、调控，保证工作始终沿着一条比较正确的轨道前进，实现城市地铁站域文化传播的可持续发展之路。

（4）预示功能

本模型是基于新媒体时代背景，针对城市地铁站域文化传播平台构建的模型，对于各大城市的地铁文化传播过程、活动或进程均有很好的预示和预测作用，能够较合理地预估在地铁站域中传播的文化讯息、媒介方式以及传播路径，为地铁运营和城市文化相关部门提供预示功能，提前进行增强传播效果的可行性方案和建议。

综上，城市地铁站域文化传播平台的多维动态循环模型具有以下特点。一是建立全面、客观、互联的模型平台。这是一个面向城市大众的模型平台，涉众广、流量大、行业多，"多维动态循环"模型以地铁场景为载体，强调不同类型媒体相互配合、相互协作、相互融合，以达到部分之和大于整体的效果，综合运用新媒体技术和方式，传播城市文化、时代主流价值观。二是建立即时、具体、人性化的互动平台。模型平台的建立有利于整合城市文化资源，借助融合媒体的新兴技术和地铁场景，有针对性地传播文化，有效地提升文化传播的效率，扩大文化的覆盖面，充分发挥地铁站域空间和媒介优势。同时多元化的传播形态和针对性的传播内容有利于提高大众的归属感、秩序感和城市幸福感，有利于文脉的传承。三是建立创新、动态、可持续的模型平台。新媒体时代地铁站域文化传播的模型平台超脱了传统的线性传播模型，基于时代背景下的宏观视角，揭示了一种新型的地铁站域文化传播方式，其中各个要素的联动体现了时时动态的特性。期望模型平台能够在理论和实践层面不断完善，成为可持续发展的模型平台。

三、传播平台管理

1. 顶层"把关人"统筹把控

"顶层设计"强调自高端开始对全局进行总体设计，意指"从全局的角度，对某项任务或者某个项目的各方面、各层次、各要素统筹规划，以集中有效资源，高效快捷地实现目标"[114]。把关人理论最早由美国著名社会心理学家、传播学四大奠基人之一库尔特·卢因在《群体生活的渠道》一文中提出。卢因认为，在研究群体传播时，信息的流动是在一些含有"门区"的渠道里进行的，在这些渠道中，存在着一些把关人，只有符合群体规范或把关人价值标准的信息才能进入传播渠道。1950年传播学者怀特将这个概念引进新闻研究领域，明确提出"把关"（gate-keeping）模式。

基于顶层"把关人"这一理念进行的地铁站域文化传播更为关注战略性的大方向、大框架、大路径和大步骤问题。国内很多地铁传媒公司或媒体机构多偏重于商业行为，而地铁传播公益性和文化性的管理和运营主体较模糊。相比一些国家的国际城市则有着非常明确的文化媒介行为主体，如伦敦交通局辖下地铁艺术计划组（Art on the Underground）、布鲁塞尔交通艺术委员会（CAID）、蒙特利尔交通局（STM）和公共艺术局（Art Public MTL）、台北捷运公共艺术审议委员会等，这些地铁文化传播行为主体是顶层设计者和决策"把关人"。国内迫切需要这些着眼点和层级较高的管理机构、联合部门等对地铁文化传播进行整体把控和引领，全方位搭建运作架构和统筹规划运作模式，实现地铁文化传播有序、立体、多维、良性的可持续发展[22]。

2. 重塑"新样态"战略赋能

随着全媒体时代的到来，与传统媒体时代相对单一、稳定的传播情境相比，媒体融合的地铁站域场景媒介极大增加了场景变换，场景的变换使得地铁受众对信息的获取呈现"一步一景"流动化碎片化的趋势。在移动终端极为发达的今天，地铁受众可以随时随地进行碎片化的传播，进而出现了众多的传播节点或传播中心，结果必然是个性化传播的兴起。不同媒介之间的界限逐渐模糊，相互融合的趋势逐渐增强，新旧媒体深度融合，进一步优化文化传播信息结构，打造城市地铁站域文化传播媒体融合转型的新形式、新样态，从而实现媒介共享和效能扩展。

基于媒体融合下的丰富多彩的媒介文化形式，对城市公益、地域、科教等进行文化资源的整合，遴选适合在地铁站域中传播的文化要素，借助移动终端和地铁媒介场景，打破原有传播模式的壁垒，将视频、语音、图片、文字、表情等在不同场景以多样化形式呈现给地铁受众，以多种创意的媒介形式促使文化信息传播被大众以多种方式分享、挖掘、创新、重建、再传播，使传统媒体与新媒体从相"加"到相"融"，重构地铁站域文化资源传播的融媒体框架。地铁站域传播媒介场景融合应充分运用新技术，导入AR、VR、人工智能、全息影像、互动电子屏、沉浸技术等进行线上线下的时时互动，运用新媒体地铁站域文化传播新平台进行数据分析，为5G时代的融合传播做好准备，不断扩大地铁媒体的辐射半径和传播影响力。

媒介融合催生了城市地铁站域文化传播的新路径、新样态，为地铁站域文化传播模型赋能，促进"多元连通、资源保障、媒介融合、效能扩展"的地铁站域文化传播发展战略格局的形成。

3.探索"新技术"智能管理

城市地铁站域的文化传播模型平台具有系统化、全流程、循环式的特点。基于移动互联的特点,地铁站域文化传播不仅仅局限于线下,越来越多的文化活动在线上预热、再传播,基于此,应建立城市地铁站域文化传播的智能传播平台。智能传播平台的基础是大数据,衡量大数据基础是否扎实的三大标准包括:数据存储能力、生产数据能力以及数据分析能力,目前来看,这三大能力我国的大数据技术都已具备[115]。随着互联网技术、大数据技术以及人工智能技术的快速发展,使得更多智能传播平台得以实现。

智能传播平台的目标是解决信息与用户个性化、定制化、精准化的信息需求之间的智能化匹配。对于城市地铁站域文化传播平台来说,首先,应打造内容丰富、形态多样的文化传播内容平台。在该平台上,云集着各式各样的文化信息,既有文字、图片,又有音频、视频、动态展示等,能实现信息的分类筛选、摘编和深度加工。其次,打造技术先进的大数据信息资源平台。在该平台上能够利用数据挖掘和分析等技术对地铁受众在官网、官微、公众号等网络媒体中的行为、轨迹、爱好等进行长期的、系统的跟踪和分析,实现对公众个性化需求的准确定位和把握,进而进行传播效果的评估。最后,能够通过技术手段在信息与受众个性化、定制化的需求之间实现智能化匹配,以精准定向的方式实现智能抓取与智能投放的完美组合,如故宫博物院以文化元素为载体,实现线上线下的智能消费,以文创产业带动地域经济和文化共赢。

城市地铁站域文化传播模型平台集聚了三大平台(图6.11),包括新技术平台、智能生产与传播平台、效果反馈平台,三大平台互为基础、相互协作。大数据技术平台是硬件、软件、数据、云存储和平台服务的组合,具体包括大数据资源中心、大数据智能分析中心、大数据组件服务、虚拟化云平台、大数据运营系统、安全管理体系等方面的建设内容。智能生产和传播平台实现文化资源整合、满足受众需求以及服务社会三大功能。此平台立足于媒体大数据平台,以大数据智能分析工具作为技术支撑,对城市地域文化、公共艺术、时政传达等方面进行资源整合,寻求适用于在地铁站域传播的文化要素,进行智能化加工生产,结合互联网技术、人工智能等技术,对资源进行再加工,具体由文化资源选择系统、媒体融合创作系统、媒体智能发布系统、传播主体指挥系统、内容创意系统、沉浸媒介场景构建系统等构成。效果反馈平台包括两方面的建设内容。一方面是对每个地铁站域不同时段的受众信息进行采集和处理，了解不同时空下受众的行为特征和兴趣爱好，进行数据采集、处理、存储以及管理，并进行智能化精准化的用户行为分析、用户肖像刻画、互动应用管理。另一方面是在地铁运营与传播过程中地铁受众对某些优质的内容资源、新颖的媒介形式、创新的媒介空间，尤其是线下活动与线上行为具有良好互动的个案进行记录、管理、整合，并深入挖掘、分析，通过大数据信息服务和智能化处理，为今后文化传播提供全方位的智能化分析，进而提高受众的参与度和满意度，提升地铁站域文化传播的效能。

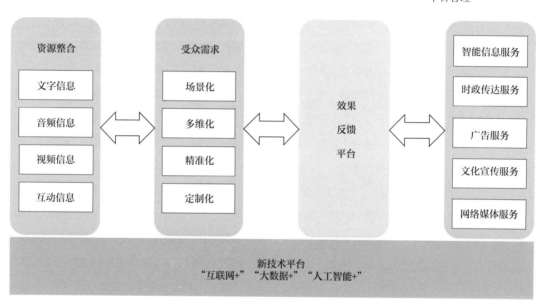

图 6.11
城市地铁站域文化传播平台管理

第三节　地铁站域文化传播平台的运行机制

地铁文化传播平台的运行处于政治环境、自然环境、心理环境、社会环境、经济环境和技术环境六大环境之内，作为传播主体的政府、媒体和企业对地铁文化传播平台的运行有重要影响，两者存在一种微妙的博弈关系（图6.12）。

通过政府上层管理，企业支撑主导，媒体互动传播的方式，政府、媒体、企业形成一种紧密的合作关系，最大化发挥平台的优势作用。

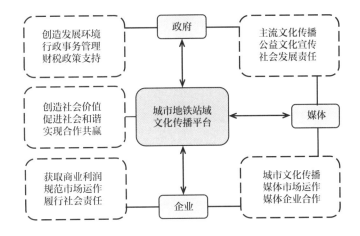

图 6.12 政府、媒体与企业在城市地铁站域文化传播中的博弈

一、组织机制

  随着新媒体技术的介入，我国城市地铁站域文化传播平台亟待形成组织化发展模式，目前并未形成统一的专门的地铁文化传播平台管理组织，公共艺术、地域文化、公益宣传、主题教育、商业广告等各类地铁文化传播资源没有得到有效的整合管理。新媒体时代城市地铁文化传播平台是集媒体融合、文化资源整合、文化传播项目服务与运营等多种功能于一体的组织平台，通过应用新媒体技术，整合各类文化资源，能为地铁站域文化传播提供孵化、资金、信息、项目运作等服务，满足新媒体时代地铁受众多样化需求。

  城市地铁站域文化传播平台组织机制由多元传播主体、市场导向目标、动态网络结构和创立共享规则要素组成（图6.13）。多元传播主体由政府部门监管，地铁文化宣传部门主导，媒体广告服务商策划，各类文化机构参与共同组建。在目标维度上，传播主体根据市场变化依托平台组织随时调整目标，具有动态性特点。在结构维度上，在新媒体技术与移动互联技术的影响下，城市地铁站域文化传播平台组织打破传统组织运行管理的垂直结构，呈现扁平化和柔性化的动态网络结构特点，使平台组织变得灵活、敏捷、富有柔性和创造性。在规则维度上，传播主体以共创共享为原则，建立主流文化传播、公益文化宣传、城市文化传播、创造社会价值、促进社会和谐与实现合作共赢的共享规则目标，传播主体既是文化传播的合作者也是受益者。

  专门的地铁文化传播平台组织机制通过制定地铁文化传播主体、内容、过程、反馈的各项标准，组织和筛选各类文化传播资源，规范和引导文化传播的制作与发布。

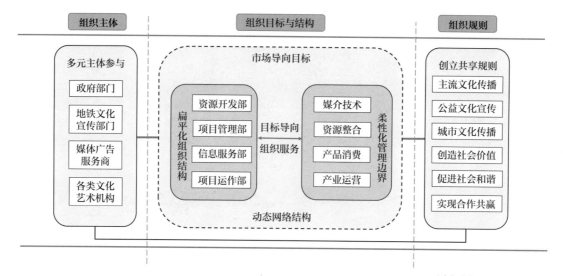

图 6.13
城市地铁站域文化传播平台社会化组织机制

二、协同机制

通过非线性的相互作用产生相关效应和协同作用,并通过这种作用产生有序的结构和功能,这就是协同运动的有序体现[116]。协同机制将促进城市地铁文化传播过程中的文化资源的共享,具体包括文化传播资源积聚和利用资源对外提供服务两个子过程。

城市地铁文化传播资源积聚指的是通过城市地铁文化传播平台系统积聚来自多个相关部门或企业的各种文化传播资源,为城市地铁文化传播平台的共享和协同服务奠定基础。利用资源提供对外宣传、展示、营销等各类服务,即地铁文化传播平台运维服务人员根据用户的需求运用相关的文化传播资源为之服务,实现政府、媒介、企业资源价值的转化。由此,可以把城市地铁文化传播平台的协同机制定义为:城市地铁文化传播活动过程中的各个子系统及其组成要素通过互动、合作、整合等有机配合的方式,并按照某种规则形成一定的结构或功能,从而为地铁文化传播的受众平台上的各类用户随时随地提供无缝的文化资源积聚共享和服务应用集成的工作模式。

广大地铁受传者对地铁文化传播的预期和要求与城市地铁站域文化传播现状之间的巨大差距促使多种传播主体通过协同合作使文化传播增效。城市地铁站域文化传播协同机制形成的动因生成协同服务的形成机制,影响文化传播发展的各种瓶颈形成协同服务的约束机制。城市地铁站域文化传播协同机制既反映了城市地铁站域文化传播集成演化的自组织规律,又包含了保障性的被组织策略(图6.14)。

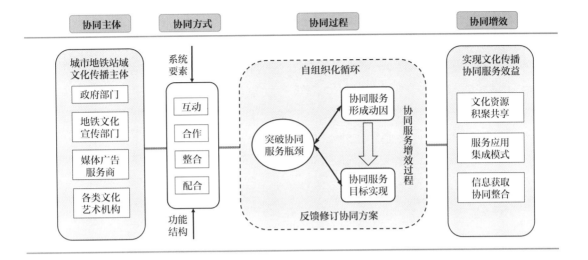

图6.14
城市地铁站域文化传播平台系统化协同机制

建立良好的协同机制不仅可以加快各个部门信息资源整合的步伐，为城市地铁站域文化传播资源共享提供有力的组织保障，扩大共享的范围和效果，还将有力地推动城市地铁文化传播平台协同体系的建设与完善。

三、共享机制

城市地铁文化传播平台共享机制是指各个传播主体通过在城市地铁文化传播平台上的密切合作，实现文化传播资源共建共享、共同为受众服务。共享机制既是一个过程，也是一种调控方法和手段。传播主体中的政府、媒体、企业发挥各自的职能优势，从先前相对独立的状态逐渐转向合作共享。

城市地铁站域文化传播的主体主要是政府职能部门、相关媒体行业、地铁公司职能部门及第三方文化机构。首先，政府职能部门有责任也有义务通过组织各行业相关责任方通力合作，对城市文化资源进行有效整合与共享，并在实施过程中进行监管，以提高文化传播的效率和文化服务的效能。政府在这一共建共享运行机制中发挥着领导作用。其次，新媒体技术的发展，尤其是移动互联网、人机交互和虚拟仿真的进步，为文化资源的共享与传播提供了强大的技术支持。媒体行业可以利用新媒体技术为公众提供更加震撼的体验感和沉浸感。新媒体技术是城市地铁文化传播共享机制强大的动力和基础。最后，利用资源共享平台，地铁公司组织新媒体行业和文化艺术机构对文化传播的内容进行设计编排，通过新媒体技术的应用和文化活动的组织开展，使文化以公众感兴趣和易接受的形式呈现在地铁站域空间。地铁公司、媒体行业和文化机构在共建共享运行机制中扮演着执行者的身份[117]。

如图6.15所示是传播平台共享机制的构成和运行方式。加强城市文化建设和提高城市居民素质的共同目标、维护公众享受文化的基本权益、保障媒体和文化机构正常运行的公共利益以及政府文化部门、企业运维服务部门之间的强烈共享意愿，共同构成了城市地铁文化传播平台的共享基础；政府文化职能部门、相关媒体行业、地铁公司职能部门和第三方文化机构等组成的共享主体按照一定的共享协议和相关的法律法规、政策等通过合约、技术、标准和各种策略合作共建、共享文化资源、新媒体技术和文化传播平台；最终在短期内实现资源共享系统的建立，以此在各个实施环节实现决策信息和业务管理的目标，长期内实现文化传播的服务增值的战略目标。

四、反馈机制

地铁站域文化传播平台的反馈机制是指通过垂直流动或水平联动的方式，构建合理的反馈回应机制，促进地铁文化传播资源的自由、充分、合理流动，增强城市地铁文化传播效果和服务效益。通过反馈机制发现问题，为及时调整、优化、完善传播平台提供依据和参考[118]。

城市地铁站域文化传播平台的反馈机制是将广大受众、职能部门、第三方机构、媒体行业等各方组织联系起来的桥梁，是体现地铁站域文化传播双向性和互动性的重要机制。通过反馈，广大受众表达他们对文化传播平台的意见和感受，职能部门和运维部门检验传播效果是否理想，并实时了解受众的需求，及时优化、调整传播方式与内容。传播平台在三方的持续互动中逐渐趋于合理，并不断得到优化和提升。

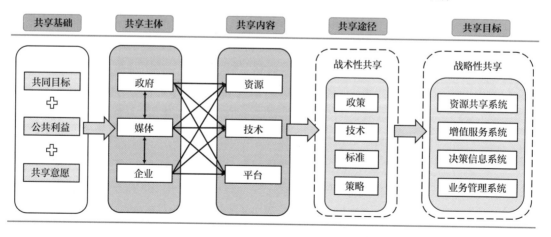

图6.15
地铁文化传播平台共享机制

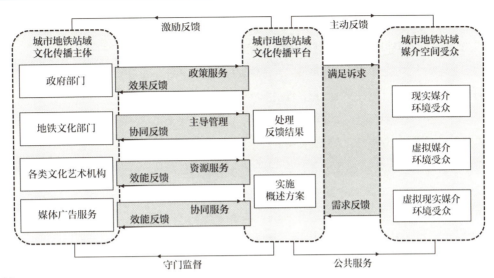

图 6.16
城市地铁站域文化传播平台反馈机制

城市地铁站域文化传播反馈机制的构成和运行如图 6.16 所示。政府部门按照国家相关政策制定有关文化传播内容、方式等的规定，通过政府网站、公众号以及其他政务新媒体等将上级的政策思路以政策服务的形式下达；地方地铁公司文化部门以政府部门的政策为指导，协调公众的需求，对文化传播行使主导性的管理；新媒体广告服务商和其他各类文化艺术机构等第三方机构是文化传播的策划者和具体实施者，他们与上级职能部门协同合作，通过各种多样化的方式和个性化的手段及时满足受众的文化诉求，并通过活动现场、网络追踪等手段及时收集传播效果和广大受众的反馈意见，并对反馈结果及时进行处理，整改完善方案，进而不断地提升传播效果。

利用文化传播平台传播过程中的信息传播模式有助于了解并发现网络中的各种传播问题，特别是大众传播者及媒介组织的问题。利用传播模式，可以进一步关注传播过程中的反馈及信息传播情景的影响，从而在传播实践中加以调节和控制，进一步为信息传播提供有益的指导，进而保证信息反馈能够给服务供给方提供更多的信息来源[119]。

本章小结

地铁站域作为传播城市文化重要的物化空间载体，在新媒体时代呈现出前所未有的独特性、复杂性、多维度、动态性的传播特征。通过前文对城市地铁站域文化传播路径与过程由浅入深、由表及里的深刻剖析，面对新时代、新事物，本章逐层深入，"从新的东西出发，找到新的模式"，构建城市地铁站域文化传播平台模型，并深入探究其运行机制。

首先，面对新媒体介入下城市地铁站域文化传播的时代背景，探讨模型构建的基础与思路。从三个方面进行展开，一是模型构建的必要性，随着新媒体的不断渗透与融合，地铁文化传播过程更加复杂与多维化，亟待建立系统化、全流程的传播平台模型；二是模型构建基础，借鉴已有经典模型与新媒体传播模型，研究大众传播、人际传播等模型（模式）的特点与思路，为构建目标模型提供参考；三是模型构建思路，从时代特征、我国实际、目标模型三个层面进行剖析，为构建模型奠定了基础。

其次，以经典传播模型为蓝本，深度"刻画"地铁站域文化传播的模型要素，进而搭建平台模型与管理架构。以城市地铁站域文化传播为建模对象，有针对性与目标性地细致剖析五大传播要素——传播者、受传者、传播讯息、传播媒介与效果反馈。创新研究范式，构建传播模型，提出城市地铁站域文化传播的"多维动态循环传播模型"，并分析其特性与功能。提出从顶层把关人、重塑新样态、智能管理三个方面，统筹把控传播平台管理的理念与架构。

最后，以城市地铁站域文化传播平台为对象，提出传播平台的运行机制。从四个角度展开：组织机制，通过构建明确的组织目标、科学的组织结构和合理的组织规则，保障地铁站域文化传播的有序发展；协同机制，促使单个传播主体间通过互动、合作、配合和整合加快融合，产生协同作用，为实现文化传播服务增效；共享机制，通过合作共享、互补共赢，将各传播主体各自的职能优势纳入同一环境机制框架内，实现文化资源效益的最大化；反馈机制，在传播主体和受传者之间建立一个科学、合理的信息流动与循环机制，只有遵循机制规律，传播平台才具有长久、持续发展的生命活力和动力。城市地铁站域文化传播平台运行机制的建立有力地推动了平台的日臻完善，并保障了平台的稳定运行。

综上，移动互联时代为地铁文化传播带来了新的机遇与挑战，新媒体的介入，共同构建了地铁站域"文化传播泛场景"，传播方式与过程的变革使得研究的理论范式也随之更新与完善。通过深刻剖析地铁站域文化传播的各个传播要素——梳理流程、优化体系、构建平台、响应机制，搭建起城市地铁站域文化传播的理论构架，为地铁站域文化传播的策略优化提供理论基础与支撑，以期全方位提升城市文化的传播效能。

第七章 新媒体时代城市地铁站域文化传播效果优化策略

地铁站域文化传播平台的提出与构建旨在顺应媒介融合生态背景下的传播特征，解决既有传播信息碎片化、传播路径单一化、传播媒介模式化、传播主体僵滞化等一系列问题，多维度和多向度地厘清地铁站域文化传播的构成链条与运行机制，统筹考虑地铁站域文化传播的全过程、全流程，建立系统化、立体化、高效化的平台模型，为城市规划、文化机构、地铁运营、网络媒体等机构参与联动传播过程提出更为清晰的角色定位与义务责任。本章基于地铁站域文化传播平台运行链条中的关键环节，从顶层决策管理、项目资金筹措、平台整合应用、传播主题策划、潜能技术挖掘、媒介空间拓展和受传者体验深化几个层面进一步提出提升地铁站域文化传播效果的优化策略。

第一节　优化顶层管理结构，强化传播主体决策

一、突出顶层决策主导角色

1. 建立地铁部门和文化部门的有效合作

在城市地铁文化建设中，政府部门、地铁部门、文化机构组织、商业机构通常构成发展的主体。不同的主导者对于文化传播的关注点有所偏重，城市文化部门的目标主要是通过地铁公共空间文化艺术促进城市公益文化事业发展，增强文化软实力；地铁部门发展文化艺术旨在通过优化完善公共交通环境提升乘客旅程体验，协同城市公共文化建设；文化机构和艺术组织则是借助地铁公共空间平台，促进自身在文化艺术领域的发展与宣传，协助地铁文化多样化发展；商业机构的关注重点是通过营造文化氛围进行营销，利用文化艺术的商业价值获得经济收益。因此不同主导者之间的有效沟通与合作，特别是城市文化部门和地铁部门之间的合作，是引导地铁站域文化资源最大程度发挥作用，促进城市地铁文化网络建设的有效途径。

从世界其他国家的案例来看，城市文化部门和地铁部门在文化发展建设中相互协作的重要性已经得到一定重视，城市政府通过积极干预措施来推进文化协作。例如加拿大以"地下城市"而闻名的蒙特利尔，拥有世界上最大的城市综合设施，因此地铁网络与城市公共空间高度耦合。1989年，蒙特利

尔市公共艺术办公室成立,在城市公共空间推进公共艺术计划、促进城市文化传播。2000年以后,魁北克省修订了"魁北克省整合室外环境、政府建筑和公共场所的艺术和建筑政策",以进一步指导城市公共艺术工作。在这过程中,蒙特利尔交通公司(STM)积极配合政府部门,成为艺术整合计划的重要推行者之一,目前已收集并安装在公共领域的超过300件作品中很多都分布在蒙特利尔地铁站域内。

如前文所述,我国城市地铁文化建设很大程度上也受益于城市文化部门的积极干预与支持,很多地铁在建设前期都进行了线网文化规划。鉴于交通与文化交叉领域的权属复杂性以及地铁与城市整体建设之间的密切联系,将地铁文化发展政策的制定上升为城市文化战略、城市总体规划层面同步进行,以地铁网络为基础设施和媒介载体,引导地铁网络与城市文化资源的整合式布局发展,将城市硬实力与文化软实力进行整体考虑,对于城市综合竞争力的提升具有积极意义。更进一步而言,地铁文化规划应提升为正式的城市专项规划,同城市的地铁线网规划、土地利用规划、经济发展规划等结合起来,将以往分散的文化资源管理与文化宣传纳入统一的框架内,将地铁文化传播写入城市规划的顶层设计决策环节,使地铁文化网络纳入城市整体文化发展。

2. 强化地铁部门牵头与协导作用

在地铁站域文化传播运行机制中,地铁部门是打通上下游的中间环节和关键角色,无论是地铁站域文化资源的有效开发,还是地铁文化传播平台的良好运行,需要强化地铁部门的社会联结作用。地铁公司是地铁网络的建设方与运营者,拥有地下基础设施的相应土地权属,掌握地铁公共空间的使用权限。在地铁文化传播、地铁文化建设中不仅需要城市文化部门的引导和督促,更需要地铁部门在公共文化建设中的自觉意识与社会担当。

目前我国城市地铁文化建设正处于实践探索阶段。北京地铁在北京市规划委员会和市轨道交通建设管理公司的协同管理下,制定各线路公共空间的文化艺术作品。上海申通地铁集团在上海市委宣传部、文化广播影视管理局的共同指导下,推进海派文化与当代人文情怀的地铁公共艺术文化建设。深圳公共艺术中心是全国首个城市公共空间艺术服务机构,对深圳地铁文化墙进行统筹规划,并以"地铁美术馆"为项目主题,挖掘深圳地域特色,打造艺术精品。然而大部分城市存在地铁文化传播主体角色模糊、长官决策、垂直管理等问题,由于缺乏前期协调与统筹,地铁站域文化资源的统一开发与地铁文化传播协同机制受到牵制。一方面地铁作为社会容器的公益文化价值日益凸显，另一方面地铁户外广告的商业媒介优势使地铁公共空间处于商业与公益的博弈状态。地铁部门向上接洽文化部门的统筹指示，落实工作执行，向下牵头与各个文化机构间的组织合作，协同文化项目的多元化策划与开展，是改善站域文化传播生态的关键。因此，只有作为权力主宰方的地铁单位积极发挥牵头引导，才能保证地铁文化传播内容的公益性、多元性、公平性，平衡商业利益与受众文化诉求，引导地铁文化建设良性有序地发展。

在城市地铁部门内部应考虑建立专业化的管理组织，效仿伦敦交通署下辖成立地铁艺术计划组、蒙特利尔地铁公司下辖成立艺术与遗产委员会专业管理团队等管理模式，统一调度地铁站域文化资源，将地铁文化传播平台运营交由文化、艺术等交叉学科领域人员管理；成立专职的地铁文化传播事务管理团队，全方位统筹把控地铁站域文化传播平台的运作架构和运作模式，对地铁文化传播进行整体把控和引领，以期地铁文化传播从管理决策到运营反馈的全面提质增效，实现地铁文化传播高效、良性、稳定的可持续发展。

二、引导社会化组织多方参与

由于单一的机构或组织在城市文化建设中关注的目标相对狭窄，难以顾及文化发展所涉及的众多方面，因而在地铁文化建设中建立广泛对话的合作伙伴关系是充分发挥文化资源的社会、经济、人文诸多方面作用，建立更为广泛的社会和文化认同的有效途径。地铁文化传播服务于城市主流群体，受众社会构成复杂决定受众文化需求多元，因此地铁部门应协同各类社会文化机构与组织共同参与地铁文化传播平台建设，在一定程度上将文化项目决策权交付专业机构，通过合作伙伴关系"引智"专业决策，引导地铁文化传播内容的多元化、活力化发展。

1. 系统性合作关系

地铁文化传播的社会化组织、系统化协调机制强调多方社会组织的协同配合，地铁部门可与相应的城市职能部门、文化机构与组织建立系统合作关系。在前期策划阶段，地铁文化规划与城市文化资源的协同开发密切关系，地铁部门应邀请城市部门、旅游部门、区域文化中心共同参与站域文化资源与地铁线路的一体化开发政策制定，加强部门之间横向联系，使得地铁文化规划有更为明确的指导性和针对性。在文化内容的策划环节，应将一定比例的文化项目交付地铁站域文化机构与组织。地铁线路覆盖城市各个重要经济文化节点，应与站域文化资源形成良好的互馈关系。一些地铁站域大型文化机构往往是相应区域的文化磁力中心，能为地铁线路文化策划提供素材与灵感，地铁部门应考虑与城市重要文化机构建立系统性的文化合作。在国内的案例中，北京、深圳地铁单位与城市公共图书馆合作策划了"M·地铁图书馆"项目，将城市图书馆的电子阅读资源持续输送给地铁受众；上海地铁在人民广场站设置地铁音乐角，联合上海歌剧院向沪上观众推广高品质的音乐艺术。公共文化机构的广泛参与一方面保证了地铁文化传播内容的长效性、专业性与多样性，另一方面参与合作的文化艺术机构也借助地铁空间实现了自身宣传。地铁公司与参与主体在合作中达成互利共赢关系，协同推进城市公共文化服务的建设与普及。

2.项目性合作关系

地铁文化传播平台是平等、开放与包容的，不仅是城市政府、官方文化机构自上而下的文化推广渠道，也应考虑为城市新兴文化产业提供一定的孵化空间，为青年艺术组织、独立艺术机构、社区文化中心提供自下而上的文化传播土壤。如香港地铁在每周五固定时间开放中环地铁站作为演艺空间，为青年表演者提供展示舞台；巴黎地铁在车站空间预留固定的海报墙专门用于宣传周边的歌剧院栏目信息。在具体地铁站点的文化项目中，地铁单位可通过成立合作伙伴联盟，联合城市新生文化力量，针对不同项目或具体事务进行合作，拓宽地铁文化发展的思路与维度。

第二节　保障资金来源稳定，确保文化项目有效开展

稳定的经济来源是地铁公共文化建设长期可持续发展的关键，作为落实公共文化政策的重要环节，它有效地促进和保证了文化项目的执行。我国很多城市地铁文化发展上的缓慢、停滞，重要原因就是缺少强制性的资金落实与机制保障。

一、保证政府公益文化事业投入

1. 公益性文化事业经费

地铁文化建设属于城市公共文化事业范畴,其落实需要大量的资金投入。以世界范围内来看,城市文化建设依靠公共资金的模式仍然相当普遍,公共文化支出大部分都来自政府的公共支出及不同的基金组织。目前我国文化事业的建设基本上都是由政府负责投资。由于公益性文化事业所具有的社会功能对发展社会目标具有重要作用,政府应当不断加大对于公益性文化事业领域的投入。地铁线路建设运营与地铁文化建设都属于公共事业,地铁文化发展自然应该受到公益性文化事业的经费支持。然而地铁文化建设作为非传统文化事业,依附于地下基础设施系统,处于交通与文化领域的交界,使其在财政支持中不能得到有效保障,这也是地铁空间商业媒体广告与公益文化发展难以取得平衡的症结所在。因此,在城市地铁建设中相关部门应思考如何解决文化发展的经济制约,加强政府公益性文化事业支出对地铁文化建设的针对性与指向性。

在传统媒体时期,百分比艺术法案在保证艺术经费稳定支出方面获得较多国家的认可与采纳,加拿大、美国等许多发达国家城市地铁系统都推行了这项政策法案,我国城市可以借鉴相关经验。百分比艺术法案规定市政工程项目拨出百分之一的经费用于公共艺术项目,落实于地铁系统即地铁站点工程建设款的百分之一用于发展地铁公共文化艺术项目。目前我国处于百分比艺术法案的探索阶段,很多艺术界的专家都在呼吁推行此政策,早在1997年全国政协委员、艺术家韩美林委员就提出过《关于在中国城市建设中实行"公共艺术百分比建设"方案的提议》,我国住房和城乡部的雕塑建设指导委员也在《关于城市雕塑建设工作的指导意见》中明确提出"从建设资金中提取一定比例的资金用于城市雕塑等公共艺术的建设"。2003年,台州市政府出台了《关于实施百分之一文化计划活动的通知》,对百分比政策进行了首次实践。城市地铁线网辐射庞大的地下基础设施空间,一旦采纳百分比政策必然有效解决资金来源问题,以此保证地铁文化项目积极开展。同时,经费使用应更加灵活与变通。进入新媒体时代,地铁站点文化传播路径与维度明显升级,公共艺术不再是站点文化实践的唯一方式,因此不必限制经费使用类目,可将其灵活用于地铁文化传播平台的建设与运营,均衡有序地分配于各类文化项目。

2. 公共交通的文化专项经费

地铁线网是城市公共交通系统中的骨干脉络，地铁文化建设不仅对公共文化服务具有促进作用，也通过优化公共交通体验，鼓励低碳绿色出行，提升公交通勤比例反哺交通事业发展。因此，可在城市公共交通支出中直接划拨一定比例的专项文化经费用于轨道交通系统的文化支出。20世纪70年代以来，美国为逆转私人汽车泛滥导致的一系列城市问题而展开公共轨道交通复兴计划，其策略包括将一定比例的经费用于美化公共交通环境，以此复兴和改善城市公共交通系统。伦敦地铁文化艺术发展资金来源之一是市长交通战略项目的基金扶持。地铁文化传播以公共交通网络为载体，公共交通文化专项经费的明确划拨对于落实地铁站域文化资源的一体化开发与地铁媒介空间的协同建设具有重要作用。

二、打通多元文化建设资金渠道

在保障政府对文化领域资金投入的同时，还需要拓展多样化的资金来源，解决文化建设资金短缺的问题，可以尝试以下这些文化建设方面的多渠道的资金筹措模式和途径。

1. 社会捐赠

社会捐赠是社会力量对文化艺术领域进行赞助的有效途径，受到政策法规的积极鼓励。许多国家通过减免税收推动个人与企业向艺术机构、艺术项目进行捐赠或赞助，为西方城市的文化建设筹措了大量的资金。在地铁文化建设领域，企业捐赠是公共艺术项目获资的渠道之一。如东京大江户线在建设时正值日本经济寒冬，该线的公共艺术经费很大部分来源于社会筹款，其中约半数公共艺术作品是由企业以实物捐赠的方式直接赠予地铁单位；蒙特利尔早期的地铁文化建设以设置雕塑等公共艺术作品为主，在未推行百分比艺术法案前，绝大多数艺术作品都是企业和文化机构捐赠的。进入新媒体时期，多样态的文化传播路径高效赋能地铁空间媒介场景，实体媒介层面的公共艺术不再是地铁文化建设的唯一方式和主导方式，企业捐赠资金的分配与使用更加灵活，如伦敦地铁将政府拨款与文化慈善基金会、商业机构等社会组织的捐赠经费进行统一调度，统筹分配于各类文化项目中，并以一定的冠名方式回馈企业的公益行为。

在相关政策法规推动下，我国文化艺术领域的社会捐赠逐步发展起来。2000年国务院发布《关于支持文化事业发展若干经济政策的通知》，继续宣传鼓励相关企业机构对文化事业的捐赠。通知中规定，社会力量通过国家批准成立的非营利性的公益组织或国家机关对文化事业的捐赠将纳入公益性捐赠范围，经税务机关审核后，纳税人缴纳企业能够获得相应的税收减免。然而在地铁文化建设领域，政府财政补贴仍然是文化项目经费的主要来源，鲜有社会力量介入公共文化宣传的案例和政策。这与管理结构模式的不完善性直接相关，地铁文化传播中的商业广告与公益文化的界限划定过于绝对，自下而上、自发参与文化传播的渠道相对缺失，致使很多企业难于为地铁公共文化建设贡献社会力量。因此，建议地铁文化管理职能部门进一步完善社会机构融入地铁文化传播平台的途径，通过适当减免税收、赋予企业冠名权等方式积极回馈社会各方对文化艺术项目的捐赠，缓解政府作为唯一财政支出者的资金压力。

2.文化艺术基金

基金会是在慈善捐赠的基础上发展而来，促进对捐赠行为更加科学规范的管理。基金会以中介角色参与社会治理工作，对政府和社会组织的行为缺陷进行拾遗补阙，从而成为影响并推动社会良性发展的重要力量。基金会除了有由国家与地方政府支持的公立基金会之外，还有由企业以及家族赞助的私人基金会。我国的国家艺术基金会成立于2013年12月，作为公益性质的基金会，其资金主要由中央财政进行拨款，并且依法接受自然人、法人或其他组织的捐赠。其目的是繁荣艺术创作，培养艺术人才，打造和推广精品力作，推进艺术事业健康发展。我国国家艺术基金会在资金来源上，既发挥了国家财政资金的主导作用，又充分调动社会力量的积极性，接受社会捐赠，为社会资金资助文化发展提供新的开放平台。国家艺术基金会重点围绕创作生产、宣传推广、征集收藏和人才培养四大方向进行资助，申报主体面向全社会，国有或民营、单位或个人，均可按申报条件申请基金资助。

我国地铁文化建设资金渠道拓展可采用基金会模式，成立城市地铁文化艺术基金会，一方面，借助国家平台资源，保障稳固的文化基金来源，有效利用公共基础设施建设契机推进地方文化发展；另一方面，借助基金会广泛吸纳社会力量，科学管理来自商业组织、个人赞助者等多方资金，统筹调配与运作资金流向,保障地铁文化建设多维度、多视角地长效运行。

第三节 加强文化资源整合,促进平台融合

地铁作为城市公共交通的骨干,其客流具有量大、面广且稳定的特点,为文化资源的传播提供了广泛的受众基础。加强地铁站域文化传播与各类文化资源的整合,促进文化平台间的融合,不仅有利于提升地铁的人文品质,还有利于推进各类文化机构的协同发展、推动城市文化资源的全民共享。

一、融合公共文化资源平台

公共文化资源是由政府主导、社会力量参与,以满足公民基本文化需求为目的而提供的公共文化设施、产品、活动、服务以及与上述对象相关的公共文化主体[120]。随着物质生活的日益丰富,人们的精神文化诉求也日益凸显。公共文化资源作为一种公益性、非营利性和非排他性的文化资源类型,对于提升人们的精神文化生活具有重要意义。根据地铁站域文化传播的特点,结合地铁乘客的需求,在地铁站域文化传播的过程中,融合适宜的公共文化资源平台对公共文化资源功能的发挥、地铁站域文化传播资源的丰富都具有重要意义。

1. 联合公共文化机构

公共文化机构是指专门从事文化工作、具有法人资格、独立核算的,为公众提供公共文化服务的企事业单位,包括从事群众文化、图书档案管理、文物保护、艺术教育、艺术研究、文化娱乐、新闻出版等的机构,以及其他文化机构。各公共文化机构通常根据自身的文化资源优势开展不同的文化服务,对丰富人们的精神生活具有重要意义。轨道交通的普及化发展使地铁站域的功能已不再局限于满足人们地铁出行这一基本需求,而逐步向社会化、综合化、品质化方向发展。地铁站域在文化传播中联合各公共文化机构,以地铁站域为空间载体,发挥各公共文化机构的自身资源优势,不仅是丰富地铁站域文化传播内容、提升地铁搭乘体验的优化路径,更是扩展各公共文化机构受传者、落实基层公共文化服务"最后一公里"的有效途径。

地铁站域与公共文化机构的联合可结合各类机构的文化产品类型的特点,

选择适宜的文化传播方式。例如，对于拥有以书籍、报刊、音像制品、展板等物化资源为主的公共文化机构，可将部分文化资源以展示的方式嵌入地铁站域实体或虚拟传播媒介，让地铁乘客在日常出行的过程中获取公共文化机构的文化资源；对于拥有小型文艺演出、文化讲座、艺术示范等综合文艺类资源的公共文化机构，可采用在地铁站域联合举办文化活动的合作形式；对于以培训类资源为主的公共文化机构，可采用线上、线下或线上线下结合的讲座培训，为人们提供多元的自我提升机会。新媒体时代，媒介技术的更新和迭代为地铁站域和公共文化机构的合作方式提供了更多可能，传播方式将在不断的探索中日益优化。

地铁单位联合公共文化机构将多元公共文化资源引入地铁站域文化传播中，既可充分发挥公共文化机构的资源优势，弥补地铁站域文化资源的不足，丰富地铁站域文化传播内容，又可扩展公共文化服务的受众范围，推进公共文化服务的均等化、普惠化、便捷化，提升人们公共文化的获得感。

2. 共享公共数字文化资源

公共数字文化资源是政府为了保障社会公众的基本文化权益，以政府财政为主要资金支持，基于数字化、智能化的技术，通过网络向社会公众提供所需的文化信息资源的服务。具体来说，公共数字文化资源包含各类公共文化机构的各类数字文化资源，资源类型主要包括图书、期刊、报纸、文物、手稿、档案、美术作品、非遗资源、少数民族资源、口述历史作品等，通常以视频、图片、文本、音频等形式呈现。

互联网技术的快速发展让信息的存储、获取和共享方式更为多样和便捷，也为地铁站域文化传播与公共数字文化资源的融合创造了可能。近年来，以现代信息技术为支撑的公共数字文化体系基本形成，在此过程中积累的海量数字文化资源构成了公共文化资源的主体。在地铁站域的文化传播中，融合的公共数字文化资源有助于突破人们在信息获取上的时间和空间限制，推动公共数字资源的高效获取和全民共享，同时也为公共数字文化资源普及化利用提供有效途径。

地铁站域文化传播平台协同公共数字文化传播平台能够实现地铁站点与周边文化机构、场所的数字化文化资源的信息共享，加速城市文化资源的媒介融合与一体化发展，加速地铁文化信息的裂变式传播与发酵。利用数字化模式的大数据、云计算等定位服务关联受传者的两微一端，将方便地铁用户获知地铁站点周边文化资讯，优化地铁网络的文化纽带功能，更好地落实社会公共文化服务。

例如，由京港地铁和国家图书馆在北京合作启动的"M地铁·图书馆"项目致力于将阅读文化与都市地铁出行相结合，在移动的城市地铁空间中为人们打造一座移动图书馆（图7.1）。人们通过扫描活动主题站或专列上的二维码，即可免费阅读优质图书的电子版并参与该活动的线上互动。该项目以高流量的公共交通出行平台为依托载体，借助地铁这一城市公共空间的优势，实现了传统实体图书馆的电子资源在地铁空间中的二次传播。地铁站域与文化机构合作，借助新媒体时代的虚拟媒介将各类公共资源融入地铁线网的媒介空间，将阅读、展览等高品质文化引入地铁乘客的日常生活，引导地铁受传者向文化场所受传者的身份转变，加速公共数字文化资源利用、普及、融合，促进了公共文化资源再利用与公共文化事业的优化发展。

3.公共文化服务多边平台

建立公共文化服务多边平台是响应十九大报告，完善公共文化服务体系，加快推进公共服务均等化，不断满足人们日益增长的美好生活需要的重要措施。地铁站域文化传播平台建立的宗旨与推进公共文化服务的目标一致，因此提出地铁站域文化传播的公共文化服务多边平台——以地铁站域文化传播平台为核心平台，以地铁站域的公共文化机构主导的公共数字文化资源为扩展，形成以文化资源共享为目标的公共文化服务生态圈。

地铁公共文化服务多边平台主要连接三类基本群体，即地铁站域文化传播的受传者、平台建设方、文化资源提供主体。受传者即地铁乘客是平台所提供的公共文化资源、产品或服务的享受者。平台建设方是指平台的主要责

图7.1
北京大学东门站"M地铁·图书馆"项目

任主体，由其对平台制定规章制度、进行运作管理和监督评估，并提供有效的管控，可由平台建设的牵头单位承担，也可包含多层级的协作单位。文化资源提供主体是以直接或间接形式为地铁站域的公共文化服务提供文化资源或者数字文化资源的公共文化机构。

地铁公共文化服务多边平台以地铁站域文化传播平台为基础（图7.2），旨在整合公共文化资源，促进公共文化机构合作，系统性深化地铁站域文化传播与公共文化服务体系的融合互馈，促进公共文化服务的多元供给，提升公共资源利用效率，扩展公共资源利用渠道。总体而言，以地铁站域文化传播平台为依托的多边平台有助于加强公共文化服务治理，推动相关机构合作，促进文化服务的协作创新和协同发展，进一步保障基层群众文化服务权益。

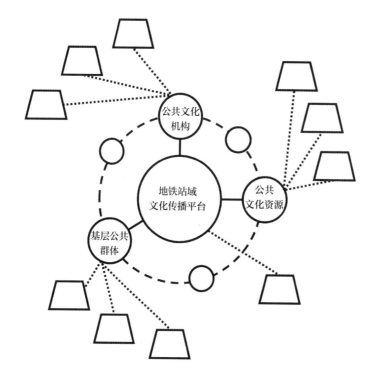

图7.2
地铁公共文化服务多边平台

二、衔接社会文化资源平台

社会文化资源通常是指具备某领域专业优势的非营利性组织，该类组织较为特殊，其运营管理不以营利为目的，而看重公益性和社会效益，包括社会团体、慈善机构、科研机构、行业协会等。以地铁乘客的现实生活需求为导向，在地铁站域文化传播环节引入适宜的社会文化资源，不仅能够丰富地铁站域文化的现实内涵,也能在一定程度上提升地铁传播媒介角色的功能价值。

1. 社会文化组织介入

社会文化组织处于国家行政和市场经济之间,由公民自愿组成,提供文化类的公共产品和服务,以丰富其所在地或所服务地居民的精神文化生活,从而促进我国文化事业的发展繁荣。社会文化组织具有社会性、非政府性和非营利性,是社会文化资源的重要组成部分。社会文化组织往往深入基层,深入人们的生活,能够充分了解人们的需求。同时,由于社会文化组织规模小、数量多、类型多,相比政府,运作更为灵活。

将一定话语权赋予各类社会文化组织,给予其参与地铁站域文化传播决策的机会,有益于塑造更为民主化、社会化、自由化的地铁站域文化传播生态。以社会文化组织的文化资源为基础开展一定数量的文化活动,将为地铁乘客提供更为广阔的公共交流空间,满足居民多样性的现实需求,提升地铁乘客对地铁文化的认同感,从而为文化传播工作的开展提供便利。

以南京软件大道地铁站为例,该站是由中国(南京)软件谷、南京地铁集团联手打造的全国第一个创业主题车站(图7.3)。车站项目以地铁站空间为载体,依托中国(南京)软件谷高度集聚的人才、项目、资本等创业要素,聚焦创业的人、事、物,为社会搭建一个开放的众创平台,在传递创业文化精神、激发创造活力和营造创业氛围方面具有重要的促进作用。该平台建立以来,不仅促进了软件谷连年的高速增长,也吸引了众多乘客关注创业创新,提升了社会的创业创新氛围。

图7.3
南京软件大道创业主题车站

2. 公益性组织介入

公益性是地铁站域文化传播的主流基调，公益内容策划更要落实"公益性"。地铁站域作为城市地铁出行的中转空间，每天承担着大量人流和信息的集散，地铁站域文化传播应注重公益培育，号召社会各界人士积极参与公益服务，为社会各界企事业单位和热心人士搭建公益服务的桥梁，有利于社会良性互助机制的形成。根据培育的方式和内容的差异，以地铁这一公共交通平台为依托的公益培育平台可进一步细分为地铁志愿服务体验平台、社会公益平台、公益孵化平台三种主要类型。

地铁志愿服务体验平台结合地铁日常运营服务的需求，让公众参与维护地铁的日常运营服务，为公众提供一个深入了解地铁、锻炼自我的机会。例如武汉地铁在洪山广场站、武汉商务区站、体育中心站、王家湾站、江汉路站、黄浦路站6个地铁站成立的"青少年志愿服务实践基地"，就是为广大中小学生提供在地铁体验志愿服务的平台（图7.4）。

社会公益平台将地铁站域空间或者地铁车厢作为公益活动实施的场所，利用其客流优势提高公益宣传的力度。例如上海陕西南路站音乐文化长廊的凌空金鱼艺术展项目（AQUARIUM）集灯光、音乐、气味于一体，将传统文化与现代艺术融合为一体（图7.5）。

公益孵化平台旨在为社会爱心企业、社会组织、公益机构与志愿服务搭建桥梁，根据各企业的实际需求提供量身定制的公益服务。该类型的公益培

图 7.4
武汉地铁"青少年志愿服务实践基地"

图7.5
上海陕西南路站凌空金鱼艺术展项目

育项目有助于促进社会各方更便捷地进行公益项目对接,促成更多的社会公益项目落地。

第四节 策划多元传播主题,精准对位受众需求

从国内地铁站域文化传播资源现状来看,虽然资源类型丰富多样,但传播主题以商业化、消费化、娱乐化与流行化的大众文化层面为主,主流文化传播形式单一,精英文化涉及较少。新媒体时代是一个多元文化并存的时代,

大众文化担负着凝聚人心、感召民众和传承文化的重任；主流文化引导主流价值观、引领时代主旋律和文化风尚；精英文化旨在表达审美趣味、价值尺度和社会责任，发挥范导功能。因此，应从不同文化层面策划多元传播主题，丰富文化传播内容；同时结合新媒体语境，精准定位受众群体，创新主流文化传播方式，精准设置精英文化的传播主题。

一、主流文化的亲民化传播

主流文化（又称官方文化）是表达社会主体意志（国家意志、利益和意识形态）的文化，崇尚公德、法制、秩序和社会责任感，反映了社会主体的价值观、情感表达和信仰，在社会上占主导地位，是当下社会和时代所倡导的起着主要影响的文化，具有较强的影响力和广泛性。常见的主流文化包括党政、爱国、国防等主题内容。

在主流文化的传播中，由于其具有历史性的民众认同优势，采取固守阵地的传播方式，容易导致传播观念僵化、内容虚化、表现形式缺乏亲和力。地铁乘客量大面广，通常是城市的主流人群，地铁站域作为文化传播的重要平台，应以高度的历史责任感和使命感，以适宜的方式促进地铁站域文化传播与主流文化的融合，让主流文化以人们喜闻乐见的方式直接对接城市主流人群进行亲民化传播，这既是丰富地铁站域文化传播内容的需要，也是弘扬主流文化的需要。

1. 主题教育阵地

随着城市空间的不断扩容，地铁站域已成为城市人群集散的重要场所。地铁的客流优势及站点内部的空间特点为主题教育活动的开展提供了良好的受众和空间基础。一方面，地铁媒体的浏览群体多、受众面广，充分利用这一优势，将主题教育与地铁站域的文化传播相结合，有利于扩展主题教育的受众范围。另一方面，地铁站点的内部空间通常比较宽敞，适合布置和开展主题教育相关的展览和活动。

地铁站域文化传播中主题教育的开展需坚持"因地制宜"的原则。首先，由于不同站点的区位差异及不同类型站域周边的土地利用差异，不同的地铁站域通常聚集着不同类型的人群，在主题教育的主题策划上，需结合站域的人群特征进行传播主题的策划和选择。例如，在北京地铁"清风北京"廉洁文化主题教育地铁站的选择上，前期经过了多次反复现场勘察和论证，最终确定为六里桥地铁站。北京地铁六里桥站作为京城西南角的交通枢纽，日均客流达22万人次，客流来自市纪委市监委、市交通委、市红十字会、首发集团等周边政府机关、企事业单位以及居民和进出京人员，符合"清风北京"主题教育的对象定位，这是该主题教育阵地选择设定于此的重要原因之一。其次，在主题教育的具体开展中，还需结合地铁站域的空间特征，进行主题布展和活动开展。例如，六里桥站车站内部的空间特点也是最终将北京地铁"清风北京"廉洁文化主题教育阵地设定在此的又一重要原因。该站内有5000平方米开阔高挑的圆形站厅空间，通透的视觉空间为设计者规划设计方案、引入新媒体新技术创造了条件。此外，地铁站域文化传播的主题策划和内容选择还需充分考虑站域周边现有的文化资源，以发挥站域的文化资源优势。

南京地铁自2008年起先后打造了多个主题车站，例如2018年八一建军节之际，以国防教育为主题的车站在4号线的岗子村站正式建成（图7.6），并长期向社会免费开放。南京地铁将国防文化、国防情怀与地铁站域的文化传播相结合，并融合了新媒体时代的虚拟媒介方式，在该站3号通道的两侧设置了4个二维码，手机客户端扫码即可移动观看国防教育展览，还可以走进南京市部分国防教育基地的线上展厅，在线上接受国防文化的熏陶。

以地铁站域的文化传播为契机，将主题教育资源与其相结合，以地铁站域为空间承载开展主题教育，借助不同的传播媒介和传播方式让主题教育的开展变得更加轻松，内容也更加丰富。把主流文化宣传教育的文化空间与地

图7.6
南京地铁国防教育主题车站

铁这一城市公共空间相结合，让地铁乘客在日常出行中接受不同的主流文化教育，这既是扩展主流文化教育渠道的有效手段和有效阵地，也是营造主流文化氛围、增加主流文化亲和力、实现主流文化亲民化传播的重要方式。

2. 文化课堂

主流文化对人们的熏陶和影响是一个长期的、潜移默化的过程。在快节奏的城市生活中，地铁站域日益成为城市主流人群日常频繁接触的空间，创新主流文化传播方式将主流文化的弘扬与日常的地铁出行相结合打造地铁文化课堂，可以让人们在日常的出行中无形中受到主流文化的熏陶，潜移默化地影响人们的价值认知。

地铁文化课堂异于常规城市主流文化宣传和弘扬，以地铁站域为主流文化传播的空间载体，从地铁站域的主流文化资源优势出发，结合地铁乘客出行特点和心理需求，创新利用新媒体技术丰富参与方式，激发受传者的学习兴趣和热情，将过去枯燥无味的灌输式的主流文化的教育方式融入趣味性、互动参与性，注重受众体验、参与及互动，将预期的知识点通过生动的教学方式传授给地铁乘客。地铁文化课堂旨在让受传者在参与中感受主流文化的趣味和价值，产生对主流文化的认同感；让受传者在充满活力、和谐融洽的氛围中，在寓教于乐的参与体验中，以全新的视角探寻、认知、了解、弘扬主流文化。

例如，为宣传国家新时代治国理政的方针和理念，北京市纪委市监委和北京地铁充分利用地铁在文化传播上的优势，让廉洁文化搭载地铁这一文化传播的"快车"，打造了"一站一车一网"的全方位、全媒体的立体化廉洁文化课堂（图7.7）。其传播方式与新媒体时代的传播媒介和技术相结合，利用

图7.7
北京地铁的廉洁文化课堂

二维码技术、360度LED旋转大屏、高清电子大屏、3D全息投影、AR技术+体感采集等高科技手段向乘客生动传递廉洁文化，同时鼓励乘客参与传播的过程。在此过程中，受传者从过去的被动接受转向主动参与主流文化的传播，提升了传播效果。

将人们的日常出行与主流文化的宣传和弘扬相结合打造地铁文化课堂，可以让地铁结合自身优势发挥公共职能，扩大主流文化在城市主流人群中的影响力与认可度，更好地承担起弘扬主流文化、推进主流文化发展的时代使命，增强社会的文化底蕴和凝聚力，为社会发展提供动力。在此过程中也有助于提升地铁的人文内涵，让乘客在享受优质高效运营服务的同时，享受增值服务的新内容。

二、精英文化的分众化传播

地铁受众也包括受教育程度或者文化素质较高的群体，他们具有较高的审美趣味、个人涵养、文化修为与价值判断，体现了对不同文化品质与品位的追求，构成地铁受众中的精英群体。精英文化是知识分子阶层中的人文科技知识分子创作、传播和分享的文化。伴随整个社会文化自信的再提升，品质文化亟须出现"重心下移"的态势，普通大众文化需求日益多元化、文化品位日益提高，这些均有赖于精英文化的渗透、扩散、传播。随着地铁受众群体的素养提升，个体需求日益受到重视，"大众传媒"逐渐走向"小众化""分众化"的传播局面。精英文化传播应通过剖析受众特征进行分众化精准传播，设置有文化内涵、高品质的传播主题，形成涟漪效应，逐渐蔓延渗透到大众群体中，这既能够重振精英文化，也是满足地铁乘客多元文化取向与更高精神文化需求不可或缺的重要途径。

地铁站域精英文化的主题策划和传播需建立在对受传者群体细分的基础上，明确受传者差异化的特征和需求，精准定位受传者，找准切入口，可让传播讯息具有更高的传播度。因此，通过对受传者的深入解读，在群体细分的基础上分析受传者的个性表达需求和特定文化诉求，洞悉受传者个体差异下的兴趣偏好，可为精英主题的定位和策划提供依据。例如上海地铁启动的"在地铁邂逅诗歌"活动中，受传者定位明确，指向爱好诗歌、具有文艺情怀的部分人群，主题策划内容跳出城市文化价值观宣传等粗放型宏观叙事窠臼，以文化活动、事件形式制造传播影响力（图7.8）。

此外，大数据技术的快速发展为精准定位地铁站域文化传播的受传者奠

图7.8
上海新天地站"在地铁邂逅诗歌"项目

定了技术基础,可精准定位受众所在区域。以信息化手段进行大数据分析,描绘精英文化的受传者画像,以此实现传播主题、传播形式的不断优化,为受传者自我需求的满足和自我实现创造条件。网易云音乐广告在杭港地铁的成功投放就是得益于对受传者的精准定位。该项目通过大数据统计分析得出网易云音乐的核心用户大部分为90后,90后初涉职场,经济能力有限,地铁自然而然成为他们上下班的交通工具,在地铁上投放广告,正好覆盖大量精准用户。

在地铁站域的文化传播中,透过大众传播的视角传播精英文化能够引起受传者的情感共鸣、激发受传者的心理认同,是丰富地铁站域文化传播内容、振兴精英文化的有效途径之一。同时精英文化传播还承担着引导和影响年轻人的审美价值、增强主流群体的社会责任感的使命,进而能够提升文化品质、促进本土文化繁荣发展、弘扬当代优秀文化价值。

第五节 适应传播技术更新迭代,发挥技术潜能

在科技时代,媒体融合以信息化驱动现代化,利用最新的互联网技术和数字技术建设新媒体平台成为主流。新媒体的"新"主要体现在前沿的科学技术与文化传播方式的结合,以此区别于旧有的传播方式。现阶段,我们已

经进入了数字新媒介传播时代，新媒体作为当下热门的传播媒介，其形式都是建立在技术革新的基石之上，以"人人皆媒"的泛媒体网络空间呈现，如基于VR、AR技术的沉浸式媒体，大大突破了传统信息传播技术的种种障碍。

一、创新运用常规技术

现阶段新媒体时代城市地铁站域文化传播过程中普遍运用LED光电技术，以显示屏作为传播载体。同时开始尝试运用虚拟现实VR技术及3R技术提供沉浸式体验等。为了达到更好的传播效果与进一步满足受众体验，在现有常规技术的前提下，需要进行有针对性的创新以带来全新的传播效果。

1. LED光电技术创新应用

图7.9
上海12号线国际客运中心站的"星空"意象

LED光电技术是新媒体文化传播技术中最常见的技术手段，表现内容为二维平面化形式，传统电子显示屏通过文字、图片、视频等进行信息传递，方式单一。进行创新应用需要明确使用场景的主题定位，将特定的场景与特殊的表现氛围相结合。以星座为主题的上海12号线国际客运中心站通过LED光电技术营造"星空"意象（图7.9），它的顶部为全覆盖的LED深蓝色弧形"天幕"，通过点缀"繁星"营造出一片璀璨的星空。弧形吊顶上原位复刻12星座图，时不时还会有"流星"划过，创造了极佳的场景体验。

创新应用LED光电技术还可以将2D的LED显示屏幕做出3D的效果。韩国4D创意公司d'strict工作室在韩国时代广场设置了一块宽80米、高23米的LED屏幕，3D效果的"巨浪"是不断投影平面海浪达成的视觉效果（图7.10）。巨浪投影不仅在视觉上形成了海浪破屏而出的效果，在听觉上也营造了巨浪翻涌的声音。科技与艺术的结合给人们的生活带来了别样的乐趣。

2. 由VR技术向3R技术转变

随着新媒体技术的发展与运用，受众对于传播效果的体验提出更高的要

图7.10
韩国时代广场的"巨浪"屏幕

求：由传统的单向度的文化信息传递逐步向全沉浸式的感知体验转化。虚拟现实技术（Virtual Reality，VR）被越来越多地运用于新媒体文化传播中，这种技术能在一定范围内生成视、听、触觉一体化的虚拟环境，用户借助必要的装备能够以自然的方式和虚拟环境中的物体进行"交流"，从而获得身临其境的感受和体验。现阶段虚拟现实技术已由初级的VR技术向3R技术进行转变。

3R技术即VR、AR、MR的统称。VR技术即虚拟现实技术，运用各种技术手段创建虚拟环境，用户在虚拟环境中使用对话型设备进行对话和体验，操控虚拟世界。AR技术即增强现实技术，是将计算机创建的虚拟环境与现实世界叠加在一起，增强和强化现实世界。MR技术即混合现实技术，是一种可以实时交互的技术，该种技术将虚拟环境和实际环境组合后创建一个新的可视化的三维世界。AR、MR技术是在VR技术的基础上逐渐升级，3R技术能够实现部分或者完全沉浸式的个人体验，这种沉浸感让人身临其境。"维他"柠檬茶在上海地铁2号线静安寺站组织了一场互动体验活动，设置了一面10米长的互动电子屏幕，只要行人走到这块"实况转播"屏幕前一定距离内就可以通过AR技术在现场的电子屏上得到自己专属的柠檬茶表情包。

演播厅将超高清LED屏作为重要的显示载体，配备虚拟演播室系统以及大数据、融媒体、海量信息等数据链，打造360°全景高清数字媒体AR演播厅，实现身临其境的视觉化体验。

在创新运用VR技术的过程中，全息立体成像、巨幕投影、沉浸式多感官体验等技术的应用能够营造出一种身临其境的"参与式"体验，原本静态的文化传播转向集视觉、嗅觉、听觉、体感于一体的动态传播，大大提高了文化传播的效率。

二、探索应用前沿技术

新媒体技术的发展对网络提出了更高的要求，传统的无差异化的文化传播方式已经无法满足个体的差异化需求以及个体对于文化的不同诉求。随着5G技术的普及、视频技术的迭代和提速降费的推动，未来地铁站域虚拟媒介环境将拥有更为得天独厚的发展空间。充分利用5G技术、大数据云计算技术等前沿技术，在保证容量的前提下，可以实现有针对性的、有目的性的高效率文化传播。

1.5G技术

5G技术引入地铁场景提升了乘客在车厢内使用移动手机进行通信的用户体验。短视频已经成为当下最流行的一种新媒体，短视频之所以能够在兴起后快速传播，是因为短视频具有简约、短小、技术成熟等特点，正好能够满足人们当下对生活和新媒体的需求，这种信息实时更新以及个体自主选择信息的特点是传统的文化传播媒介无法匹及的。例如，现在特别流行的抖音APP通过数字信息技术的大数据算法能够根据每一个用户的喜好为其精准推荐相关的视频，有利于文化信息的快速传播。在使用地铁乘车过程中会产生很多碎片化时间，例如等车、候车、乘车等，这些碎片化时间的存在已经成为大多数人的生活常态，大多数人都会利用这些碎片化的时间来汲取知识或者休闲娱乐，短视频的出现正好能够满足人们的需求。5G技术的发展与运用为短视频的发展提供了技术支持，加快了短视频这种新媒体的传播，同时加快了信息传播，更大程度上实现了资源共享。

2018年1月，成都地铁10号线太平园站成为全国首个5G地铁站。2019年3月8日深圳地铁携手华为共建"地铁智能体"。深圳首个"5G+AI"科技地铁体验区现身福田地铁站，助力深圳地铁推进地铁数字化转型，全力打造"5G+AI"智慧枢纽，通过"5G+AI"实现"智慧地铁""无感乘车""客流大数据"等智慧应用。未来深圳地铁将更加"智慧"：通过对客流进行大数据分析，提升地铁旅客处理容量和提高应急事件响应速度；通过大数据和可视化技术实现地铁的智能化运维；通过人脸识别技术，创新性地实现旅客便捷无感乘车；通过视频监控和物联网技术联动，构建立体安全保障体系。

2. 大数据云计算技术

信息技术是新媒体发展的引擎，新媒体技术的普遍运用意味着信息数据的多样化与海量化，以互联网为代表的新媒体为文化传播开辟了前所未有的信息储存空间，这种储存空间与生俱来的开放性、平等性、聚众性能将文化信息有效聚合，形成庞大的信息网络。庞大的信息数据依赖于计算机数据处理能力，随着信息技术的发展计算机存储的数据类型越来越多样化，传统的信息处理技术和数据存储模式将迎来革新和发展。大数据作为一种当前非常先进的处理技术，是未来的发展趋势。在新媒体技术进行文化传播的过程中有效应用大数据云计算技术提升文化传播能力。

5G技术刺激着物联网的发展，而物联网刺激着大数据的发展。在大数据技术的格局下，就需要一种更简单、存储信息容量更大的计算机技术辅助大数据分析技术的发展——云计算技术应运而生。云计算技术下的大数据分析具有独特的优势：云计算虚拟环境能够融合不同网络用户业务需求，实现大数据信息的延伸性和拓展性，以此优化网络资源配置，提高数据分析的细化力度，深入挖掘数据价值。

国务院发布的《新一代人工智能发展规划》中指出，新一代的人工智能主要是大数据基础上的人工智能。传统媒体在文化传播过程中难以关注受众的个性化差异。新媒体时代呼吁个性化、有特色的话语表达，文化权利的重新回归，主体参与意识的强化，促使大众个性化需求的萌发，使每个个体从"大众"中分离出来，成为具有文化主体意识的"个性化受众"。智能技术能够对文化信息传播与接收过程中的数据进行收集与分析，使受众得到即时性、个性化、可视化的反馈。大数据的数据分析预处理还可以帮助信息传播者对文化资源信息进行有效整合与利用，更精确地了解目标群体的诉求，让文化传播的相关政策的制定更具科学性和有效性。

随着5G、大数据、云计算、人工智能、物联网为代表的新型科学技术的发展，2013年，我国开始推进智慧城市建设，大数据和云计算技术在民生服务领域和城市综合治理方面得到充分应用。在对资源进行综合性整合处理的同时突出体现对于个体化的关注，运用一系列新技术建设"城市大脑"，对城市中的多源多维数据进行实时采集和动态分析，积极应对城市中的问题和缺陷，提升智慧城市服务能力和质量。如对城市中的交通信息进行实时监测，根据车流量大小合理调整红绿灯的响应时间，实现交通信号灯的无人调控和智能配时，这可以有效缓解交通拥堵，降低道路出行时间，极大提高智慧交通管理效率，帮助人们优化出行路线和进行停车引导等。地铁站域文化传播领域应紧跟智慧城市步伐，根据乘客兴趣推荐合适的文化信息内容，为乘客提供帮助和解答，推荐地铁站域附近配套服务，使乘客感受到城市交通的便捷，同时也帮助地铁改善运营服务。

第六节　拓展传播媒介实体空间，提升空间利用与感知

作为地铁站域文化传播的重要媒介空间，站内媒介实体空间无疑起着关键性作用。地铁站域内空间具有环境封闭、媒介形式多样、时间集中、受众固定等特点，提供了地铁站域文化传播的优良条件。在地铁站域媒介实体空间的整体设计中，应建立主次分明的全局观念。首先，地铁站域媒介实体空间应以交通通行功能为首位，具备明确清晰的标识系统，利用新媒体技术的多种表现媒介，醒目直观地引导空间流线，帮助乘客快速识别交通信息。其次，地铁站域中常规空间通常存在空间利用率不高的问题，空间效能未被充分开发，传播资源内容单一，大面积的商业广告充斥地铁空间。应在标识系统完善的基础上适当提升常规空间的文化传播能力，发掘空间传播潜能，使其与新媒体技术深度结合。最后，在已有传播媒介空间的基础上对常规空间进一步开发与更新，即挖掘与利用遗余空间使其充分发挥传播潜力，可以在一定程度上延展实体媒介的覆盖面积，强化文化传播效果。

一、提升常规空间传播效能

地铁站域内的常规空间主要是指乘客在整个乘车流程中被地铁站域所支配、使用频率较高的空间，包括站域出入口、站厅、站台空间等。具体可以分为地铁站内的通道式空间和驻留式空间。

1. 通道式空间

通道式空间主要包括地铁站出入口、站内通道、上下楼梯、扶梯、地铁隧道等，乘客在此类空间中采用或慢或快的方式移动，属于位移式的观赏方式，此时乘客的空间感受是最为直接和整体化的。在行进速度较为缓慢的位

移空间中，可以利用数字影像、交互艺术、电子机械、数据可视化等表现形式，体现具体化、图像化、数据化的公共艺术作品。传统媒介表现方式较为单一，更多的是静态的传播方式，因此受传者体验感较为单调。利用新媒介与技术将影像与声音等进行信息的交互传达，能够在一定程度上给人们带来不同感观相结合的体验。斯德哥尔摩一处地铁站出入口将传统的台阶设计成音乐楼梯，每一级台阶都有压力传感器与扬声器相连，人们每走一级台阶就会发出不同的声音，在享受音乐创作的同时贯彻健康、绿色、低碳出行理念（图7.11）。

挪威首都奥斯陆五号线尼达伦地铁站（图7.12）同样将新媒体技术手段创造性地运用于地铁站内，地铁站将出入口的自动扶梯设置成一个被称为"光的隧道"的互动装置。当乘客踏上自动扶梯，便会触发互动装置的感应开关，可在25秒内体验隧道中绚丽的灯光秀，灯光颜色伴着音乐有节奏的不断变化，仿佛穿越时光隧道一般美妙。

图7.11
斯德哥尔摩地铁站的音乐楼梯

图7.12
挪威首都奥斯陆五号线尼达伦地铁站的"光的隧道"

新媒体融入地铁站域内的通道式空间在一定程度上改变了乘客的行为方式，提升了乘客的乘车体验。

2.驻留式空间

驻留式空间主要指的是乘客进入站厅层或站台层后，候车过程中面对的隧道墙体、柱体、顶面等空间。根据我国城市轨道交通网公布的信息可知，上下班和上下学期间的通勤交通乘坐地铁出行的比例最高，占据整体出行人群比例的2/3以上。地铁受众人群每天在地铁里花费的时间在1～2小时之间，大多数乘客每日乘坐的路线比较固定，时间相对统一。根据城市的不同，以及上下班与其他时间段人流量的差别，每趟地铁的间隔时间也有所不同，平均时间为5分钟。乘客在站厅内候车通常需要一定的等待驻留时间，驻留时间与停站时间和不同站点的人流量有关，这一段时间是乘车全过程中时间较长的部分，应该充分发挥驻留式空间的有效利用率，使乘客枯燥的等待过程变得有趣。

地铁站域内站台的地铁屏蔽门的设置可以有效地减少空气对流，从而减少空调的能耗，也可以防止乘客误入或有意闯入轨行区或设备区，以及防止异物掉落轨行区影响列车正常运行。地铁屏蔽门通常被设计为一面面玻璃幕。屏蔽门可以与新媒体手段相结合，利用其较大面积的屏幕优势，更好地进行信息展示。2019年开始，屏蔽门新媒体MPGDS陆续在北京农大南路站、国家图书馆站运行，实现门体玻璃上的高清影像播放（图7.13）。"屏蔽门新媒体"这一创新型媒体为地铁媒体带来一股新风的同时，也为乘客带来更具乐趣、新颖的出行体验。

图7.13
地铁站"屏蔽门新媒体"

二、挖掘遗余空间传播潜力

遗余空间主要是指地铁站内部具有文化传播潜力但又容易被忽略的空间。地铁站内的遗余空间主要包括地铁站域内遗余空间和车厢内遗余空间。

1. 地铁站域内遗余空间

地铁站域内实体空间是乘客乘车过程中的主要使用空间，通常情况下乘客会把注意力放在常规的空间实体与空间界面，如构成地铁站域媒介环境的墙面、顶棚、地面和柱子界面等围合界面。乘客在乘车过程中经常会触及与感知这些空间要素传达的文化讯息。此外，地铁站域内还存在一些具有特殊性的媒介空间，其传播潜力可能被低估，如对其进行有效利用能够创造良好的传播效果。

地铁站域内除了乘客正常使用的空间以外，地铁隧道空间就其空间面积来看，占有相当大的比重，但通常情况下这一空间不被使用，乘客在乘车过程中，展现在眼前的是黑暗的窗外空间，偶尔会看到地铁窗外的动态广告。如能对这类广告进行特殊设计，将LED屏幕做成间距相等的长条形显示屏幕，运用地铁自身的运行速度，看起来就像是显示连续内容的大型水平广告，从而向车厢内乘客展示一段完整的广告视频。这样的广告展现方式充分利用地铁隧道空间，形成高参与性的地铁公共艺术。上海外滩的观光隧道就是充分利用地铁隧道的案例（图7.14），该地铁穿越黄浦江，连接上海外滩和浦东，利用新媒体技术，通过声、光、电等高科技手段，在直径6.76米、长646.7米的圆形隧道内制作五光十色的动态景观。虽然过江时间只有5分钟，但隧道内壁由高科技手段营造的各种奇异的色彩变换不停，跃动生命的力量，

图7.14
上海外滩的观光隧道

引人遐思。车厢内6声道音响效果与眼前的景观变幻相结合，使游客在通行中感受高科技带来的视听震撼，留下美好的旅途记忆。

2. 车厢内遗余空间

地铁站域媒介空间的开发往往重视地铁站内空间本身，而忽视地铁车厢本身即为一个高效的信息传播媒介载体。乘客在整个地铁出行过程中有较长时间是在车厢内度过的，车厢是乘客出行过程中接触时间最长的媒介空间。

香港迪士尼地铁线是地铁车厢媒介开发的典型案例。该线是全球唯一专为迪士尼主题公园而设的铁路专线（图7.15、图7.16），于2005年4月25日开始运行。该列车为乘客提供了丰富的乘车体验，由地铁公司与迪士尼的幻想工程师携手设计，简洁而现代化，充满迪士尼童话世界的梦幻感觉，当乘客步入迪士尼线，立即就能感受到童话世界的氛围。

图7.15
香港迪士尼地铁线迪士尼主题车厢内部及拉手设计

图7.16
香港迪士尼地铁线迪士尼主题车厢车窗设计

车窗在车厢内起到了重要作用，地铁大部分时间是在地下运行，车窗外部环境为漆黑的地下通道，但为方便列车停在站台时，未上车的乘客能够通过窗户观察车厢内乘车人数，车窗必须是透明的。车厢内的窗户通常包括两类：一类是座位上面的大窗，另一类是车门上的小窗（图7.17）。以深圳地铁为例，普通列车都是六节车厢，每节车厢一共10个门，每个门2扇小窗，每节车厢座位上方共有8扇窗户，也就是每列车有120扇小窗，48扇大窗，占据车厢内部界面40%的面积，而这40%的窗户区域往往是信息空白区域。如果可以有效地利用这些区域，将在提高运营公司利益的同时优化乘客乘车体验，有效提升文化传播效果。

车厢媒介空间媒介价值逐渐获得关注。如北京地铁6号线一列地铁，列车车窗被处理成一面55寸的"魔镜"（图7.18），显示列车行驶信息、前方

图7.17
左侧为座位上面的大窗，右侧为车门上的小窗

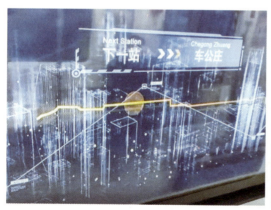 

图7.18
北京地铁6号线的"魔镜"车窗

车站信息，车门上方也变成了显示屏和"车窗屏"交相辉映。这是由北京地铁公司联合交控科技股份有限公司等单位共同研发的"首都智慧地铁"科研项目成果——智能列车乘客服务系统，充分利用新媒体技术手段，力求为乘客提供更丰富、多元化的信息服务。

第七节　打造受传者多维体验，提升参与和认知深度

一、升级感知体验

受传者对地铁站域文化传播的感知体验包含感觉和知觉两个阶段。感觉是由地铁站域文化传播这一外界要素刺激受传者感官而产生的最初级的心理反应，是形成感知的基础环节，感官刺激进一步作用于受传者头脑并在受传者的头脑中形成对客观传播讯息的整体认识就是知觉。根据受传者对传播讯息认识的深浅程度，可将受传者的感知体验分为直觉体验和移情体验。

1.直觉体验

直觉作为主客体感知形式的初步意识，能够引发感觉和感受的初步调动。直觉体验是指传播讯息通过传播媒介传达给受传者，受传者对这一传播过程的整体认识更多的是侧重于感官效应层面的联想和思维关联。地铁站域文化传播中受传者的直觉体验，源于自我经验的调动和信息接收的程度。

在地铁站域文化的传播中视觉是最直观的观感，除了其本身引发的感官效应外，由视觉联动的其他感官也能被逐步激活，继而产生联觉效应，从而加深受传者的直觉体验，提升受传者对传播讯息的感知体验。例如，在上海地铁汉中路站的换乘大厅中设置的《地下蝴蝶魔法森林》灯光装置（图7.19），利用3D打印和LED控制技术等新媒体技术，打造了满墙蝴蝶飞舞的美妙视觉感受，并由视觉进一步调动其他感官产生联觉反应，让受传者产生身临其境的直觉体验。

新媒体技术的发展，大大丰富了地铁站域文化传播的媒介和方式，为充分调动受传者感官的直觉体验提供了技术条件。在地铁站域文化传播中，可以借助新媒体技术强化感官及联觉效应，提升受传者的直觉体验，当视觉与

图 7.19
上海汉中路站《地下蝴蝶魔法森林》灯光装置

其他感官知觉形成相互杂糅的反应,内部感觉与外界存在互相契合,能加深受传者的感知体验,提升受传者对传播讯息的认知深度。

2. 移情体验

相比于直觉体验较侧重于受传者的感官效应层面,移情体验则更多的侧重情感交流以及情感精神的传达。

传播讯息的普遍性和真实性是受传者移情体验的基础。"普遍性"要求传播讯息在内容上能够表达普遍性的情感,能够接纳和展现一个时代的普遍精神,这源于创作者个人经验的积累和对普遍经历的观察,反映出大众需求。"真实性"是对受传者真情实感的捕捉及共性情感的提炼,赋予受传者情感认同和"共鸣"能力,即"共情"表达,是受传者自觉地将自我情感外设到客观对象之中,对传播讯息进行认知引申和自我对照,并为传播讯息所感染,从而达到主客体情感统一的体验,进而产生认同心理。

例如,瑞典儿童癌症基金会在斯德哥尔摩地铁站内发布的"关注癌症儿童"的公益广告装置(图 7.20)中,利用超声波监测技术,装置从秀发飘逸的模特头像逐渐变化到光头癌症儿童头像,受传者新奇、有趣的情绪也逐渐转化为震惊、惋惜、痛心等多种情绪交织的复杂心理。通过广告画面前后对比,作用于受传者的心理和情感,唤起受传者的情感认同和心理共鸣,达到预期的传播效果。

图7.20
瑞典斯德哥尔摩地铁站"关注癌症儿童"公益广告装置

情感的体悟与自觉转移是感知体验的目的。对于地铁站域文化传播来说，通过移情体验来激发受传者情感的体悟和转移，是升级地铁站域文化传播感知体验的重要方式之一。

二、促进互动体验

"互动体验"的概念来源于人机交互领域，是指人、物、空间三者之间的相互作用关系。在地铁站域文化传播中，受传者通过亲身参与去感知和体验传播过程和传播讯息。新媒体时代，受传者在整个传播过程中同传播讯息、地铁站域空间、传播时间形成相互作用的关系，借助交互性媒体技术这种关系被进一步推进，并促进传播讯息与受传者之间的相互联系和影响，受传者通过身体和内心活动对传播讯息产生主观感受和内部心理体验。

1.装置艺术

装置艺术作为一种当代艺术，受后现代主义哲学思潮与美学思潮的影响，是一种新兴的艺术门类，也是人们生活经验的延伸，观众可以根据自身的经验解读装置艺术。与其他的艺术形式相比，装置艺术凭借大众化、多元化的表达方式，在艺术领域占据一席之地，也是地铁站域文化传播中常用的一种艺术形式。但由于地铁站域传播媒介、传播技术或惯常思维的限制，在过去的地铁站域文化传播中装置艺术通常以壁画和浮雕等较为单一的形式呈现，在传播方式日益多元化的今天，传统的装置艺术逐渐趋向为一种"背景化"的艺术。

新媒体技术的发展为地铁站域装置艺术传播路径的升级提供了路径和思路，也为地铁站域装置艺术与受传者的互动体验升级提供了契机。在北京地铁8号线南锣鼓巷站的"北京·记忆"公共艺术计划中，传播者在传统装置艺术的基础上创新利用二维码技术（图7.21），市民通过扫码即可进入官方

图7.21
供观众了解更多信息的二维码

图7.22
北京记忆官网界面

微信和网络平台（图7.22），进一步了解装置艺术背后的故事和视频，或留言互动。

地铁站域文化传播的装置艺术，顺应媒介环境的时代变迁，创新应用新媒体技术，大胆探索其与新兴媒体平台的结合方式，扩展地铁公共艺术的传播媒介，实现传播路径的升级，有助于拓展受传者对传播讯息的理解，提升受传者与传播讯息之间的互动体验，加强受传者对传播内容的认知深度和传播效果。

2. 社会化互动

随着新媒体技术的发展和普及，传播媒介日益多样，传播讯息与受传者互动的方式也更加多元、便捷和广泛，这为地铁站域文化传播的社会化互动创造了条件。地铁站域的文化传播中的社会化互动就是积极发动广大受传者参与到传播的过程中，这个过程可以是传播的某一环节，也可以贯穿传播的全过程，具有广泛性的特点。

地铁站域文化传播通过社会化互动的方式，使传播方式由传统的单向传播向传播讯息与受传者之间的双向互动转变。受传者参与地铁站域文化传播的社会化互动的过程，就是传播者和受传者共同完成传播的过程，此过程模糊了受传者与传播者的角色界限，传播者不再局限于官方机构和官方媒体，广泛的受传者在主动参与的过程中同时也成了传播主体，使得受传者既可以是信息的接收者，也可以是信息的生产者和传播者。地铁站域文化传播的社会化互动可有效激发大众的参与热情，并进一步丰富传播讯息的社会内涵。

伦敦地铁的"传递友善"项目就是一个积极发动受传者广泛参与的社会化互动的经典地铁站域文化传播案例（图7.23）。该项目虽由艺术家Landy

图 7.23
"传递友善"的线上故事征集和分享平台

发起,但过程却是由他和地铁乘客公共完成,艺术家利用网络和其他媒介形式为地铁乘客搭建了一个分享和传递"友善"的线上平台,向乘客征集大家亲身经历的与主题"传递友善"相关的故事,让地铁乘客在参与的过程中发现和留心身边的温暖和美好,并通过网络和媒体传递给更多的人。这个项目的价值远远超过了艺术作品本身,是艺术与公益完美结合的经典案例,更是通过积极发动广泛的社会化互动促进个体交往的经典案例,得到了广泛的参与和好评,并取得超出预期的传播效果。

地铁站域文化传播的社会化互动的过程,既是一种传播方式,也是丰富传播内容和内涵的重要手段。在此过程中的广泛参与和实时互动,无形中加强了传播效果,也促进了文化传播持续影响力的形成。

本章小结

本章基于地铁站域文化传播平台运行链条中的关键环节,从顶层决策管理、项目资金筹措、平台整合应用、传播主题策划、潜能技术挖掘、媒介空间拓展和受传者体验深化几个层面进一步提出提升地铁站域文化传播效果的优化策略。

优化顶层管理结构是完善地铁站域文化传播机制的起点,其中地铁部门是打通上下游的中间环节和关键角色,一方面地铁部门要加强与文化部门的有效合作,服务于城市自上而下的文化决策落实,另一方面地铁部门要发挥中介角色,引导多方社会化组织参与构建全民文化建设。地铁文化建设是城市公共文化事业中的重要构成之一,地铁站域文化传播的长期落实离不开稳定的资金保障，改变地铁文化事业中资金渠道贫瘠的短板，不但需要相关政府机构加大对地铁公益文化事业的投入，也需要调动多元化的社会力量丰富资金来源途径。新媒体语境下的公共文化资源数字化、平台化发展已成为新常态，本课题提出的地铁站域文化传播平台拓展了城市公共文化资源平台的新维度。加强地铁站域文化传播平台与公共文化数字资源的整合，促进社会文化平台融合，将为推动城市数字资源的高效获取、全民共享与普及化使用提供全新发展路径。

在政策之下，本章对地铁站域媒介传播内容与路径的完善提出优化意见。地铁站域文化传播的本质是面向多元受众群体的大众传播，文化传播内容亟待革新以适应新媒体传播生态下的受众细分趋势，结合新媒体语境创新主流文化和精英文化多元主题的分众化传播，是丰富文化传播内容的重要方式之一，而丰富的传播内容可借助不断迭代更新的媒介技术革新传播方式。本章最后从常规、前沿技术的适宜化应用，媒介空间的潜能挖掘与利用以及受传者感知体验等方面提出有效改善媒介场景的对策。

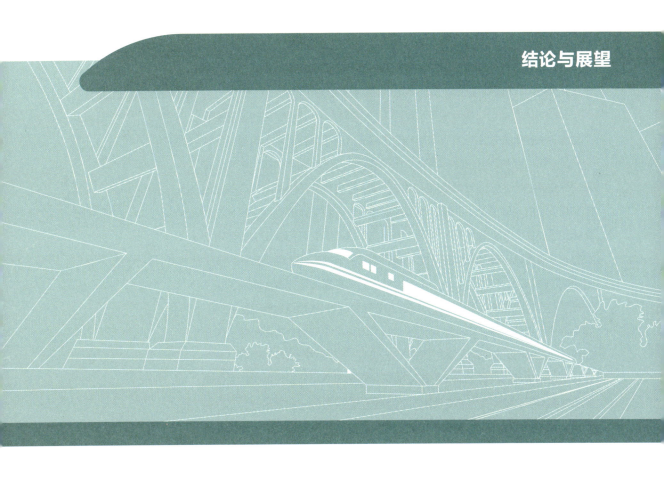
结论与展望

地铁建设是中国城市化进程的重要议题。当前轨道交通设施建设已成为体现城市硬实力的重要标志，伴随城市文化软实力竞争愈加激烈，地铁站域公共空间作为媒介载体传播城市文化，为城市文化可持续发展创造了新的机遇，成为新一轮城镇化建设的关注焦点。近年来，新媒体的快速发展与广泛普及加速城市媒介生态重塑，在我国地铁文化建设中日益发挥关键作用，使地铁公共文化服务功能更加凸显，呈现多元化、新样态的变革趋势。地铁网络作为城市人流、物流与信息流的大动脉，辐射受众庞大，为城市文化传播提供最佳的触媒场所与广阔的传播平台。在当前"互联网＋"的社会媒介环境下，作为城市地理文化标识的实体空间与媒介空间，地铁站域逐步深入城市文化传播、城市形象塑造以及城市文化特性彰显的各个层面。

伴随着人文社会科学领域多学科深入融合发展，传播学研究也更加重视空间作为传播行为发生场域所具有的媒介意义。基于对建筑学、传播学、社会学多领域文献的回顾梳理，本书总结了新媒体介入后城市地铁站域文化传播理念变革的四个方面：①传播主体多元化，扩大文化传播参与度，巩固城市文化建设的基础力量；②新媒体技术现代化，加深文化感知度，扩宽城市文化建设空间；③地铁场景多样化，增强文化感染力，开拓城市文化建设新视野；④传播内容本土化，提升文化归属感，打造城市文化品牌价值。在文献研究的基础上，对国内外多个城市地铁文化传播现状进行调研取证，实证分析了新媒体时代城市地铁文化传播的趋势与特征。从受众特点、媒介空间、媒介形式、传播讯息、传播路径、管理结构和文化政策七个方面总结了国内新媒体时代城市地铁站域文化传播的现有问题。研究以改善现存问题为目标，依托我国每座城市深厚的文化底蕴和多元的文化资源，为新媒体时代文化传播的路径与平台模型构建铺垫理论与实践基础。

文化资源是城市文化传播的讯息源头，地铁站域空间与文化资源的耦合关系决定站域文化传播结构，地铁站域文化传播资源是传播路径引导与传播效果高效可达的重要支撑与保障。基于对地铁站域文化传播资源的类型、内涵和语境等根源问题的分析，研究提出地铁站域文化传播资源的六大分类、分布特征以及传播语境；进而提出城市文化资源对地铁站域文化传播的重要支撑作用，体现在塑造城市地域文化特质、引领公众文化价值导向、提升地铁站域文化影响力三个方面。在地铁站域空间保证主要交通职能的前提下，分别从四个方面深入探讨了新媒体介入下地铁站域文化传播资源的适用原则：①适宜性原则，依托城市的历史与文化，体现时代性，顺应地域性特征；

②公众性原则，主张公众的参与性与公众服务性，进一步扩大地铁站域文化服务设施的服务半径与共享资源；③协同性原则，构建城市地铁文化传播资源网络，促进区域整体发展，同时与产业开发协作，挖掘双向服务项目，提升空间吸引力；④创新性原则，借力新媒体技术与移动互联背景，提升地铁站域文化传播的科技性与创造性，提升城市综合文化竞争力与传播力。

新媒体技术的更新与应用是新时期地铁站域文化传播的强大动力，研究系统地解析新媒体介入城市地铁站域文化传播的动力机制、传播路径与具体呈现。传播媒介的拓展迭代、传播主体与受传者界限模糊、受传者碎片化行为特征明显、传播讯息更加广泛多元、传播特性从有形融合转向无形融合五大因素对新媒体时代地铁站域文化传播起到核心推动作用。伴随媒介融合进阶加速，地铁站域的文化传播路径以线下实体、线上虚拟及线上与线下融合的共存方式呈现，文化传播模式也逐渐呈现去中心化、多层次化的传播特性。基于不同的传播特点，研究将城市地铁站域文化传播路径归纳为三级：①一级传播路径，以传统单向化的传播结构、大众普适性的现实媒介与主题多样化的传播讯息为主要特征；②二级传播路径，集中体现出社交网络化的传播结构、即时互动性的虚拟媒介与沉浸体验式的传播讯息的特点；③多级传播路径，在一级与二级路径基础上创新多元场景化的传播结构，呈现个性精准化的虚拟现实媒介和泛内容化的传播讯息的特性。在地铁站域空间媒介加速向虚拟现实媒介环境转型升级的生态环境下，应从重构媒介空间的符合环境、浸润媒介空间的感知环境与重塑媒介空间的社会环境三方面打通虚拟与现实环境，实现地铁站域虚拟媒介环境的多重场景体验。

地铁站域作为区域的媒介载体与触媒节点，参与城市广义的文化讯息传播、文化交流甚至文化生产过程。面对新媒体时代涌现出的"文化传播泛场景"的新特点，地铁站域文化传播也应借势而为，建立多元化的传播途径，构建立体化传播系统，更好地实现城市文化传播效果的最大化。因此以经典传播模型为蓝本，深度"刻画"地铁站域文化传播的模型要素，进而搭建理想的"多维动态循环传播模型"，多维度和多向度地厘清地铁站域文化传播的构成链条、平台管理与运行机制，统筹考虑地铁站域文化传播的全过程、全流程，建立系统化、立体化、高效化的平台模型，为城市规划、文化机构、地铁运营、网络媒体等机构参与联动传播提出更为清晰的角色定位与义务责任。在此基础上，基于地铁站域文化传播平台运行链条中的关键环节，从顶层决策管理、项目资金筹措、平台整合应用、主题多元策划、潜能技术挖掘、媒介空间拓展和受传者体验深化几个层面进一步提出提升地铁文化传播效果的优化策略。

在物质、信息与大众交融更为频繁的新媒体时代，地铁文化建设应加强适应新媒体的文化传播生态，全方位改革与完善城市公共文化传播体系建设，从而提升城市整体文化的覆盖力、穿透力与影响力。基于课题研究得出结论，未来地铁站域文化传播应在三个维度继续深入研究，进而提升其影响作用：①服务于城市文化品牌建设，地铁是城市地域文化展示的门户，地铁网络以其点轴结构串联起碎片化地理节点的文化信息，新媒体的介入在强化传播深度与广度的同时，使城市文化全方位、多层次传播发展，未来，城市之间的竞争力愈加倾向文化软实力的竞争，而以地铁硬设施为载体的地域文化廊道构建必将成为城市文化竞争中不可忽视的一环；②服务于智慧城市建设，城市地铁站域搭载多元化的智媒生态技术，以全新的场景优势，承载更丰富的文化传播资源，随着5G技术、大数据技术的融合深入，可根据乘客用户兴趣推荐文化信息内容、为用户提供帮助和解答、推荐地铁站域附近配套服务，推进地铁站域成为智慧城市建设的前沿阵地；③服务于公民文化素养的提升，地铁受众以城市主流劳动人口为主，地铁文化建设将文化权利回馈于公民，有利于提高公民美学意识，提升文化公平，孵化文化自信，地铁文化通过引导社会主义核心价值观，保证民主文化生活多样性与丰富性，继续强化公民文化素养，全面提升核心凝聚力。

参考文献

[1] 中国城市轨道交通协会. 城市轨道交通2021年度统计和分析报告［R/OL］.（2022-04-22）［2022-09-10］. https://www.camet.org.cn/tjxx/9944.

[2] 中华人民共和国交通运输部. 中共中央国务院印发《交通强国建设纲要》［R/OL］.（2019-09-19）［2022-09-10］. https://www.mot.gov.cn/zhengcejiedu/jiaotongqiangguojianshegangyao/xiangguanzhengce/201911/t20191129_3430345.html.

[3] LIVINGSTONE, SONIA M.The handbook of new media:Social shaping and social consequences of ICTs[M]. North America:Sage Publications, 2006.

[4] 约翰·B. 汤普森. 意识形态与现代文化［M］. 高铦，等译. 南京：译林出版社，2013.

[5] 马克·波斯特. 第二媒介时代［M］. 范静哗，译. 南京：南京大学出版社，2000.

[6] 约翰·基恩. 媒体与民主［M］. 郐继红，刘士军，译. 北京：社会科学文献出版社，2003.

[7] 曼纽尔·卡斯特. 认同的力量［M］. 曹荣湘，译. 2版. 北京：社会科学文献出版社，2006.

[8] 曼纽尔·卡斯特. 千年终结［M］. 夏铸九，黄慧琦，等译. 2版. 北京：社会科学文献出版社，2006.

[9] 冯昭奎. 新技术革命对日本经济的影响［J］. 机械与电子，1986（06）：29-31.

[10] 王艺. 岭南文化的新媒体传播策略［J］. 新闻爱好者，2011（21）：27-28.

[11] 马宏武. 新媒体传播对民族文化传播与融合的作用——评民族文化传播研究［J］. 新闻爱好者，2018（06）：109.

[12] 景庆虹. 论中国茶文化海外传播［J］. 国际新闻界，2012，34（12）：69-75+100.

[13] 李曦. 旅游目的地新媒体整合营销传播研究——以天津为例［D］. 天津：南开大学，2014.

[14] 蔡骐，黄瑶瑛. 新媒体传播与受众参与式文化的发展［J］. 新闻记者，2011（08）：28-33.

[15] 孙宜君，王建磊. 论新媒体对文化传播力的影响与提升［J］. 当代传播，2012（01）：46-48.

[16] 刘丹凌，赵娟娟. 对媒介化社会的批判与反思——基于媒介环境学的视角［J］. 学术论坛，2014，37（04）：101-105.

[17] BUTCHER M.Cultures of commuting: The mobile negotiation of space and subjectivity on Delhi's Metro[J]. Mobilities, 2011, 6(2): 237-254.

[18] KANG M.Can digital signage in subway stations serve as a valid communication platform for citizens?[J].Springer, 2017: 605-614.

[19] BASCH C H, FULLWOOD M D,LEBLANC M.Violence in advertisements in New York City subway stations: a pilot study[J]. Journal of community health, 2016, 41(2): 387-391.

[20] 于天舒. 地铁站域综合开发模式研究［D］. 天津：天津大学，2012.

[21] 金自军. 城市轨道交通与城市空间布局结构优化分析——以西安市为例［J］. 新西部（下半月），2009（05）：154-155+152.

[22] 严建伟，刘韦伟. 沉浸媒介：地铁站域文化传播的新路径［J］. 中国编辑，2019（08）：87-91+96.

[23] 张越. 西安地铁文化传播探究［D］. 西安：陕西师范大学，2013.

[24] 贾宁，常晓月，陈璐，等. 地铁，行走的城市脉络——地铁与城市形象传播策略研究［J］. 广告大观（综合版），2012（12）：101-127.

[25] 林燕. 建筑综合体与城市交通的整合研究［D］. 广州：华南理工大学，2008.

[26] CERVERO R,KOCKELMAN K.Travel demand and the 3Ds: Density, diversity, and design[J]. Transportation research part D: Transport and environment, 1997, 2(3): 199-219.

[27] ATKINSON-PALOMBO C, KUBY M J.The geography of advance transit-oriented development in metropolitan Phoenix, Arizona, 2000-2007[J]. Journal of Transport Geography, 2011, 19(2): 189-199.

[28] SUNG H, Oh J T.Transit-oriented development in a high-density city: Identifying its association with transit ridership in Seoul, Korea[J]. Cities, 2011, 28(1): 70-82.

[29] LIN J J, GAU C C.A TOD planning model to review the regulation of allowable development densities around subway stations[J]. Land Use Policy, 2006, 23(3): 353-360.

[30] 潘海啸，任春洋，杨眺晕．上海轨道交通对站点地区土地使用影响的实证研究［J］．城市规划学刊，2007（04）：92-97．

[31] 齐锡晶，樊传召，邓李杰．沈阳城市地铁站域地下空间开发的适宜性［J］．东北大学学报（自然科学版），2019，40（12）：1790-1795．

[32] 王成芳．广州轨道交通站区用地优化策略研究［D］．广州：华南理工大学，2013．

[33] 诺伯格·舒尔茨．实存·空间·建筑［M］．王淳隆，译．台北：台隆书店，1985．

[34] 惠英．城市轨道交通站点地区规划与建设研究［J］．城市规划汇刊，2002（02）：30-33+79．

[35] 贾云平．城市地铁文化建设研究［J］．城市观察，2012（05）：32-41+67．

[36] 张芳．文化传播学下的中国地铁广告研究［D］．太原：太原理工大学，2014．

[37] 孙英春，跨文化传播学导论［M］．北京：北京大学出版社，2008．

[38] 吴格言．文化传播学［M］．北京：中国市场出版社，2004．

[39] 周鸿铎．文化传播学通论［M］．北京：中国纺织出版社，2005．

[40] 王美夏．从文化传播学透析台湾与长春近代建筑现象［D］．长春：吉林建筑大学，2015．

[41] 林文刚．媒介环境学：思想沿革与多维视野［M］．何道宽，译．北京：北京大学出版社，2007．

[42] Postman N.Teaching as a conserving activity[J]. Instructor, 1979, 89(4).

[43] The Media Ecology Association (MEA).Media ecology 101: An introductory reading list-revised 2019 [EB/OL]. [2022-09-10]. https://media-ecology.org/Media-Ecology-101.

[44] 约书亚·梅罗维茨. 消失的地域: 电子媒介对社会行为的影响 [M]. 肖志军, 译. 北京: 清华大学出版社, 2002.

[45] 尼尔·波兹曼. 娱乐至死 [M]. 章艳, 译. 桂林: 广西师范大学出版社, 2004.

[46] 郜书锴. 场景理论: 开启移动传播的新思维 [J]. 新闻界, 2015 (17): 44-48+58.

[47] 欧文·戈夫曼. 日常生活中的自我呈现 [M]. 黄爱华, 冯钢, 译. 杭州: 浙江人民出版社, 1989.

[48] 罗伯特·斯考伯, 谢尔·伊斯雷尔. 即将到来的场景时代: 移动、传感、数据和未来隐私 [M]. 赵乾坤, 周宝曜, 译. 北京: 北京联合出版公司, 2014.

[49] 彭兰. 场景: 移动时代媒体的新要素 [J]. 新闻记者, 2015 (03): 20-27.

[50] 谭天. 从渠道争夺到终端制胜, 从受众场景到用户场景——传统媒体融合转型的关键 [J]. 新闻记者, 2015 (04): 15-20.

[51] 方玲玲. 媒介空间论——媒介的空间想象力与城市景观 [M]. 北京: 中国传媒大学出版社, 2011.

[52] 哈罗德·伊尼斯. 传播的偏向 [M]. 何道宽, 译. 北京: 中国人民大学出版社, 2003.

[53] 赵冬菊, 王永红, 陈丽. 地域文化资源与重庆文化软实力提升 [J]. 重庆社会科学, 2012 (03): 98-102.

[54] 马克·波斯特. 第二媒介时代 [M]. 范静哗, 译. 南京: 南京大学出版社, 2000.

[55] 王志平, 郑克强. 鄱阳湖区非物质文化遗产禀赋评价与保护利用模式 [J]. 江西社会科学, 2012, 32 (10): 213-218.

[56] 中华人民共和国中央人民政府. 图解: 国务院关于调整城市规模划分标准的通知 [R/OL]. (2014-11-20) [2022-9-10]. http://www.gov.cn/xinwen/2014-11/20/content_2781067.htm.

[57] 天津市人民政府公报. 天津人民政府办公厅关于印发天津市综合交通运输"十四五"规划的通知 [R/OL]. (2021.8.18) [2022-09-10].http://www.tj.gov.cn/zwgk/szfgb/qk/2021/12site/202108/t20210818_5537710.html.

[58] 张松，包亚明，黄鹤，等. 城市文化：如何共享？如何规划？[J]. 城市规划，2019，43（05）：48-52.

[59] 徐松竹，谭景长. 现代城市以文化论输赢[J]. 中国国情国力，2002（03）：45-46.

[60] 王艳君. 民族地区的历史校本课程开发研究[D]. 南宁：广西民族大学，2017.

[61] 朱琳雯. 西汉帝陵文化产业链的培育与优化研究[D]. 西安：陕西科技大学，2016.

[62] 王文婧. 北京特色文化在地铁公共空间中的传播[D]. 北京：北京外国语大学，2017.

[63] 严建伟，赵艳. 天津地铁站域媒介空间文化传播效果与资源优化思路[J]. 天津大学学报（社会科学版），2019，21（03）：234-241.

[64] 郜婷. 北京地铁沿线文化遗产资源价值评估[D]. 北京：北京交通大学，2017.

[65] 张芳. 文化传播学下的中国地铁广告研究[D]. 太原：太原理工大学，2014.

[66] 韩红薇. 基于城市文化的特色地铁站视觉形象构建研究[D]. 大连：大连理工大学，2015.

[67] 艾瑜. 大连地铁站地域性公共艺术塑造研究[D]. 大连：大连理工大学，2017.

[68] 王立蒙. 城市记忆在地铁公共艺术中的延续[D]. 北京：北京交通大学，2015.

[69] 潘奕婷. 城轨文化与公共艺术之"美"：访广州地铁设计研究院总建筑师何坚[J]. 城市轨道交通，2017（08）：50-51.

[70] 白欲晓. "地域文化"内涵及划分标准探析[J]. 江苏社会科学，2011（01）：76-80.

[71] 张凤琦. "地域文化"概念及其研究路径探析[J]. 浙江社会科学，2008（04）：63-66+50+127.

[72] 周淑萍. 语境研究传统与创新[M]. 厦门：厦门大学出版社. 2011.

[73] 王建华. 现代汉语语境研究[M]. 杭州：浙江大学出版社，2002.

[74] 史婧炜. 视觉符号跨文化传播研究[D]. 广州：华南理工大学，2010.

[75] 唐燕，克劳斯·昆兹曼，等. 创意城市实践：欧洲和亚洲的视角[M].

北京：清华大学出版社，2013.

[76] 魏伟，刘畅，张帅权，等. 城市文化空间塑造的国际经验与启示——以伦敦、纽约、巴黎、东京为例[J]. 国际城市规划，2020，35（03）：77-86+118.

[77] 梅大伟，修春亮，冯兴华. 中国城市信息网络结构演变特征及驱动因素分析[J]. 世界地理研究，2020，29（04）：717-727.

[78] 邓杨彦. 论城市景观设计中的区域性、文化性和时代性[J]. 安徽文学（下半月），2008（09）：135.

[79] 张雅静. 休闲时代文化对城市发展的影响——兼论城市文化的特性[J]. 自然辩证法研究，2006（02）：88-90+99.

[80] 李钢. 地域性城市设计[J]. 城市问题，2007（06）：11-14.

[81] 王佐. 欧洲城市开放空间的地域性研究[J]. 城市建筑，2007（06）：28-30.

[82] 倪军. 城市文化视角下的城市设计探析[J]. 地域研究与开发，2010，29（03）：58-62.

[83] 李沁. 沉浸媒介：重新定义媒介概念的内涵和外延[J]. 国际新闻界，2017，39（08）：115-139.

[84] POSTER M.The digital culture and its intellectuals: from television, to tape, to the Internet[J]. 2000.

[85] 夏德元. 数字时代的媒介互动与传统媒体的象征意义[J]. 学术月刊，2011，43（03）：25-31.

[86] 彭兰. 场景：移动时代媒体的新要素[J]. 新闻记者，2015（03）：20-27.

[87] WIRTH L.Urbanism as a Way of Life [J]. American journal of sociology, 1938, 44(1): 1-24.

[88] 爱德华·克鲁帕特. 城市人：环境及其影响[M]. 陆伟芳，译. 上海：上海三联出版社，2013.

[89] 井慧，鲍英华，闫庆. 轨道交通综合体站域内媒介化空间设计策略探析[J]. 山西建筑，2016，42（09）：1-3.

[90] 汤雅莉. 地铁站域空间标识系统的地域性体系研究[D]. 西安：西安建筑科技大学，2014.

[91] 中华人民共和国中央人民政府. 第十九次全国国民阅读调查结果公

布——2021年我国成年国民综合阅读率为81.6%[R/OL].（2022-04-25）[2022-09-10].http://www.gov.cn/xinwen/2022-04/25/content_5686980.htm.

[92] 喻国明.我国居民媒介接触的环境空间分析——基于天津居民的"媒介接触"的定量考察[J].新闻与写作，2012（11）：56-58.

[93] 乔斐.媒介环境学视野下虚拟现实的媒介偏向研究[D].广州：暨南大学，2018.

[94] JUAN C, NANNAN X, CHANGHUI N, et al.Virtual reality marketing: A review and prospects[J]. Foreign Economics & Management, 2019, 41(10): 17-30.

[95] 陈娟，奚楠楠，宁昌会，等.虚拟现实营销研究综述和展望[J].外国经济与管理，2019，41（10）：17-30.

[96] 张宝运.城市公共交通文化传播与城市形象塑造[J].青年记者，2014（20）：66-67.

[97] 井慧.轨道交通综合体站域内边界空间媒介化设计研究[D].北京：北京交通大学，2016.

[98] 贠玮，贠璐.文化软实力背景下的西安地铁文化传播[J].文学教育（下），2016（10）：78-79.

[99] 高海冰.地铁广告中公益文化传播的重要性[J].新媒体研究，2016，2（22）：40-41.

[100] 张珈绮.马莱茨克模式对社会心理"场"的应用研究[J].传播与版权，2017（05）：1-2+5.

[101] 李彬.传播学引论[M].北京：高等教育出版社，2013.

[102] 朱志国.基于在线社会网络的病毒性营销传播机理研究[J].图书与情报，2012（6）：101-107+140.

[103] UGANDER J, BACKSTROM L, MARLOW C, et al.Structural diversity in social contagion[J]. Proceedings of the national academy of sciences, 2012, 109(16): 5962-5966.

[104] 孟威.2019年新媒体研究热点、新意与趋势[J].当代传播，2020（01）：13-17+29.

[105] 丹尼斯·麦奎尔，斯文·温德尔.大众传播模式论[M].祝建华，译.上海：上海译文出版社，2008.

[106] 郭庆光. 传播学教程［M］. 北京: 中国人民大学出版社, 2005.

[107] 谢建明. 文化传播: 模式及其过程［J］. 南京师大学报（社会科学版）, 1994（02）: 120-122.

[108] Barabási A L, Albert R.Emergence of scaling in random networks[J]. science, 1999, 286(5439): 509-512.

[109] 牛培源. 网络信息传播绩效评估研究［D］. 武汉: 武汉大学, 2009.

[110] 聂伟. 智能技术在传统文化传播中的应用与反思——基于拉斯韦尔5W模式的考察［J］. 四川戏剧, 2019（01）: 168-172.

[111] 罗森勃鲁特, 威诺. 科学模式的作用［J］. 科学哲学, 1951（12）: 3-17.

[112] 邵培仁. 传播模式论［J］. 杭州大学学报（哲学社会科学版）, 1996（02）: 159-169.

[113] 高丽华. 参与、互动、共享: 社会化媒体环境下传播模式的重构［J］. 新闻界, 2013（16）: 67-70.

[114] 刘松柏. "顶层设计"的魅力和价值［N］. 经济日报, 2011-06-22（13）.

[115] 郭全中, 胡洁. 智能传播平台的构建——以今日头条为例［J］. 新闻爱好者, 2016（06）: 4-8.

[116] 李宗富. 信息生态视角下政务微信信息服务模式与服务质量评价研究［D］. 长春: 吉林大学, 2017.

[117] 齐志. 基于电子商务信用信息服务体系建设与运行机制研究［D］. 长春: 吉林大学, 2008.

[118] 郭海明. 数字环境下图书馆信息服务的动力机制研究［J］. 情报杂志, 2008, 10: 141-143+150.

[119] 吴漫. 论公共文化服务需求反馈机制的构建［J］. 淮北师范大学学报（哲学社会科学版）, 2013（05）: 50-53.

[120] 全国资产管理标准化技术委员会. 公共文化资源分类: GB/T 36309—2018［S］. 北京: 中华人民共和国国家标准化管理委员会, 2019.

附录 A　北京地铁站域文化传播研究调查问卷

尊敬的女士 / 先生：

您好！因科研需要邀请您抽出 1～2 分钟时间填写本问卷，我们保证调查结果仅作为学术研究使用，不会泄露与您个人隐私相关的信息。感谢您的支持！（本资料属于私人单向调查资料，非本人同意不得泄露——《统计法》第三章十四条）

调研时间：　　　调研地点：

1. 您的性别［单选题］*

○ A. 女　　　　　○ B. 男

2. 您的年龄［单选题］*

○ A. 不满 18 岁　　○ B.18～25 岁　　○ C.26～35 岁　　○ D.36～45 岁

○ E. 大于 45 岁

3. 您的职业［单选题］*

○ A. 学生　　　　　　　　　　○ B. 政府及企事业单位职员

○ C. 工人及商业服务人员　　　○ D. 自由职业者

○ E. 离退休人员　　　　　　　○ F. 其他

4. 您的学历［单选题］*

○ A. 大专以下　　○ B. 大专　　○ C. 本科　　○ D. 研究生及以上

5. 您通常在什么情况下乘坐地铁［单选题］*

○ A. 通勤（上班、上学）

○ B. 生活出行（购物、娱乐、探亲等）

○ C. 特殊出行（旅游等，非固定时间）

6. 您每周的地铁使用频率［单选题］*

○ A.4 次及以下　　○ B.5～10 次　　○ C.11～14 次　　○ D.15 次及以上

7. 您平常通过什么方式来获取信息［多选题］*

○ A. 网站、微信、微博等新媒体　　○ B. 报纸、杂志

○ C. 广播、电视　　　　　　　　　○ D. 其他＿＿＿＿＿＿

8.您常使用的新媒体客户端［多选题］*

○A.微信　　　○B.微博　　　○C.QQ　　　○D.支付宝

○E.搜索引擎　　○F.其他_____

9.您每天的新媒体社交工具使用总时长为［单选题］*

○A.1小时及以下　○B.2～3小时　　○C.4小时及以上

10.您平常会参与哪些文化活动［多选题］*

○A.电影、演唱会等大众休闲活动　　○B.美术展览、演奏会等文艺活动

○C.历史、民俗类文化活动　　　　　○D.其他_____

11.您的文化活动信息接收方式［单选题］*

○A.通过社交媒体等网络平台　　○B.通过海报、电视等传统媒体

12.您平常参与文化活动的频率［单选题］*

○A.≥1次/周　　○B.≥1次/月　　○C.≥1次/年　　○D.从不

13.您参与文化活动时是否会通过社交媒体签到、评论和分享［单选题］*

○A.经常　　　○B.偶尔　　　○C.从不

14.您是否会关注地铁官网或与地铁相关的公众号等新媒体信息［单选题］*

○A.是　　　○B.否

15.您是否会特别关注地铁站内的公益广告、宣传海报、艺术作品等内容［单选题］*

○A.是　　　○B.否

16.您乘坐地铁前往各类城市文化机构（如博物馆、美术馆、文化遗产、文物保护单位、历史街区等）的频率［单选题］*

○A.≥1次/周　　○B.≥1次/月　　○C.≥1次/年　　○D.从不

17.您认为将地铁沿线城市文化资源引入地铁站点（如周边历史文化元素引入站点设计及文化活动引入站点空间等）是否必要［单选题］*

○A.十分必要　　○B.不必要　　○C.不了解，没有意见

18.您对文化资源结合观光、商业进行产业开发的做法有什么看法［单选题］*

○A.利于文化资源市场化，值得推广

○B.赔本赚吆喝，无法推广

○C.太过商业化，不利于文化资源保护

○D.不了解，没有意见

附录B 天津地铁站域文化传播研究调查问卷

市民朋友：

您好！为了深入了解公众对于天津地铁建设的基本情况，把未来的天津地铁打造成为独具津城特色的公共服务设施，特编写了关于天津地铁站域文化传播的调查问卷，请根据您真实的想法作答，您的意见对天津地铁站域空间建设发展具有很大帮助，谢谢！（本资料属于私人单向调查资料，非本人同意不得泄露——《统计法》第三章十四条）

1.调研地点［单选题］*

○A.都市文化区：小白楼站（1号线）、南楼站（1号线）

○B.海河文化区：天津站（2、3、9号线）、建国道站（2号线）

○C.传统文化区：鼓楼站（2号线）、东南角站（2号线）

○D.舶来文化区：津湾广场站（3号线）、和平路站（3号线）

○E.园林文化区：北宁公园站（6号线）、南翠屏站（6号线）、长虹公园站（2号线）

○F.红色文化区：周邓纪念馆站（3号线）

2.您的性别［单选题］*

○A.女　　　　　○B.男

3.您的年龄［单选题］*

○A.不满18岁　　○B.18~25岁　　○C.26~35岁　　○D.36~45岁

○E.大于45岁

4.您的职业［单选题］*

○A.学生　　　　　　　　　　○B.政府及企事业单位职员

○C.工人及商业服务人员　　　○D.自由职业者

○E.离退休人员　　　　　　　○F.其他

5.您通常在什么情况下乘坐地铁［多选题］*

○A.通勤（上班、上学）　　　○B.生活出行（购物、娱乐、探亲等）

○C.特殊出行（旅游等，非固定时间）

6.您每周的地铁使用频率 [单选题]*

○A.4次及以下　　○B.5~10次　　○C.11~14次　　○D.15次及以上

7.您最常用的获取信息方式 [单选题]*

○A.网站、微信、微博等新媒体　　○B.报纸、杂志

○C.广播、电视　　○D.其他_____

8.您常在地铁上使用的新媒体客户端 [多选题]*

○A.微信　　○B.微博　　○C.QQ　　○D.支付宝

○E.搜索引擎　　○F.视频　　○G.游戏　　○H.其他_____

9.您会在地铁内部关注哪些内容，满意度如何 [矩阵量表题]

	很不满意	不满意	一般	满意	很满意
○A.党政宣传	○	○	○	○	○
○B.LED媒体广告	○	○	○	○	○
○C.商业宣传海报	○	○	○	○	○
○D.传媒地铁电视	○	○	○	○	○
○E.艺术作品	○	○	○	○	○
○F.地铁报纸	○	○	○	○	○

10.您会在地铁外部关注哪些内容，满意度如何 [矩阵量表题]

	很不满意	不满意	一般	满意	很满意
○A.周边信息导引系统	○	○	○	○	○
○B.公交、出租车、共享单车换乘点	○	○	○	○	○
○C.宣传海报	○	○	○	○	○
○D.标志物	○	○	○	○	○
○E.艺术装置	○	○	○	○	○
○F.公共/商业服务设施	○	○	○	○	○

11.您乘坐地铁前往各类城市文化机构（如博物馆、美术馆、文化遗产、文物保护单位、历史街区等）的频率 [单选题]*

○A.≥1次/周　　○B.≥1次/月　　○C.≥1次/年　　○D.从无

12.您平常会参与哪些文化活动 [多选题] *

○ A.公益类文化活动：教育、阅读、观展、观演等

○ B.商业文化活动：培训教育、电影、曲艺、音乐、演奏会等

○ C.传统文化活动：历史、民俗类活动

○ D.饮食文化活动

○ E.景观文化活动：周边出游

13.您平常参与文化活动的频率 [单选题] *

○ A.≥1次/周　　○ B.≥1次/月　　○ C.≥1次/年　　○ D.从无

14.您参与文化活动时是否会通过社交媒体签到、评论和分享（发朋友圈）[单选题] *

○ A.经常　　　　○ B.偶尔　　　　○ C.从不

15.您是否会关注地铁官网或与地铁相关的公众号等新媒体信息 [单选题] *

○ A.是　　　　　○ B.否

16.您认为天津地铁需要引入什么文化资源，以提升天津地铁环境整体文化品质 [多选题] *

○ A.爱国主义宣传教育　　　　　　○ B.特色旅游景点/文化遗产地展示

○ C.天津传统手工艺展示　　　　　○ D.地铁站域公共艺术品

○ E.大众休闲娱乐信息　　　　　　○ F.（多媒体）互动艺术装置

○ G.其他_____

后　　记

本研究为国家社会科学基金项目（17BXW062）的最新成果，以当前社会发展所带来的媒体环境变迁及城市地铁站域文化传播需求提升为背景，首次系统地将"地铁站域空间"与"新媒体传播"紧密关联，高度专注于研究城市特定公共空间的文化传播规律。研究历时近四年，期间课题组成员在地铁站域文化传播方向进行了较为深入的国内外相关理论梳理和实践经验总结，不仅为城市地铁站域空间的文化建设提供了新数据，探索了新方法，而且提出了新媒体时代城市地铁站域文化传播的新路径、新模型。既是对城市公共交通空间相关领域研究的有力拓展，也是对文化传播学领域的有益补充，是新媒体时代对特定公共空间的文化承载及传播互馈的新视角、新路径、新体验的全新研究历程。在课题研究期间，笔者有幸以专家身份受邀参加天津地铁线网文化的总体策划及研究论证工作，并与天津轨道交通集团有限公司、深圳市利德行投资建设顾问有限公司深度合作，完成《天津市轨道交通线网文化总体策划方案及设计》项目工作，将课题研究与社会实践紧密结合，并得到了社会的高度认可。

在此由衷感谢天津市社会科学院研究员、天津市文史研究馆馆员罗澍伟先生对本书的支持与肯定，罗老从人文社科与城市文化视角为研究团队解疑释惑，并为本书撰写序言。特别感谢天津大学建筑学院党委书记、院长宋昆教授对本研究成果给予的高度评价，并从建筑学与城市空间视角为本书作序。一并感谢天津大学新媒体与传播学院院长陆小华讲席教授、南开大学新闻与传播学院戴维副教授为本书撰写书评。此外，致谢巴黎、伦敦地铁与文化运营机构，以及上海、北京、广州、深圳、南京、天津等地铁运营公司在调研期间的大力协助。同时感谢天津大学建筑学院与天津仁爱学院建筑学院师生在项目进行中所做的基础调研工作。

本书的撰写和出版得到了国家社会科学基金委员会的大力支持，作为项目主持人对课题组全体成员在项目研究过程中付出的辛勤工作表示感谢，感谢本书其他主要执笔人赵艳、张茜、刘韦伟、滕夙宏、李伟佳的辛劳付出，以及衣峥、杜林涛、梁莉华、陈高明、何孟霖、王思成、李重锐为本书所做的部分撰写工作。感谢化学工业出版社刘晓婷编辑在本书出版过程中给予的大力协助。希望本书在"地铁站域空间"与"新媒体传播"的交叉领域上开启新视角，为城市文化传承与发展提供新思路。

2022年12月